济南北跨桥隧工程技术系列丛书

凤凰黄河大桥建造关键技术

许为民 ◎ 著

西南交通大学出版社
·成都·

图书在版编目（CIP）数据

凤凰黄河大桥建造关键技术 / 许为民著. —成都：西南交通大学出版社，2022.10
ISBN 978-7-5643-8963-5

Ⅰ. ①凤… Ⅱ. ①许… Ⅲ. ①特大桥－悬索桥－桥梁工程－济南 Ⅳ. ①U448.25

中国版本图书馆 CIP 数据核字（2022）第 195757 号

Fenghuang Huanghe Daqiao Jianzao Guanjian Jishu
凤凰黄河大桥建造关键技术
许为民 著

责 任 编 辑	姜锡伟
封 面 设 计	GT 工作室
出 版 发 行	西南交通大学出版社 （四川省成都市金牛区二环路北一段 111 号 西南交通大学创新大厦 21 楼）
发行部电话	028-87600564　028-87600533
邮 政 编 码	610031
网　　　址	http://www.xnjdcbs.com
印　　　刷	成都蜀通印务有限责任公司
成 品 尺 寸	185 mm × 260 mm
印　　　张	14.5
插　　　页	1
字　　　数	306 千
版　　　次	2022 年 10 月第 1 版
印　　　次	2022 年 10 月第 1 次
书　　　号	ISBN 978-7-5643-8963-5
定　　　价	69.00 元

图书如有印装质量问题　本社负责退换
版权所有　盗版必究　举报电话：028-87600562

济南北跨桥隧工程技术系列丛书（凤凰桥）编委会

主　编　许为民

副主编　李盘山　王德怀

编委（按姓名拼音排序）

常付平	陈　亮	丁　宁	付　斌	弓　正	郭继凯	韩景磊
何　畏	贺　宁	江建秋	姜宏丽	李春林	李翠娟	李革新
李　鲁	李　鹏	李文豪	刘春晖	刘春香	刘春祥	刘松梅
罗　栋	米晓婷	牛凯悦	欧光鲲	齐珍珍	任雅辉	苏秀丽
孙海涛	孙世强	唐茂林	陶延军	王　彬	王德怀	王　冬
王　栋	王　伟（男）	王　伟（女）		王宇峰	吴在雄	
徐　静	徐艳艳	易善德	尹　慧	尤　田	张国平	张国瑞
张洪金	张玲玲	张　宇	张玉奇	张元凯	赵世超	钟建敏
周　宁	朱如俊					

前言 Preface

"黄河西来决昆仑,咆哮万里触龙门。"这首出自李白的诗句精准地将我国母亲河——黄河的汹涌描写了出来。千百年来,我国人民不断尝试着征服黄河这一条九曲黄龙。20 世纪 60 年代末,山东境内第一座跨黄河大桥——平阴黄河大桥在极为艰苦的条件下成功建设。到今天,本书的主角——济南凤凰黄河大桥的成功建设,其间几十年的沧海桑田标志着一代又一代的路桥人艰苦奋斗的身影。

济南黄河凤凰大桥由山东省济南城市建设集团投资,上海市政总院设计,中交二航局、中铁宝桥集团有限公司联袂建造。经过多年的研究与建设,于 2022 年 1 月 18 日通车运营,推动了济南市向北发展的进程,也表现了济南人民与时俱进、大气开放的精神。

济南凤凰黄河大桥工程长度约为 6.683 km,项目总投资约 63.27 亿元人民币,是目前世界上同类型桥梁中跨径最大、宽度最大的桥梁。大桥分为跨南水北调东明渠和邯胶(邯济、胶济)铁路联络线的跨线引桥和跨黄河段桥梁。大桥跨黄河段桥梁由主桥、水中引桥、跨大堤引桥、陆上引桥四部分组成;主桥采用三塔四跨自锚式悬索桥主桥,总长约 1332 m,按照双向八车道一级公路设计,设计速度高达 60 km/h,大桥公轨合建,采用"公轨同层,轨道居中"的设计方案。

济南凤凰黄河大桥的施工技术克服了当地不良的地质条件、超宽超重的大悬臂钢箱梁顶推施工难、空间索面主缆线形控制难等一系列建设难题,在建设过程中采用了多项先进工艺技术。这些先进的工艺技术依托济南凤凰黄河大桥的工程建设凝结成了值得行业内参考的共性技术,形成了具有鲜明特色的大跨悬索桥建设的管理与技术成果,提高了我国在黄河流域与不良地质条件下的桥梁建设技术,增强了我国在国际桥梁建设领域的竞争力与认可度。

本书着重介绍了济南凤凰黄河大桥设计、施工、监控三个方面关键技术的创新与应用,以期为即将规划建设的同类型桥梁或其他类似工程提供有益的借鉴,为我国建设桥梁强国、交通强国贡献出自己的力量。

　　限于编者水平,书中不足之处在所难免,欢迎读者批评指正。

编　者

2022 年 8 月 27 日

目录 Contents

第1章 绪 论

1.1 项目背景 ······ 002
1.2 项目区域路网现状与规划 ······ 002
1.3 自然地理环境 ······ 005
1.4 项目建成的意义 ······ 014

第2章 全线桥涵设计概况

2.1 桥梁总体设计 ······ 017
2.2 主桥设计概况 ······ 022
2.3 水中引桥设计概况 ······ 029
2.4 跨大堤引桥设计概况 ······ 031
2.5 陆上引桥设计概况 ······ 033
2.6 本章小结 ······ 035

第3章 三塔自锚式悬索桥结构设计

3.1 凤凰桥总体布置 ······ 037
3.2 空间缆索系统 ······ 038
3.3 钢-混组合加劲梁 ······ 055
3.4 钢-混组合结构混合桥塔 ······ 064
3.5 下部结构 ······ 069
3.6 本章小结 ······ 073

第 4 章　三塔自锚式悬索桥上部结构施工方案

4.1　桥塔施工 ········· 075
4.2　缆索系统施工 ········· 089
4.3　加劲梁与桥面板施工 ········· 102
4.4　本章小结 ········· 120

第 5 章　主桥下部结构施工方案

5.1　钻孔桩施工 ········· 123
5.2　承台施工 ········· 130
5.3　墩柱施工 ········· 143
5.4　本章小结 ········· 151

第 6 章　钢箱梁智能化-实时化顶推关键技术

6.1　钢箱梁双向顶推提梁站 ········· 153
6.2　智能化全自动顶推施工技术 ········· 154
6.3　信息化钢箱梁顶推实时监控 ········· 155
6.4　本章小结 ········· 155

第 7 章　三塔自锚式悬索桥上部结构施工监控技术

7.1　总体概况 ········· 158
7.2　上部结构施工监控方案 ········· 160
7.3　施工监控方案计算 ········· 169
7.4　A 形桥塔施工监控 ········· 197
7.5　空间主缆架设施工监控 ········· 200
7.6　索夹吊索安装控制 ········· 210
7.7　主梁成桥应力与线形 ········· 216
7.8　本章小结 ········· 217

附　表 ········· 218

参考文献 ········· 219

Chapter 1

第1章
绪 论

1.1 项目背景

2021年10月8日,中共中央、国务院印发《黄河流域生态保护和高质量发展规划纲要》,将济南定位在国家战略发展大局、生态文明建设全局、区域协调发展布局中的高点,并提出"支持济南建设新旧动能转换起步区",赋予了济南前所未有的战略牵引力、政策推动力和发展支撑力。济南的发展迎来了新的曙光。

新中国成立后,济南市始终是中国东部沿海经济大省——山东省的省会,是全国副省级城市之一、环渤海地区南翼的中心城市,是全省的政治、经济、文化、教育、交通和科技中心,是山东半岛城市群和济南都市圈的核心城市。作为我国历史文化名城之一,济南又别名泉城,以泉水遍布、清冽甘美闻名于世。境内有趵突泉、黑虎泉、珍珠泉、五龙潭、百脉泉五大泉群,大明湖、千佛山等文化遗址,自然风景秀丽,名胜古迹众多。在行政区划上,济南辖历下、市中、槐荫、天桥、历城、长清、章丘、济阳、莱芜、钢城十区和平阴、商河二县。截至2020年7月,全市常住人口921万,户籍人口806.7万。如此庞大的人口基数不仅给济南市的发展带来了无穷的潜力,同时也带来了巨大的挑战。

早在2003年,济南就提出北跨战略,希望进一步拓展城市空间。而北跨意味着将面临跨越黄河这一条巨龙的阻碍,因此在2006年也得到了"在近期济南市不宜在北部地区进行大规模的开发建设,而应以加强跨河交通、防洪等基础设施建设为主"的发展意见。

为了加快北跨战略的实施,济南在黄河流域大兴土木,先后修建了建邦黄河大桥、济南黄河大桥等工程,为北跨战略奠定了坚实的基础。但随着人口基数的不断膨胀,交通运输压力也越来越大。目前在济南境内,沟通黄河北岸的通道基本集中在市区中部,东西两边通道偏少,交通拥堵严重,黄河南北过河交通压力极大。因此在黄河上建立大型过河通道成为北跨战略的重中之重。

在强烈的交通需求之下,济南凤凰黄河大桥得以批准立项建设。济南凤凰黄河大桥的建设体现了济南向北发展的艰辛历程,同时也是济南"携河跨北"发展战略的重要一环。济南凤凰黄河大桥的建设意味着经过19年的漫长等待,济南市的北跨战略终于迎来了发布与呼应,济南的城市建设从"大明湖时代"迈向了"黄河时代",意义重大。

1.2 项目区域路网现状与规划

1.2.1 区域路网现状

济南凤凰黄河大桥坐落在黄河河道之上,东起荷花路,上跨黄河河道,西至G220国道。项目区域内道路网发达,与本项目相关的主要道路有青银高速公路、济广高速公路、济乐高速公路、国道 G220、国道 G104，如表 1.2-1 所示。

表 1.2-1　沿线现有道路一览表

序号	道路名称	横向交叉道路概况	备注
1	青银高速公路	既有高速公路，双向 6 车道，路基宽度 40 m，设计速度 120 km/h，沥青混凝土路面，路况良好	
2	济广高速公路	既有高速公路，双向 4 车道，路基宽度 25 m，设计速度 120 km/h，沥青混凝土路面，路况良好	
3	济乐高速公路	既有高速公路，路基宽度 35 m，双向 6 车道，设计速度 120 km/h	
4	国道 G220	既有一级公路，路基宽度 34 m，双向 6 车道，设计速度 80 km/h	
5	国道 G104	既有公路，双向 2~6 车道，设计速度 40~100 km/h	东段升级改造

凤凰黄河大桥的建成不仅对完善区域规划路网、提高路网运输能力、改善区域交通出行环境有着巨大作用，且对推动济南新旧动能转换起步区的建设、拓展城市发展空间以及带动沿河经济的发展有着重要意义。

1.2.2　跨黄河通道现状

济南地处黄河下游，黄河济南段全长 183 km，上起平阴县东阿镇，下至济阳区仁凤镇。在济南凤凰黄河大桥建成前，黄河以北地区与济南市区跨黄通道共有 10 处，包括京沪高铁、津浦铁路 2 座铁路桥，建邦黄河大桥、济南黄河大桥、济南黄河三桥、济阳黄河大桥 4 座公路桥，以及泺口浮桥、章丘胡家岸浮桥、东郊浮桥、东城浮桥 4 座浮桥，另外 2 座桥梁正在建设中。

而未来济南市将形成 27 处黄河通道布局，主城区过黄通道间距缩短到平均 3 km，在所有黄河沿线城市中居首位，为深入推动黄河流域生态保护和高质量发展提供了坚实的交通保障。

1.2.3　存在的问题

1. 区域内部路网发展不够完善，制约经济社会发展

在项目影响区域内的主骨架路网中，南北以青银高速公路、国道 104 等为主线，东西以济广高速公路、国道 G220 为主线。济南市路网虽然形成了一定规模，但是还不够完善，尤其是黄河南北两岸近河区域路网稀疏，规划路网尚未形成。济南市的南北向联系由于受到黄河等自然条件的限制，尽管区域内拥有济南黄河三桥、济南黄河大桥，但是与黄河北岸的联系仍然缺少必要的交通通道，阻碍了济南向黄河北岸发展的步伐，从而制约了黄河以北地区区域经济社会的发展。

2. 现有桥梁承受较大交通压力，难以满足未来交通需求

目前区域内济南市与黄河以北地区的联系主要是济南黄河三桥和济南黄河大桥。由于济南黄河三桥承担过境交通，黄河两岸间的交通主要依赖济南黄河大桥。随着济南市经济社会的快速发展，以及"携河发展"理念的贯彻，济南市势必大力发展黄河以北地区。城市发展，交通先行，跨黄河两岸的交通量将有较快的增长，这势必给现状跨黄河大桥造成较大的交通压力。从现状桥梁运营结果看，已然出现常态化拥堵现象，影响了交通通行能力的发挥，难以满足未来交通需求，进而会制约经济社会的发展。

3. 黄河北岸地区开发缺少有效便利的道路交通支持

济南市黄河北岸整体还是"处女地"，拥有较大发展潜力，而由于区域内两岸沟通的城市桥梁仅有济南黄河大桥，交通出行极为不便，缺少直接便利的跨黄河通道，制约了黄河北岸地区的发展。

1.2.4　区域路网规划

根据《济南市国民经济和社会发展第十三个五年规划纲要》内容，为了拓展城市发展空间和加速黄河北地区崛起，变"跨河发展"为"携河发展"，促进黄河以"城中河"功能定位融入城市发展格局，就需要调整黄河北岸现有国道布局，适当提高跨河交通设施规划密度，大力发展跨河公共交通。同时要健全基础设施体系就需要坚持基础性、先导性、战略性方向，突出智能化、网络化、现代化，加快构建功能完善、立体衔接、便捷高效、安全可靠的基础设施体系，为经济社会发展提供有力支撑。

首先要构建综合交通体系，结合区域性物流中心建设，完善对外交通网络，构建以济南为中心，连接京津冀、长三角、中原地区和山东半岛的综合交通网络，强化全国性路网枢纽作用。铁路，进一步优化济南铁路枢纽布局，逐步形成"客内货外"运输格局，抓好济青高铁、石济客专、济郑客专、聊泰铁路以及城际铁路等重点项目，积极推进济（南）昆（明）国家对内对外大通道建设，"十三五"时期新增铁路营业里程 200 km。实施公路安全生命防护工程，推进济青高速扩容、济南至东营高速、济南至泰安高速、青兰高速济南段、绕城高速大东环及西环线、济乐高速南延等项目建设，抓好长清黄河大桥、济齐黄河大桥、济章黄河大桥等项目建设，新建和改扩建高速公路 189 km，新建和改建普通国省道 165 km。加快农村公路建设步伐，提高等级水平和通达能力，完成农村公路建设改造 1600 km。航空，实施济南机场北指廊及第二平滑道、西航站区和西飞行区项目，增强区域集散功能，积极开辟国内外航线，到 2020 年旅客吞吐能力达到 1500 万人次、货邮吞吐能力 15 万吨，规划建设商河通用航空产业基地。

水运,加强水源调度和航道整治,积极推进小清河、徒骇河通(复)航。

根据"十三五"交通运输规划,2020 年,济南公路网总里程达到 13 658 km,省会城市群经济圈形成"1 小时交通圈",建成市域"一环十射"高速公路网,国省干线道路等级不断提高,农村公路通达所有建制村和新型农村社区,公路路面质量显著提高。积极推进小清河济南段复航工程,中心城区公共交通站点 500 m 全覆盖,形成能力充分、结构合理、衔接一体、养护水平全省领先的基础设施网络。

保障更有力、服务更优质、设施更完善的城际客运网络全覆盖,城市公交出行占机动化出行总量的 60%以上,构建以快速公共交通(BRT)为骨干、常规公交为主体、慢行交通为延伸的一体化城市交通体系,基本实现城乡客运一体化,所有建制村基本通客运班车,镇村公交全覆盖。安全监管和应急能力显著增强,安全运营水平显著提升。人才素养和精神文明建设水平显著提升,交通运输法治能力显著增强。

根据济南市城市综合交通体系规划等,主要客运枢纽包括济南站、济南西站、新东站、遥墙机场,货运枢纽包括董家镇、桑梓店、董家庄。济南市域内铁路分为高铁、城际、普铁三层次,铁路线网规划为"十四射二十九线"。公路网规划"二环十一射"高速及国省道,以济南为起点向全省辐射。规划"三横四纵"快速路系统、"六横十四纵"主干路系统。同步完善次干路系统,并在不同功能区域给出不同指标的支路网。

1.2.5　拟建项目与路网关系

目前与黄河北岸沟通的过黄通道主要集中在市区中部,东西两侧过黄通道偏少,导致黄河南北过河交通压力极大,市民出行时间较长。济南凤凰黄河大桥凤凰路北延跨黄河通道位于济南市中心城区东北部,大桥设计为双向八车道,具有较强的通行能力,同时本项目沿线有邯济、胶济铁路联络线以及城市轨道交通,通过本通道的建设,各国省干线及市政路网可快捷地到达新东站,使城市道路、公路与铁路形成整体网络,大大提高其交通运输能力。根据规划要求,本通道需预留轨道交通远期一起跨越黄河的可实施性。因此,本项目总体布置方案需充分考虑轨道交通的影响,并做好其远期实施的可行性。

1.3　自然地理环境

1.3.1　地形、地貌

济南市位于山东省的中部,地理位置介于北纬 36°02′~37°54′、东经 116°21′~117°93′,南依泰山,北跨黄河,地处鲁中南低山丘陵与鲁西北冲积平原的交接带上,地势南高北低。地形可分为三带:北部临黄带、中部山前平原带、南部丘陵山区带。

北部有燕山期侵入的灰长岩体分布，形成华山、确山、卧牛山等孤山；中部为山前倾斜平原，绝对高程一般为 25～50 m；南部为绵延起伏的山区，泰山山脉走向近东西，山势陡峻，深沟峡谷，绝对高程为 500～600 m，最高峰为南部西营镇梯子山，地面标高 975.8 m。低境内有黄河、小清河、海河三大水系，属暖温带大陆性季风气候区。四季分明，日照充足。

按地貌成因可将济南市分为三个主要地貌单元，即侵蚀低山、剥蚀丘陵和堆积平原。侵蚀低山区，主要由泰山群变质岩组成，海拔 500～988.8 m，切割深度为 200～500 m，主要分布在长清、历城、章丘的南部和章丘的东北部；剥蚀丘陵区，主要由寒武系、奥陶系组成，海拔 50～500 m，切割深度在 200 m 以内，分布在侵蚀低山区的外围，山麓分布有残积物、坡积物；堆积平原区，由山前冲积、洪积形成的倾斜平原和黄河冲击形成的平原组成，同时分布有辉长岩体形成的一些规模不大的零星山体，如华山等，主要分布在剥蚀丘陵区的外缘，地形较为平坦。

凤凰黄河大桥位于济南市黄河干流上，地貌上属黄河冲积平原，地形较为平坦，高程处于 23.73～31.42 m。

黄河右岸（南岸）大堤外侧地形较平坦，地表多民居、鱼塘、林地、耕地等，高程处于 20.01～33.40 m；右岸（南岸）大堤为堤顶沿黄公路，高程为 35.20 m 左右，大堤外侧为淤背区，宽 100～120 m，为杨树林地，高程为 32.36～33.49 m。

两黄河大堤以内的滩地多为耕地、林地，大堤之间距离约 2 290 m，高程为 23.27～29.65 m。黄河流向自西流向东，河床（主河槽）宽度约 617 m。两侧漫滩宽窄不一：右岸宽 702～972 m，为耕地、林地及少量藕塘；左岸宽 796～1000 m，为耕地、林地。

黄河左岸（北岸）大堤外侧地形较平坦，地表多耕地等，高程处于 20.43～31.38 m；左岸（北岸）大堤为堤顶沿黄公路，高程为 35.25～35.36 m。

1.3.2 工程地质条件

1. 工程地质概况

由于济南市三个地形带的掩体和土体工程地质特性差异较大，可按照地形地貌特征以及相应区域岩土的物理力学特征等，对济南市进行工程地质分区，可分为中南部低山丘陵工程地质区与中北部冲积平原工程地质区。本工程项目位于中北部冲积平原工程地质区。

根据勘探及地质测绘资料，工程区勘探深度范围内的地层主要为第四系覆盖层，上部为第四系全新统冲积物（Q_4^{al}）、冲洪积物（Q_4^{al+pl}）；下部为新近系上新统冲洪积物（Q_3^{al+pl}），岩性为粉砂、粉土及粉质黏土，分布较稳定；表层多覆盖人工堆积（Q_4^{ml}）的杂填土、素填土、冲填土等。

2. 区域地质构造背景

济南市在大地构造位置上处于华北板块（Ⅰ级），其中南部的鲁中隆起区属于鲁西隆起的一部分，北部济阳拗陷区属于华北拗陷的一部分（Ⅱ级）。区域上是一个以古生代海相及海陆交互相地层为主体的单斜构造，倾向 N 至 NE。

测区位于鲁中隆起北翼单斜构造体北端与济阳拗陷相接的中间过渡地带。场区南部分布有寒武系的页岩、灰岩与奥陶系的灰岩等岩体，北部为辉长岩-闪长岩侵入体，是受中生代燕山期构造运动影响，在白垩纪早期发生的较大规模中~基性岩浆，以岩盖形式侵入单斜的奥陶系灰岩中形成的。在经历了漫长的风化剥蚀作用后，济南北部的辉长岩-闪长岩侵入体大部分直接被第四系覆盖隐伏于地下，少数火山口处的岩体以低山残丘的形式出露地面。而在济南南部仍多以侵入体的形式存在于灰岩中。受新生代喜马拉雅运动影响，在其初期阶段南部地区隆起，缺失了新近系，进入第四系后局部下降并接受了卵石、黏性土和粉土等松散堆积物体，全新世以来南部局部地带又趋向上升，第四系厚度一般小于 30.0 m，而北部受济阳拗陷的控制持续下降，形成的第四系厚度往往大于 80.0 m。

3. 拟建场区主要断裂及活动性

测区西部约 1 000 m 的泺口西村处有隐伏的千佛山断裂通过，断裂走向 NNW，倾向 SW，倾角 60°~80°，垂直断距为 100~400 m，断裂破碎带宽 5~20 m，据省地震局的最新研究资料，为非全新世活动断裂。

4. 工程地质条件评价

测区为黄河冲洪积平原与山前冲洪积倾斜平原叠交地带，局部微地貌单元系黄河河床，地形较平坦，第四系覆盖层厚度较大，主要为第四系全新统（Q_4）冲洪积黏土、粉质黏土、粉土和新近系上新统（Q_3）黏土、粉质黏土、粉土和中砂。第四系全新统人工填土、黏土、粉质黏土、粉土为松软土，孔隙比大，含水率高，压缩性高，承载力低，需要采用换填或加固处理。测区内无不良地质。

1.3.3 河道条件

济南市域内水文主要为河流、湖泊、水库以及泉水。市内地表水系有三个，分别为黄河、小清河以及海河。黄河主流与其支流属于过境河流，而小清河属于济南市本土河流。市内主干河流总长约为 1 048 km，平均河网密度约为 13%。

1. 河道概况

黄河下游泺口至利津河道为 1855 年（清咸丰五年）黄河在河南省兰考县铜瓦厢决口夺大清河改道后形成。经过多年的治理，已基本成为工程控制的弯曲性河段，在两岸险工、控导工程共同作用下，河湾不能自由发展，摆动幅度相对不大，是黄河治理较好、较稳定的河段。泺口—利津河段河道长 176.0 km，堤距 600~5 100 m，河槽宽 400~1 200 m，河床平均纵比降为 1.0‰，河道弯曲系数为 1.08。桥位断面所在后张庄至传辛庄险工河段河道长 27.6 km，堤距 650~3 000 m，河槽宽 300~900 m，滩地宽 150~2 250 m，河道纵比降为 1.0‰，河道弯曲系数为 1.1，是典型的工程控制的弯曲性河段，水流基本受控于险工、控导工程，随流量大小的改变河势上提下挫。

从长时间看，黄河水少沙多，河床逐年淤积抬高，是著名的"地上悬河"。20世纪80年代以来，由于漫滩洪水减少，致使主槽淤积多，滩地相对淤积较少，逐渐形成"二级悬河"。桥位河段滩面一般高出背河地面 3~5 m，嫩滩高于二滩，滩面横比约为 1/600，且附近断面有明显的堤河。1965—1973 年、1986—1999 年两时期该河段曾发生明显的淤积，河槽淤积抬高使平滩流量减少，遇中常洪水就漫滩。如 1996 年，泺口站流量 3 000 m^3/s 时就发生了漫滩；2002 年黄河小浪底水库首次调水调沙试验，泺口站 2 000 m^3/s 流量嫩滩即开始漫水。经过 2002—2015 年的调水调沙，平滩流量明显增加。2009 年调水调沙期间，该河段上下游水文站最大流量分别达到 3 800 m^3/s（泺口水文站）和 3 730 m^3/s（利津水文站），未出现漫滩现象。

2. 河道演变

（1）河道历史演变。

桥位处附近河段河道为 1855 年黄河在铜瓦厢决口夺大清河后而形成的。改道初期，因黄河来水来沙多，原大清河河道难以容纳，河床发生剧烈冲淤变化，河势变化较大，多处发生自然截弯。河槽逐渐淤积抬高后，河势发生游荡，也常有局部突然的变化。以后由于工程约束控制作用逐渐增大，限制了河湾自然发育，来水来沙条件及河势虽有变化，但主槽基本保持了现在的河道轮廓。

拟建工程所在地后张庄—传辛庄河段，长 27.61 km，是受河道整治工程控制的弯曲性河道，两岸险工、控导工程鳞次栉比，整治工程密度较大，现有险工 9 处、控导工程 7 处，计坝岸 406 段，工程长度 19.38 km。除后张庄险工始建于 1925 年外，其余 8 处险工均始建于 1911 年以前。这些险工当时为防御局部堤段被水淘刷，顺堤线走向抢险而成。新中国成立后，为增加险工的控导能力，在其上下首次增设新的坝岸，并调整了部分坝的布置，形成目前的险工规模；同时为防止滩岸坍塌，固定中水河槽，配合险工控导主流，根据河势的变化，1950 年后逐步修建、完善控导工程，使之与险工互相配合，逐步缩小主流的摆动范围，使得该河段的流路已基本得到控制。

（2）河道横断面变化。

为了解黄河下游河道河势演化、河道冲淤幅度及分布，1951 年以后陆续开展了淤积断面测量工作，并于 1965 年开始对下游河道断面测验进行了调整和对测量时间进行了统一部署；为提高小浪底水库投入运用后黄河下游河道冲淤量计算精度，1998 年后对下游测验断面陆续新增许多测验测量，桥位河段后张庄至传辛庄段共分布有14个测验断面，其中后张庄、霍家溜、王家梨行及传辛庄4个断面观测序列较长，时间长达50年。拟建桥位选址位于霍家溜与王家梨行两黄河河道断面之间，霍家溜和王家梨行两统测断面均处于控制性节点束窄段，受弯道水流的作用，其河道横断面形态，水流结构及河床演变等与过渡段有一定差异。

（3）平面变化趋势分析。

黄河下游艾山至利津河段，属弯曲型河段，两岸堤距较窄，河道平均比降在1‰左右。该段通过大规模的治理，逐步建成了"上拦下排、两岸分滞"的防洪工程体系，先后进行了4次大堤加高，开展了河道整治工程，有效控制了河势摆动范围。虽然局部河段的河势仍会有不同程度的变化，但从长远看，随着河道整治工程的不断完善，黄河下游河段的河势将进一步得到控制，河道将趋于稳定。

经分析拟建大桥所处的后张庄至传辛庄河段（长27.61 km），桥位断面附近河势较稳定，主溜线摆动较小，桥位处1980年以来的汛末主溜线最大摆幅为100 m、汛期洪水主溜线摆幅最大为150 m。桥位断面相邻上、下游的后张庄、霍家溜和王家梨行断面主河槽最大宽度分别为460 m、440 m和691 m，线位上距周孟控导、霍家溜险工、云家控导工程很近，下离河套险工、史家坞控导、陈孟圈险工不远，受两岸工程控制，河势基本稳定，摆幅相对较小。

综合上述对主流线、断面套汇、滩唇位置及水边线的变化等分析结果，桥位河段主槽宽度为850 m。

1.3.4　水文条件

1. 暴雨特征

黄河下游洪水主要由暴雨形成，分别来自河口—龙门区间（简称河龙间）、龙门—三门峡区间（简称龙三间）和三门峡—花园口区间（简称三花间）这三个地区。

河龙间属于干旱或半干旱地区，暴雨强度大，历时较短，洪水具有峰高量小的特性。龙三间的暴雨特性与河龙间相似，但由于受到秦岭的影响，暴雨发生的频次较多，历时较长，洪水为矮胖型。三花间属于湿润或半湿润地区，暴雨强度大，一次暴雨的历时一般为2~3 d，最长历时达5 d。以三花间来水为主的洪水，具有洪水涨势猛、洪峰高、洪量集中、含沙量不大、洪水预见期短等特点，对黄河下游防洪威胁最为严重。小浪底水库建成后，和三门峡水库等联合运用，大大降低了各种洪水的威胁，更有力地保障了黄河下游的防洪安全。目前仅小浪底—花园口区间（简称小花间）的洪水控制作用较弱。

2. 洪水来源及特点

黄河洪水来源可分为五个地区，即上游的兰州以上地区，中游的河口镇至龙门区间、龙门至三门峡区间、三门峡至花园口区间及下游的汶河流域。上游洪水由于降雨特性及远离下游之故，仅形成下游较大洪水的基流，对长历时洪水的洪量有一定影响。黄河花园口以下为地上河，仅有金堤河和大汶河汇入，洪水来量不大。由此可见，中游地区是黄河洪水的主要来源区。

黄河流域面积大，上中下游各区的气候特性和暴雨特性各不相同，故各区所发生的洪水并不同时遭遇。黄河下游的大洪水和特大洪水都是由中游的山陕区间、泾洛渭河和三花区间三个地区来水为主形成的。三个地区来水的不同组合，组成花园口站三种类型的洪水。一是以三门峡以上的山陕区间和泾洛渭河来水为主、三花区间来水较少的洪水，也称"上大型"洪水，其特点是洪峰高、洪量大、含沙量高，如1843年陕县（三门峡）洪峰36 000 m^3/s（调查值）和1933年陕县洪峰22 000 m^3/s（实测）的洪水。二是以三门峡以下的三花区间干支流来水为主、三门峡以上来水较少的洪水，也称"下大型"洪水，其特点是洪水涨势猛，洪峰高，洪量集中，含沙量不大，洪水预见期短，如1761年花园口洪峰32 000 m^3/s（调查值）和1958年洪峰22 300 m^3/s（实测）的大洪水。三是以三门峡以上的泾洛渭和三花区间共同来水组成的洪水，也称"上下较大型"洪水，其特点是洪峰较低、历时较长，含沙量较小，如1957年和1964年洪水。

3. 设计洪水

黄河洪水按其成因分为暴雨洪水和冰凌洪水。暴雨洪水主要由暴雨所形成，多发生在7—9月；冰凌洪水主要由冰凌阻塞河道引起，多发生在12月至来年的3月。设计洪水以暴雨洪水为依据。

小浪底水库投入运用后黄河下游抗御洪水的能力显著增强，与三门峡、陆浑及故县水库联合运用，可将花园口百年一遇洪水洪峰流量由29 200 m^3/s 削减至15 700 m^3/s，经下游宽河道削减，到达孙口站洪峰流量为13 100 m^3/s，利用东平湖分洪3 100 m^3/s，洪水即可排泄入海。四库联合运用后，可将花园口断面千年一遇洪水洪峰流量42 300 m^3/s 削减到22 600 m^3/s（即花园口设防流量22 000 m^3/s 的重现期达到千年一遇），经过下游滩区河道削减，到达孙口站的洪峰流量不超过18 100 m^3/s，利用东平湖、北金堤滞洪区分洪后，即可排泄入海。

小浪底水库运用后，对以三门峡以上来水为主的"上大型"洪水可以起到有效的拦蓄作用，如对1933年型洪水，小浪底水库投入运用后，在不使用东平湖分洪的情况下，可以使艾山以下河段设防流量出现的概率超过百年一遇；但对于以三花间来水为主的"下大型"洪水，当小花间来水比例较高时，小浪底水库通过控制小浪底以上洪水，对下游洪水只能起到一定的削减作用，如对1982年型洪水，小浪底水库作用后，在不使用黄河下游分洪区分洪的情况下，可使艾山以下河段设防流量出现的概率达到30年一遇。

艾山水文站位于泺口水文站上游 101.84 km，根据防洪调度预案，当艾山以上遇到 10 000 m³/s 大洪水时，东平湖分洪区等要进行分洪、滞洪，控制艾山站 30 年一遇及以上不同频率洪水的流量均为 10 000 m³/s。洪水向下游演进过程中，考虑到长清、平阴山区支流加水 1 000 m³/s，则黄河下游泺口水文站 30 年一遇以上不同频率设计流量均为 11 000 m³/s。黄河下游泺口水文站不同频率设计洪水如表 1.3-1 所示。

表 1.3-1　小浪底运用后黄河下游泺口水文站不同频率洪水　　　　单位：m³/s

设计频率	10 年	30 年	100 年	300 年	1000 年	设防
洪峰流量	9 600	11 000	11 000	11 000	11 000	11 000

桥位断面位于泺口水文站断面下游 16.7 km，其间没有支流汇入，故桥位河段的不同频率设计洪水可视为与上游泺口水文站相同。其不同频率设计洪水如表 1.3-1。拟建大桥 300 年一遇设计洪水流量为 11 000 m³/s，十年一遇设计洪水流量为 9 600 m³/s。泺口、桥位断面 2000 年和 2017 年水位-流量关系如表 1.3-2、表 1.3-3 所示。

表 1.3-2　泺口、桥位断面 2000 年水位-流量关系

流量/（m³/s）		3 000	4 000	5 000	6 000	7 000	8 000	9 000	9 600	10 000	11 000
水位/m	泺口	29.92	30.57	31.12	31.62	32.12	32.62	33.12	33.42	33.62	34.12
	桥位	28.25	28.9	29.45	29.95	30.45	30.95	31.45	31.75	31.95	32.45

表 1.3-3　泺口、桥位断面 2017 年水位-流量关系

流量/（m³/s）		3 000	4 000	5 000	6 000	7 000	8 000	9 000	9 600	10 000	11 000
水位/m	泺口	28.37	29.36	30.27	31.00	31.59	32.09	32.59	32.89	33.09	33.59
	桥位	26.70	27.69	28.60	29.33	29.92	30.42	30.92	31.22	31.42	31.92

4. 壅水高度

大桥建设时，位于河道内的桥墩占据了河道断面部分过流面积，使过水面积减小，从而造成桥位断面上游水面升高，形成桥前壅水。桥轴线法线与主流线夹角为 0°。凤凰路北延跨黄河大桥桥位断面设防 11 000 m³/s、十年一遇、4 000 m³/s 时最大壅水高度分别为 0.22 m、0.20 m、0.03 m。桥前壅水曲线长度分别为 4 400 m、4 000 m、600 m。

5. 波浪高度

波浪高度按照《公路勘测规范》（JTG C10—2007）计算得到凤凰路北延跨黄河大桥桥位处波浪高度为 1.75 m。

6. 冲刷深度

凤凰路北延跨黄河大桥桥位断面的冲刷包括河床自然演变冲刷、一般冲刷和局部冲刷三部分。发生设防流量 11 000 m³/s 洪水时，桥位断面总冲刷水深采用上述三类冲

刷的最大计算值进行叠加计算，如表 1.3-4。即主河槽冲刷后最大水深为 29.90 m，最低冲刷线高程为 2.02 m；滩区冲刷后最大水深为 21.25 m，最低冲刷线高程为 10.67 m。

表 1.3-4　11 000 m³/s 洪水条件下主河槽和滩地冲刷计算结果　　　单位：m

位置	2017年设防水位（m）	自然冲刷深度（m）	一般冲刷后水深（m）	局部冲刷深度（m）	冲刷后最大水深（m）	最低冲刷线点高程（m）	深泓点高程（m）
主河槽	31.92	2.04	18.13	9.73	29.90	2.02	20.95
滩地		0	13.84	7.41	21.25	10.67	26.25

7. 冰凌

黄河凌汛灾害是山东省严重的自然灾害之一。凌汛灾害的发生主要受河道地理位置、河道形态、气温及流量、流速等因素的影响。黄河下游河道由西南趋向东北，由于河道纬度的差异，导致下段平均气温比上段低 3~4 ℃。下段封河早、开河晚、冰层厚，上段封河晚、开河早、冰层薄。封河时易形成冰塞阻塞河道，壅高水位，漫滩受灾。开河时上段先开河，冰水齐下，而下段冰层固封，在弯曲河段或在宽河道向窄河道过渡段容易发生冰凌插塞堆积，严重时形成冰坝，阻塞水流，致使水位急涨而发生漫滩。凌汛突发性强、发展快，抢护困难，容易造成失事。

据历史资料不完全统计，自 1883 年至 1936 年的 54 年中，山东省有 21 年凌汛决口，口门 40 处，平均五年两决口。新中国成立以来的凌汛也比较严重，1950—2007 年黄河封冻的年份有 49 年，12 年出现两封两开，4 年出现三封三开，封河历时最长达 86 d，封冻河段最长 703 km，封冻最上端达河南荥阳汜水河口，全河段最大冰量 1.42 亿立方米，河槽蓄水增量最多达 8.85 亿立方米。尤其是 1951 和 1955 年凌汛开河期，分别在利津王庄、五庄形成冰坝，冰坝上游数十千米冰积如山，水位猛涨，大堤堤顶出水 0.4~1.0 m，有的堤段堤顶出水仅 0.1~0.3 m。由于堤防薄弱，抢护困难，造成决口失事，淹没利津、沾化、滨县土地约 887 km²，受灾人口 26 万余。近年来，由于黄河冬季偏暖、水量小，加上三门峡和小浪底水库的调节运用，黄河下游凌情有所减轻。但由于河道主河槽淤积抬高严重，滩槽差减小，加剧了"二级悬河"的不利局面，凌汛威胁依然存在。如 1992—1993 年凌汛期，封河河段水位普遍抬高 1.5 m 左右，纪冯以下部分河段漫滩，大堤偎水深 1 m 左右，淹地约 81.5 km²，胜利油田有 38 口油井和 5 口水井被围困，被迫停产近一个月，造成很大的经济损失。

在黄河上建桥，桥孔的跨度除满足大洪水期间主河槽和滩地共同行洪外，还要满足凌汛期流冰的要求，避免产生卡冰阻水。若桥孔跨度过大，会增加桥梁建设投资；若桥孔跨度过小，则凌汛期间易造成较大冰块卡冰或流冰受阻，形成冰塞冰坝，壅高水位，危及堤防和大桥安全；或当桥位以上冰塞冰坝下滑时，因冰量大，易再次在大桥上卡冰壅水，形成新的冰坝。因此，选择合适的桥孔跨度，对确保黄河防凌和黄河大桥的安全至关重要。

根据桥位上下游最大冰块尺寸，并参照桥位附近已建大桥的桥孔跨度，综合分析确定，跨越主河槽内的主桥孔单孔宽度为 428 m。大桥建成后，大桥建设管理单位应按黄河河道管理部门的要求，落实防凌措施，凌汛期间加强与黄河防汛部门的联系及冰凌观测，一旦发生卡冰阻水现象，及时报告黄河河道管理部门，并采取破冰措施，保证防洪工程及大桥安全。

1.3.5　通航条件

根据《黄河水系航运规划报告》(交通部黄河水系航运规划办公室，1988 年)，桥位河段规划为Ⅳ级航道。根据《内河通航标准》(GB 50139—2014)，Ⅳ级航道设计最高通航水位的洪水重现期为 10 年，通航净空高度 H_m 不小于 8 m。双孔单向宽度不小于 75 m，单孔双向不小于 150 m。

10 年一遇洪水（9 600 m³/s）时，桥位断面 2000 年洪水位为 31.75 m；考虑 50 年后河床淤积抬升 3.55 m，则 2067 年桥位断面洪水位为 35.3 m，考虑到通航净高，则满足通航要求河槽内最低梁底高程应为 43.3 m。

1.3.6　气候条件

济南市地处中纬度带，由于受太阳辐射、大气环流和地理环境的影响，属暖温带大陆性季风气候，其主要气候特征是：季风明显，四季分明，冬冷夏热，雨量集中。

济南市年平均气温在 13～14 ℃，冬冷夏热。冬季济南市受蒙古冷高压控制，盛吹寒冷的偏北风，一般 6～8 d 有一次冷空气侵入，使气温不断降低。全市 1 月份最冷，气温平均为-1.4～-3.5 ℃，极端最低温度在-20 ℃ 以下，低于-10 ℃ 的严寒日数 98% 集中在冬季。最大冻土深度为 45 cm 左右，最大积雪深度为 20 cm 左右。夏季炎热，7 月份最热，季平均温度在 26 ℃ 左右，极端最高温度超过 40 ℃，日最高气温≥40 ℃ 的酷热日数均出现在夏季。

济南市历年平均降水量在 600～700 mm，具有南部多于北部、山区多于平原的特征。由于受季风影响，济南市降水量的季节分配极不均匀，春季降水量一般在 80 mm 左右，占全年降水总量的 12.0%～12.8%；4 月份以后，暖气团势力开始增强，降水量有所增多。暖湿气团活跃，季降水量在 400 mm 以上，占年降水总量的 65% 以上；夏季由于东南季风盛行，月份东南季风达到盛期，降水比较集中，月降水量达 200 mm。冬季北方冷空气开始南下，暖湿气团势力随之减弱，降水量明显减少，季降水量平均在 100～130 mm，占年总量的 18.0%～18.7%。冬季受北方干冷空气的侵袭，西北风盛行，雨雪稀少，季降水量一般在 20～25 mm，仅占年降水总量的 4% 以下。

降水量年际变化：由于历年夏季风发生的时间、强弱不同，致使全市年降水量很不稳定。据资料分析，1964 年全市各县区降水量都在 1 000 mm 以上，而 1968 年是旱年，市年降水量都较少，一般在 300~400 mm。年降水量最多的为 1962 年济南北部 1 160 mm，最少的为 1968 年长清县仅 303 mm。由于降水分配的不均匀性和不稳定性，降水量的年际变化大，丰枯悬殊，多寡不均，常与作物生长发育需水造成矛盾。

1.4 项目建成的意义

从英国福斯湾铁路桥算起，现代桥梁已经走过了 100 余年的发展历史。人类对陆地交通的不断需求、科学与技术的不断进步，是桥梁工程得以发展的强大动力。而着眼于今日，济南凤凰黄河大桥项目的建设具有非凡的意义。

本项目对完善区域规划路网，缓解现行过黄通道交通压力，助力济南市携河发展和深入推动黄河流域生态保护和高质量发展具有重要意义。自济南市"十三五"规划以来，拓展城市发展空间就成了济南市未来发展的主旋律。而凤凰黄河大桥沟通了济南新旧动能转换起步区与南岸主城区，推进了新旧动能转换起步区的建设。通过采用"公轨同层、轨道居中"的设计方案，主梁中间预留城市轨道交通空间，南岸引桥向南连接至凤凰路后将形成过河通道南北向的大动脉。在中共济南市委、济南市人民政府印发的《济南市黄河流域生态保护和高质量发展规划》中曾提道，济南具有承东启西、衔南接北的区位优势，济南将加快建设综合交通网络，打造黄河流域的现代化综合交通枢纽。该项目的建成将为深入推动黄河流域生态保护和高质量发展提供坚实的交通保障。

济南凤凰黄河大桥在文化与民生上有着非凡的意义。大桥的外观设计灵感源自杜甫《望岳》中一句"造化钟神秀，阴阳割昏晓"，取其"钟灵毓秀"之意蕴。远观刚劲挺拔，象征齐鲁文化厚积薄发；缆索流畅飘逸，呼应着开放包容、源远流长的黄河文化。"黄河飘玉带，碧岱写华章。"在苍茫的黄河中，大桥三塔连跨气度恢宏，表达了济南人民与时俱进、大气开放的精神。大桥灯光组采用了"华山记忆"灯光主题，采用多组立杆大功率投光灯，从三个方面泛光照亮桥塔，体现桥塔如凤凰飞舞的向上耸立的动势，成为济南黄河最具观赏性的跨黄通道。同时，该项目在大桥梁段各设置了两座桥头堡，内具电梯、步梯，步梯两侧布置坡度较缓的自行车坡道，除了公路交通与轨道交通外，市民还可通过步行或者自行车、电动车等方式过河。市民可近距离置身于黄河之上，俯瞰黄河全貌，感受黄河文化。

在设计上凤凰黄河大桥总长度为 6 683 m，跨黄河段主桥采用三塔自锚式悬索桥，跨径组成为（70+168+2×428+168+70）m，其跨度、长度、宽度均为同类桥型的世界之最，是目前上世界上跨度最大的连续钢箱组合梁桥。不仅如此，济南凤凰黄河大桥还采用了多项创新技术，是一座名副其实的革新之桥。黄河自古就有"有水不能行舟、无水不能通车"的特点，施工水域不通航，且无大型水上起重设备，现场钢结构施工难度极大。通过一系列施工工艺及技术装备革新，实现了钢箱梁大节段工厂化制造、智能化运输及提升、信息化多点步履式顶推施工，钢塔柱大节段运输及拼装施工。具体表现有：BIM 技术用于实现三维场地的布置与施工可视化模拟；通过优化同步程序，增加预顶推受力等方式实现了无人化顶推施工；基于工业互联网平台，采用板单元自动化组装、机器人焊接等实现了智能焊接施工。这些精巧的设计方案与先进的施工技术彰显了我国在世界上桥梁强国的地位，标志着我国桥梁设计与施工技术的精湛水平。

Chapter 2

第 2 章
全线桥涵设计概况

2.1 桥梁总体设计

本工程为 G220 至济青高速公路王舍人互通立交连线工程,分为跨南水北调东明渠和邯胶(邯济胶济)铁路联络线的跨线引桥和跨黄河段桥梁。工程起点位于济南市历城区凤凰路荷花路交叉口,桩号 K-1+999.386;终点位于黄河北岸济阳县 G220 交叉口处,桩号 K6+682.473,工程范围长度约为 6.683 km。跨线桥梁工程全长 1 283 m,起讫桩号为 K0+387.236~K1+670.236。跨黄河段桥梁工程全长 3 788 m,起讫桩号为 K2+506.053~K6+294.053,由三塔自锚式悬索桥主桥、水中引桥、跨大堤引桥、陆上引桥四部分组成。跨黄河段桥梁工程的总体设计概况见表 2.1-1。

表 2.1-1 凤凰黄河大桥跨黄河段桥梁工程总体设计概况

	项目	跨径布置/m	桥长/m	断面宽度/m	结构类型
跨黄河桥	南侧陆上引桥	3×(5×40)	600	16.5+16.5(分幅)	预应力混凝土连续梁
	南侧跨大堤引桥	104+165+104	373	54~61.7(整幅)	组合钢箱梁
	南侧水中引桥	3×70	210	61.7(整幅)	组合钢箱梁
	主桥	70+168+428+428+168+70	1332	61.7(整幅)	三塔自锚式悬索桥
	北侧水中引桥	4×80	320	61.7(整幅)	组合钢箱梁
	北侧跨大堤引桥	154+245+154	553	54~61.7(整幅)	组合钢箱梁
	北侧陆上引桥	2×(5×40)	400	16.5+16.5(分幅)	预应力混凝土连续梁

2.1.1 桥位方案

施工可行性报告中推荐的桥位轴线方案经过综合论证,并结合大量的研究,最终该项目的桥位方案取得了黄河水利委员会的确认。具体方案为:桥位距上游石济客运专线桥约 5.1 km,距下游济南黄河三桥(青银高速)约 3.1 km,两岸大堤间距约 2.3 km,桥梁轴线的法线与主流线夹角约 0°。线位与南岸规划路网衔接较好,并预留北岸规划路网衔接条件。

2.1.2 桥梁平面设计

跨线引桥起点里程桩号 K0+387.236,沿直线向北,在桩号 K1+201.712 处与半径 2 000 m 的圆弧衔接,终点里程桩号 K1+670.236。跨黄河段桥梁起点里程桩号 K2+506.053,向北以 2 000 m 半径圆弧衔接,在桩号 K3+200.418 处与南侧跨大堤引桥直线衔接,跨大堤引桥南侧边跨位于平曲线段,其余位于直线段,水中引桥、主桥及北侧跨大堤引桥均位于直线段,在北侧陆上引桥桩号 K6+257.798 处与 1 500 m 半径曲线衔接,在桩号 K6+294.053 处为桥梁终点。

2.1.3 桥梁纵断面设计

1. 跨黄河段纵断面设计控制条件

（1）通航净空。

桥址处黄河航道规划等级为内河Ⅳ级航道，设计最高通航水位 35.3 m（1985 国家高程基准，下同），通航净空高度在设计最高通航水位以上不小于 8 m，因此通航孔范围内梁底高程不得低于 43.3 m。

（2）防洪要求。

依据《凤凰路北延跨黄河大桥防洪评价报告》，桥位设计洪水位 36.0 m，考虑波浪高度、最大壅水高度和桥下净空值，防洪要求的梁底高程不得低于 38.47 m。

（3）跨大堤净空要求。

线路跨越防洪堤，桥位设计洪水位 36.0 m，考虑 2.1 m 安全超高，同时考虑堤顶交通净空 4.5 m，因此桥梁跨大堤处梁底高程不得低于 42.6 m。

2. 跨南水北调及邯胶铁路联络线纵断面设计控制条件

（1）南水北调堤顶路净空。

跨越邯胶铁路联络线后，工程继续向北跨越南水北调工程济东明渠。南水北调工程要求：堤顶路净空不小于 4.5 m，承台需埋至现状河底以下，承台施工不能侵入工程界桩范围以内。

（2）邯胶铁路联络线净空。

项目从荷花路交叉口起始，向北跨越邯胶铁路联络线，需满足铁路净空相关要求：桥下净空≥10.0 m（轨顶标高 28.6 m），且需预留挂篮施工空间。

3. 纵断设计

跨线引桥纵断面最高点位于邯胶（邯济胶济）铁路联络线北侧（桩号 K1+081.786），设 R=2 100 m 的竖曲线半径，2.95% 的双向纵坡。

跨黄河段大桥纵断面最高点设在主桥中间塔墩处，设 R=10 000 m 的竖曲线半径、1% 的双向纵坡。南侧至水中引桥处设 2.45% 的纵坡，至陆上引桥处设置 2.95% 纵坡。北侧至跨大堤引桥边跨处设 2.45% 纵坡，至陆上引桥处设 3.4% 纵坡。

2.1.4 桥梁横断面设计

道路等级为一级公路兼城市主干路（设计速度为 60 km/h），双向 8 车道，中间轨道交通预留空间 10.2 m，两侧设 3 m 非机动车道和 1.75 m 人行道，考虑结构宽度后，主桥横断面全宽 61.7 m；水中引桥横断面同主桥；跨大堤引桥轨道交通预留空间宽

11.5~19.2 m，桥梁全宽 54.0~61.7 m。陆上引桥及跨线引桥（跨南水北调桥梁、跨铁路桥梁除外）为双向 8 车道，分两幅布置，每幅桥宽 16.5 m，两幅之间预留轨道交通空间 11.5 m。跨南水北调桥梁为双向八车道，两侧设 2.5 m 非机动车道和 2.25 m 人行道，分两幅布置，每幅桥宽 21.25 m，两幅之间预留轨道交通空间 11.5 m。

1. 主桥标准横断面布置

主桥标准梁段横断面布置为：1.75 m（人行道含护栏）+3 m（非机动车道）+0.5 m（防撞护栏）+15.5 m（车行道）+0.5 m（防撞护栏）+4.5 m（吊索区）+10.2 m（预留轨道交通空间）+4.5 m（吊索区）+0.5 m（防撞护栏）+15.5 m（车行道）+0.5 m（防撞护栏）+3 m（非机动车道）+1.75 m（人行道含护栏）=61.7 m，具体布置图见图 2.1-1。

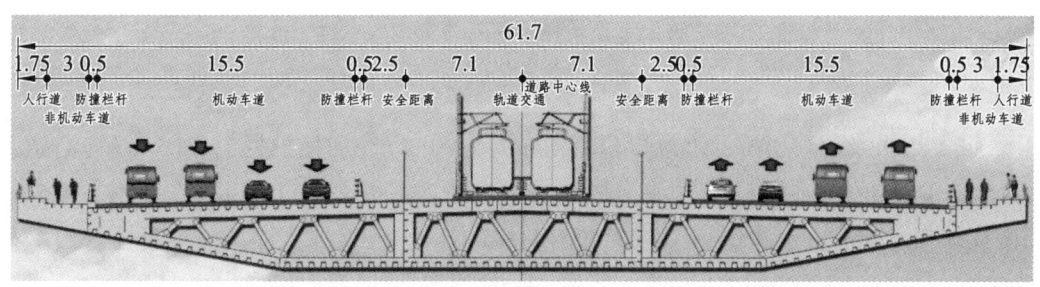

图 2.1-1　主桥标准断面布置图（单位：m）

2. 水中引桥标准横断面布置

水中引桥标准梁段横断面具体布置为：1.75 m（人行道含护栏）+3 m（非机动车道）+0.5 m（防撞护栏）+15.5 m（机动车道）+0.5 m（防撞护栏）+4.5 m（安全距离）+10.2 m（预留轨道交通空间）+4.5 m（安全距离）+0.5 m（防撞护栏）+15.5 m（机动车道）+0.5 m（防撞护栏）+3 m（非机动车道）+1.75 m（人行道含护栏）=61.7 m，具体布置图见图 2.1-2。

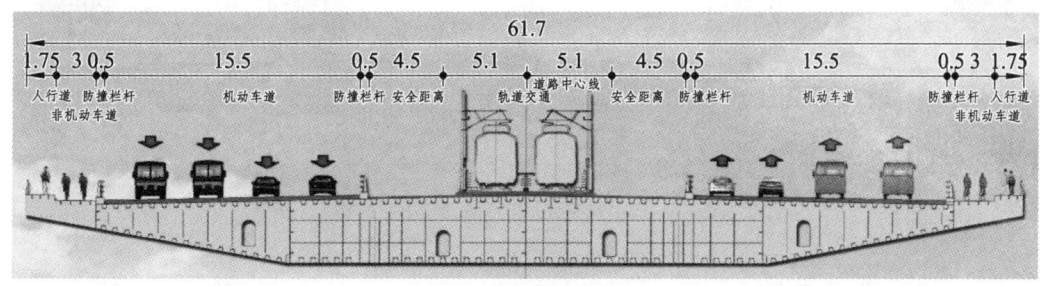

图 2.1-2　水中引桥标准断面布置图（单位：m）

3. 跨大堤引桥标准横断面布置

跨大堤引桥标准横断面布置为：1.75 m（人行道）+3.0 m（非机动车道）+0.5 m（防撞护栏）+15.5 m（机动车道）+（1.15~5）m（公轨隔离带）+10.2 m（预留轨道

交通空间）+（1.15～5）m（公轨隔离带）+15.5 m（机动车道）+0.5 m（防撞护栏）+3.0 m（非机动车道）+1.75 m（人行道）=54.0～61.7 m，具体布置图见图2.1-3。

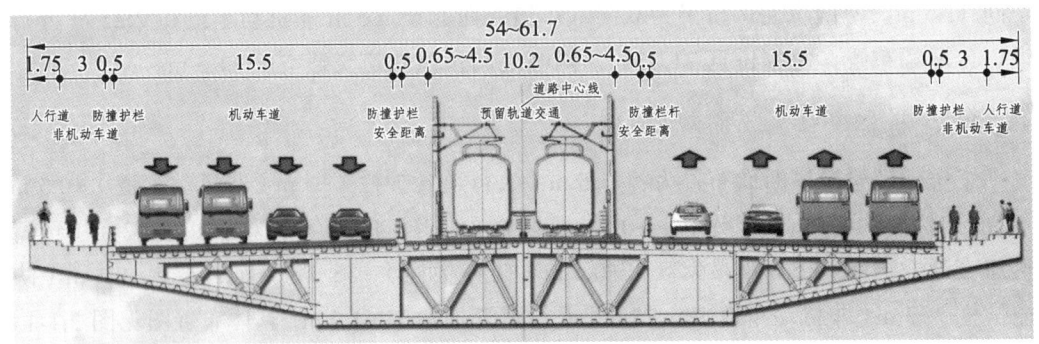

图2.1-3　跨大堤引桥标准断面布置图（单位：m）

4. 陆上引桥及跨线引桥标准横断面布置

陆上引桥及跨线引桥标准梁段横断面布置为：0.5 m（防撞护栏）+15.5 m（车行道）+0.5 m（防撞护栏）+11.5 m（中央分隔带）+0.5 m（防撞护栏）+15.5 m（车行道）+0.5 m（防撞护栏）=44.5 m，具体布置图见图2.1-4。

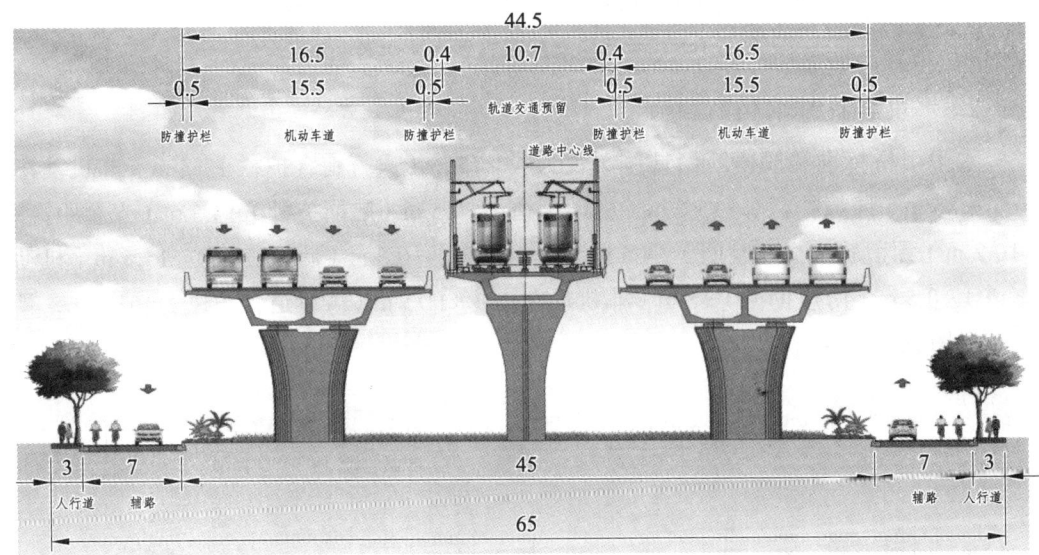

图2.1-4　陆上引桥标准断面布置图（单位：m）

2.1.5　孔跨布置

1. 黄河段孔跨布置控制条件

（1）根据《关于印发〈黄河河道管理范围内建设项目技术审查标准（试行）〉的通知》（黄建管〔2007〕48号）的规定，黄河干流陶城铺以下建桥，主河槽孔跨不小于

180 m，滩地孔跨不小于 50 m，且采用全桥渡跨越方式。

（2）黄河下游干流桥梁跨越堤防需采取立交方式。为满足堤防工程管理与抢险交通的需要，采取立交方式跨越堤防的，两岸跨堤处梁底标高应考虑河道冲淤影响，满足大桥设计水平年（50 年）的设计堤顶高程加 4.5 m 交通净空。

（3）黄河堤身设计断面内不得设置桥墩。桥梁跨越堤防，桥墩应离开堤身设计堤脚线一定距离（原则上黄河不得小于 5 m），并对桥墩周边进行防渗处理。

（4）根据《济南凤凰路北延工程跨黄河通道航道条件影响评价报告》（山东省交通规划设计院，2018 年 8 月），桥位河段规划为Ⅳ级航道。设计最高通航水位的洪水重现期为 10 年，通航净空高度不小于 8 m，通航净宽不小于 130 m。

（5）根据《凤凰路北延跨黄河大桥防洪评价报告》，桥位河段河势变化及上下游断面历史演化分析，桥位附近河段河势较为稳定，主流最大摆幅约为 150 m，考虑到主流摆动的影响，桥位附近主河槽宽度约 850 m。

2. 跨黄河段孔跨布置

考虑到上述控制条件，G220 至济青高速公路王舍人互通立交连接线工程的跨黄河段孔跨布置如下：

黄河河槽范围内主桥孔跨布置为：3×70+（70+168+428+428+168+70）+4×80=1 862 m，满足黄委关于主河槽范围内孔跨不小于 180 m，滩地孔跨不小于 50 m 的规定；南侧跨堤引桥孔跨布置为 104 m+165 m+104 m=373 m，北侧跨堤引桥孔跨布置为 154 m+245 m+154 m=553 m，满足桥墩离开堤身堤脚线不小于 5 m 的规定，同时满足现状堤防管理的要求。陆上引桥无控制条件，按照 40 m 跨连续梁布置。

3. 跨线引桥孔跨布置控制条件

（1）根据山东省南水北调工程行政主管部门要求，桥梁工程设计及施工不能侵入界桩范围，同时考虑到南水北调工程后期改扩建，桥梁工程承台需埋至南水北调工程东明渠河床底面以下。桥位处南水北调工程界桩范围约为 73 m。

（2）根据铁路部门相关要求，跨邯胶铁路联络线桥梁原则上桥墩不侵入铁路线路基边坡范围内。桥下净空不小于 10 m，并预留挂篮施工空间。

4. 跨线引桥孔跨布置

考虑到上述两个控制条件，跨线引桥段孔跨布置如下：跨南水北调工程孔跨布置为 57+96+57=210 m，满足南水北调工程行政主管部门要求；跨铁路线引桥孔跨布置为 45+72+45=162 m；两桥之间引桥按照 3×37=111 m 布置，其余桥梁均采用 40 m 跨连续梁。全线桥梁总体孔跨布置图见图 2.1-5（见书末插页）。

2.2 主桥设计概况

2.2.1 主桥桥型选择

悬索桥结构具有受力性能好、跨越能力大、轻巧美观、抗震能力强、结构形式多样及对地形适应能力好等特点，在许多跨越大江大河、高山峡谷、海湾港口等交通障碍物时，往往作为首选的桥型。但常规的地锚式悬索桥需要建造体积庞大的锚碇，特别是对于地质情况差的建造场地，这往往成为工程的难点。因此，在一些跨度要求不是太大的地方，自锚式悬索桥方案由于结构新颖、外形美观而成为具有竞争力的桥型方案。

自锚式悬索桥可以省去在软土地基上锚碇的建造费用，还可以为主梁提供"免费"的预应力，在中等跨度的桥梁上取得了一定的经济性优势。三塔自锚式悬索桥在继承了自锚式悬索桥优点的同时增加了自锚式悬索桥跨越能力，满足了较大通航净宽的需要，其在我国的发展刚刚起步，具有较大发展空间。与传统的两塔悬索桥相比，多塔悬索桥为全新的结构形式。在城市跨越江河的桥梁方案中，三塔自锚式悬索桥增强了桥梁的韵律感，且结构轻巧，为桥梁景观增色添彩。随着设计理论、施工技术的完善，这种桥型将会越来越受到人们的欢迎。

综合考虑人文、景观、经济、受力合理等方面，最终采用三塔自锚式悬索桥为凤凰黄河大桥的最终桥型。在凤凰黄河大桥主桥总体设计过程中，对以下总体布置参数进行了分析和比较。

1. 索面形式

自锚式悬索桥的索面可分为单索面、双索面和空间索面。单索面的结构形式从行车角度来看简洁明了，但抗扭刚度较弱，需要主梁提供较大的抗扭刚度。双索面的结构形式刚好与单索面相反，抗扭刚度较大，受力性能较好。空间索面的结构形式是双索面的一种，不仅能够大幅增强结构抗扭刚度，而且增强桥梁的整体景观效果。本桥最终采用空间索面的结构体系。

2. 是否设置锚跨

由于自锚式悬索桥的主缆锚于加劲梁上，势必要产生较大的梁端上拔力。为了克服边墩负反力，一般有 4 种方案可以解决：

（1）将边跨再延伸出一跨（锚跨），然后再结合配重予以克服负反力，如三汊矶湘江大桥、哈尔滨阳明滩大桥、松原天河大桥、西宁湟水河大桥。该方案是目前较为常用的方案，但会增加主桥面积，造价相对较高。

（2）边跨采用混凝土梁，即加劲梁为混合梁形式，如佛山平胜大桥，该方案多用于边跨无吊索情况。其特点是在不增加主桥面积的情况下可以解决边墩负反力问题，但该方案的边主跨需采用不同的施工工艺，边跨采用支架现浇，主跨采用顶推或吊装。本工程主桥西侧边跨处于黄河中，支架现浇施工代价很大，此方案不太适合。

（3）在边跨尾端端横梁处设置牛腿，在主引桥之间设一孔混凝土简支梁搁置于牛腿上方用于压重。过渡孔与主桥之间设置一道小位移伸缩缝，而把大位移伸缩缝移至过渡孔与引桥之间。该方案在南昌洪都大桥中有过应用。

（4）直接于边跨尾端横梁内设置压重混凝土，如福州螺洲大桥。该方案具有造价低、施工简单的特点，但要求主缆锚固区的入射角尽量小。

此外，凤凰黄河大桥为公轨合建桥梁，荷载较大，从受力和变形角度看，需尽量降低塔顶位移、索塔塔底弯矩以及梁端转角，同时对结构的竖向刚度要求较高。因此，综合克服因自锚于主梁两端的主缆而产生的上拔力和提高结构刚度及降低塔底内力等需求，拟通过延伸边跨的方式，在凤凰黄河大桥主桥两侧分别设置长度为 70 m 的锚跨。

3. 边中跨比

不同的边中跨比例对结构的竖向刚度、边墩反力、钢丝用量有一定的影响。因为自锚式悬索桥跨径相对较小，结构的竖向刚度并不是设计的控制条件，所以通常边中跨比控制在 1∶2.1～1∶2.7，对结构受力状态并无太大影响。表 2.2-1 所列是我国近期所建自锚式悬索桥的边中跨比。

表 2.2-1　自锚式悬索桥边中跨比例统计

桥名	跨径布置/m	边中跨比
郑州桃花峪大桥	160+406+160	1∶2.54
舟山市小干二桥	150+370+150	1∶2.47
长沙三汊矶大桥	70+132+328+132+70	1∶2.48
松原天河大桥	40+100+266+100+40	1∶2.66
武汉江汉六桥	48+57+110+252+110+57+48	1∶2.29
哈尔滨阳明滩大桥	46+108+248+108+46	1∶2.30
福州螺洲大桥	80+168+168+80	1∶2.10
银川滨河黄河大桥	88+218+218+88	1∶2.48

凤凰路北延跨黄河大桥跨径布置为（70+168+428+428+168+70）m，边中跨比 1∶2.55，在合理的范围内。

4. 矢跨比

因为自锚式悬索桥结构刚度与主缆初应力无关，主要依赖索、梁组合体系，所以增大矢跨比，就增加了主缆支承效力。且自锚式悬索桥一般跨径不大，适当增大矢跨比可以增加主塔高度以使桥梁比例协调，外形优美。但是，主缆矢跨比过大，主缆入鞍角度也随之增大，边吊索的下滑分力增大，索夹设计会比较困难，同时主缆长度和主塔工程量也会相应增加。如表 2.2-2 所示，目前自锚式悬索桥通常采用较大的矢跨比（1∶9～1∶4），需综合结构力学性能与经济性考虑选择合适的矢跨比。本桥主跨矢跨比确定为 $f∶L=1∶6.15$，主要考虑到其既在结构受力合理范围内，同时也保证了上、下塔柱的比例协调。

表 2.2-2　自锚式悬索桥矢跨比统计

名称	地点	跨度/m	矢跨比
科隆-迪兹桥	德国	92.3+184.5+92.3	1∶8.6
第七街桥	美国	67.5+134.8+67.5	1∶8.1
清洲桥	日本	45.8+91.5+45.8	1∶7.1
科隆-米尔海姆桥	德国	91+315+91	1∶9.1
此花大桥	日本	120+3()0+120	1∶6.0
永宗桥	韩国	125+3()0+125	1∶5.0
Sorok 岛桥	韩国	110+250+110	1∶5.0
金石滩金湾桥	中国	24+60+24	1∶8.0
抚顺万新大桥	中国	70+160+70	1∶6.0
浙江金华康济桥	中国	30+100+30	1∶7.5
浙江江山北关大桥	中国	40+118+40	1∶7
淮安京杭运河大桥	中国	40+132.5+40	1∶6.5
浙江永康溪心大桥	中国	37+90+37	1∶6
宁波庆丰桥	中国	90+280+90	1∶6
绍兴滨海桥	中国	77.8+188+77.8	1∶5
郑州桃花峪大桥	中国	120+406+120	1∶5.8
长沙三汊矶大桥	中国	70+132+328+132+70	1∶5
松原天河大桥	中国	40+100+266+100+40	1∶5
武汉江汉六桥	中国	48+57+110+252+110+57+48	1∶6
哈尔滨阳明滩大桥	中国	46+108+248+108+46	1∶5
福州螺洲大桥	中国	80+168+168+80	1∶6
银川滨河黄河大桥	中国	88+218+218+88	1∶5
舟山市小干二桥	中国	150+370+150	1∶6

5. 主梁形式

自锚式悬索桥加劲梁的设计是影响其使用性能和经济性能的一个重要因素。混凝土加劲梁截面面积和刚度大，造价低，易养护，主缆水平力给主梁提供"免费"预应力，但自重较大，适用跨径为 50～200 m。钢主梁自重轻，施工速度快，在强大的轴力作用下，需保证板件的稳定，同时造价较高。通过将混凝土浇于桥面板上，形成组合正交异性桥面板，既可充分发挥混凝土桥面板和钢主梁两种材料的优势，又可解决钢桥面板的疲劳问题。

组合梁钢梁纵横梁体系中主纵梁断面多采用工字形断面或箱形断面，两种断面形式的制造、施工均较成熟。工字形断面构造简单，制造和安装方便，但需要较厚的钢板。箱形断面整体性好，抗扭刚度大，钢板较薄，但制造和安装较工字形复杂。

而自锚式悬索桥加劲梁在全桥体系中除需承受弯矩、剪力和扭矩作用外，还需要平衡主缆纵桥向的水平力，属于压弯构件。所以自锚式悬索桥主梁截面宜选择抗扭刚度大、压屈性能好、施工制作简便的断面形式。结合本工程项目，考虑到吊索锚固于纵梁内侧，需要主纵梁有一定的抗扭能力，采用箱形断面可以提供较大的结构刚度。另外，由于主梁采用顶推施工工艺，强大的主纵梁断面可以减少临时墩的设置，增大临时支墩间的距离。因此，采用箱形断面。

6. 结构体系

（1）塔梁纵向约束体系。

在多塔悬索桥中，主梁与中塔的纵向连接一般分为两种方式：一种采用纵向连接，一种是不进行纵向连接。如果不采用纵向连接，则加劲梁与吊索、锚固在梁端的主缆协同受力，将水平荷载传递到塔顶；如果在中塔处采用纵向连接，则主梁受到的水平力分量将会就近转移到桥塔底部。

针对中塔处塔梁间纵向约束与不约束两种连接方式，分别分析静力作用和地震作用下，中塔与梁之间的纵向约束对结构受力性能的影响，分析结果如表 2.2-3 所示。

表 2.2-3 塔梁间纵向约束对结构静力性能的影响

支座设置形式	主梁挠度 /mm	边塔塔顶位移 /mm	边塔塔底弯矩 /(kN·m)	中塔塔顶位移 /mm	中塔塔底弯矩 /(kN·m)
纵向不约束	1323	0.699	7.07×10^5	0.598	6.05×10^5
中塔纵向约束	1264	0.460	5.52×10^5	0.599	6.06×10^5

由于主塔对加劲梁纵向自由度的约束，对加劲梁端主缆锚固点的纵向移动有一定限制，边跨主缆对边塔的约束增大，大幅降低了边塔塔底的纵向弯矩，边塔塔顶位移也减小，但对中塔和竖向刚度影响不大。塔梁间纵向约束对 E2 作用下抗震性能的影响如表 2.2-4 所示。

表 2.2-4　塔梁间纵向约束对 E2 作用下抗震性能的影响

支座设置形式	纵向一阶自振周期/s	边塔塔顶位移/mm	边塔塔底弯矩/(kN·m)	中塔塔顶位移/mm	中塔塔底弯矩/(kN·m)
纵向不约束	11.26	555	3.53×10^5	573	6.81×10^5
中塔纵向约束	6.73	422	3.55×10^5	491	2.46×10^6

在地震作用下，中塔纵向约束后结构纵向自振周期大幅降低，结构纵向刚度增大，中塔塔底纵向弯矩大幅增大，对桥塔抗震不利，同时会增大下部基础规模，提高造价，因此推荐采用静力纵向约束、地震下考虑支座剪断、纵向不约束体系。

（2）索梁纵向约束体系。

悬索桥是一种柔性结构，在汽车荷载及风载作用下，加劲梁和主缆都将产生纵向、横向位移，且缆、梁位移不同步，从而引起吊索弯折。在跨中附近，由于吊索最短，弯折现象将更加明显，为了减少活荷载引起桥面的纵向位移和风振等引起跨中短吊索的弯折、疲劳问题。悬索桥设计时可以采用主缆、梁固结的中央扣结构来代跨中短吊索。对于中央扣，目前有 3 种设置方式：

① 刚性中央扣：使梁、缆在跨中位置相对固定，可采用刚性三角桁架将主缆和加劲梁联结；

② 柔性中央扣：建立梁、缆跨中位置纵向约束，可通过在跨中加设一对或多对斜吊索来实现；

③ 将主缆直接与加劲梁相联结。

对于自锚式悬索桥，有部分刚性自锚式悬索桥，如平顶山建设路立交桥、浙江海盐塘大桥等将主缆在跨中直接与加劲梁相联结，使用了第三类中央扣。而对于大跨径悬索桥，主要是适用于第一、第二类中央扣。由于本方案中塔尺寸较小，需采用刚性中央扣降低中塔纵向弯矩。

（3）横向约束体系。

在横桥向，若塔梁间采用固定约束体系，主塔及其基础在横向地震作用下受到较大的地震力，往往是整座桥的抗震薄弱部位，同时，会对固定约束装置的抗剪能力提出更高要求。若塔梁间采用不约束体系，这种全滑动体系可能会导致塔梁间过大的横向相对位移。因此必须研究更为合理的减震体系，既能减小桥塔及其基础的地震内力，又能限制塔梁间的横向相对位移。现对塔梁间横向约束方式对墩塔、基础的受力影响进行分析，如表 2.2-5 和表 2.2-6 所示。

表 2.2-5　E2 作用下结构地震响应（横向弯矩）　　　　　　单位：kN·m

横向约束方式	边墩承台底	辅助墩承台底	边塔塔底弯	边塔承台底	中塔塔底	中塔承台底
塔梁约束	121 888	94 571	706 273	2 852 091	1 303 927	5 107 530
塔梁不约束	130 359	99 274	378 887	2 962 330	361 659	2 550 824
横向钢阻尼器	128 718	98 280	326 665	1 464 167	449 802	1 627 960

表 2.2-6　E2 作用下结构地震响应（水平位移）　　　　　　　　单位：m

横向约束方式	边墩	辅助墩	边塔	中塔
塔梁约束	0.34	0.24	0	0
塔梁不约束	5.53	5.26	4.70	4.14
横向钢阻尼器	0.37	0.39	0.37	0.40

横向减隔震体系既能降低 E2 作用下塔底、承台弯矩，又能控制塔梁间相对位移，因此推荐采用横向减隔震体系。横向 3 个塔每个塔放置 4 个钢阻尼器，屈服强度 2 236 kN，弹性刚度 149 180 kN/m，屈服后刚度与弹性刚度比为 0.09，每个钢阻尼器由 30 个钢片组成；边墩辅助墩每个支座处放置 1 个钢阻尼器，屈服强度 745 kN，弹性刚度 49 727 kN/m，屈服后刚度与弹性刚度比为 0.09，每个钢阻尼器由 10 个钢片组成。

2.2.2　结构总体设计

济南凤凰黄河大桥主桥最终确定采用三塔四跨双索面组合梁自锚式悬索桥，跨径布置为 70+168+428+428+168+70=1 322 m，主缆矢跨比 1∶6.15。主梁为钢-混凝土组合梁结构，标准段全宽 61.7 m，梁高 4 m，为公轨合建桥梁，桥面布置双向八车道，中间布置轨道交通远期预留。桥塔采用 A 形索塔结构，左右两个塔柱从车行道与轨道交通之间穿过，下塔柱为钢混组合构件，中、上塔柱及横梁均采用钢结构。主梁采用顶推法施工。主桥总体布置图见图 2.2-1。

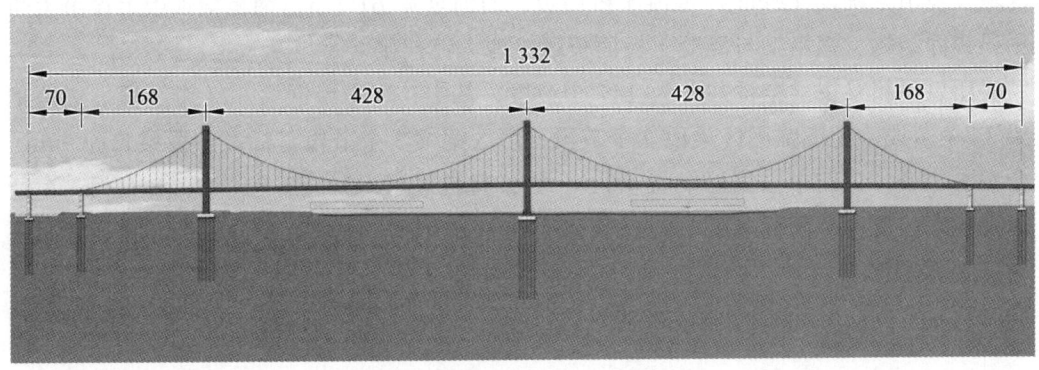

图 2.2-1　主桥总体布置图（单位：m）

1. 缆索系统

济南凤凰黄河大桥主缆设计为双索面空间线形，两边跨主缆理论跨径为 171.5 m，两中跨理论跨径 428 m。中跨主缆竖向设计矢跨比 $f:L$=1∶6.15，跨中处距桥面高度为 3.557 m。主缆直径每根主缆由 61 束索股组成，每股含 127 丝直径 6.2 mm 的镀锌铝合金高强钢丝。

全桥共设 252 个吊点,其中:中跨设 38 对柔性吊索、6 对刚性吊索、3 对刚性中央扣,边跨设 15 对柔性吊索、1 对刚性吊索,按顺桥向标准间距 9 m 布置,每个吊点含一根吊索,中央扣在顺桥向按间距 4.5 m 布置。柔性吊索采用 187ϕ7.0 mm 高强度镀锌铝合金平行钢丝,刚性吊索采用 ϕ200 mm 高强度合金钢。本桥在设计时,根据吊索、索夹的受力特点,综合考虑吊索与索夹的材料特性、制造加工、安装维护、后期更换等因素,柔性吊索上端与索夹采用销铰式连接,下端与主梁采用锚拉板连接;刚性吊索上下端均采用销铰式连接。

2. 主塔

济南凤凰黄河大桥采用三座 A 形主塔,每座主塔包括 2 个塔柱、2 个牛腿、1 个下横梁以及 1 个上横梁。两个边塔构造完全相同,因桥面与地面标高不同,边塔与中塔的构造不完全相同。塔柱横向斜率均为 1∶20,边塔塔高 116.1 m,中塔塔高 126.0 m。主塔按照施工顺序,以下横梁顶面为界分为上下塔柱。

塔柱按照结构形式分为结合段与钢结构段,前承压板顶面下为结合段,前承压板顶面以上为钢结构段,其中结合段采用钢与混凝土组合结构。中塔结合段高 17.02 m,钢结构段高 108.98 m;边塔结合段高 11.1 m,钢结构段高 105 m。主塔钢结构采用牌号为 Q345qE 与 Q420qQ 的钢板,结合段混凝土采用 C60 混凝土。

3. 主梁

凤凰黄河大桥主梁设计为等高钢-混凝土组合梁结构,钢结构梁高 4 m,机动车道区域及缆吊系统设 12 cm 厚混凝土桥面板,断面全宽 61.7 m,钢箱梁顶板上设吊索与主梁锚固结构,钢箱梁与混凝土桥面板通过剪力钉连接。

闭口钢箱梁主梁全桥共分为 147 个节段,其中:边中跨钢梁 128 个节段、锚跨钢梁 14 个节段、主缆锚固区梁段 2 个节段、塔区钢梁 3 个节段。标准节段梁长为 9 m、全宽 61.7 m,道路中心线处梁高 4.0 m。钢梁材料采用 Q345qE 与 Q420qE 钢板,车行道及缆索区现浇桥面板采用 C60 低收缩纤维混凝土,压重混凝土采用 C30 普通混凝土与 C30 重混凝土。

4. 下部结构

主桥下部结构主要为桥墩与基础。其中主桥辅助墩采用分离式双柱,单个立柱为设尖端的多边形薄壁墩,横断面外轮廓尺寸 4.2 m×6.786 m(顺×横),标准段壁厚 0.6 m,柱顶部实心段高 3.0 m,柱底部填充 C20 素混凝土至最高冰凌水位 25.5m。主桥边墩与辅助墩类似,不同之处在于边墩顶处顺桥向尺寸加大,墩底横断面外轮廓尺寸同辅助墩,墩顶横断面外轮廓尺寸则为 6.1 m×6.786 m(顺×横)。

主桥中塔及边塔基础采用整体式矩形承台,承台平面尺寸为 23.2 m×33.2 m(顺×横),厚 5.0 m,承台封底厚度为 2.0 m,承台桩基础采用 35 根 ϕ2.0 m 钻孔灌注桩。而辅助墩与边墩基础均采用分离式矩形承台,承台平面尺寸为 12.5 m×12.5 m(顺×横),厚 3.0 m,承台封底厚度为 1.0 m,每个承台桩基础为 9 根 ϕ1.8~2.1 m 变截面钻孔灌注桩。

2.3 水中引桥设计概况

根据《关于印发〈黄河河道管理范围内建设项目技术审查标准(试行)〉的通知》(黄建管〔2007〕48 号)的规定,黄河干流陶城铺以下建桥,主河槽孔跨不小于 180 m,滩地孔跨不小于 50 m。水中引桥的布置为主桥南侧 210 m 范围,主桥北侧 320 m 范围,均在滩地,单跨跨径不能小于 50 m。综合考虑主桥及跨大堤引桥跨径布置和景观因素,北侧水中引桥跨径取 80 m,南侧水中引桥跨径取 70 m。

2.3.1 水中引桥桥型选择

对于跨径 70~80 m 的桥梁结构,主梁可采用钢箱梁、混凝土梁和钢-混凝土组合梁等方案。混凝土梁结构自重大,特别是对于超宽断面,桥面板横向受力大,需配置桥面板横向预应力,施工较复杂。因此不推荐采用混凝土连续梁。本桥初步设计中对钢箱梁和组合梁进行综合比选,最终选择采用组合钢箱梁。

水中引桥采用 70 m 和 80 m 跨连续梁桥。北侧水中引桥总长 320 m,跨径布置 4×80=320 m,如图 2.3-1 所示;南侧水中引桥总长 210 m,跨径布置为 3×70=210 m,如图 2.3-2 所示。主梁采用等高单箱四室,梁高 4.0 m;整幅布置,设置双向 8 车道,同时在车行道两侧设置人行道和非机动车道,中央预留轨道交通空间。墩柱采用多边形截面空心墩,矩形承台,钻孔灌注桩基础。

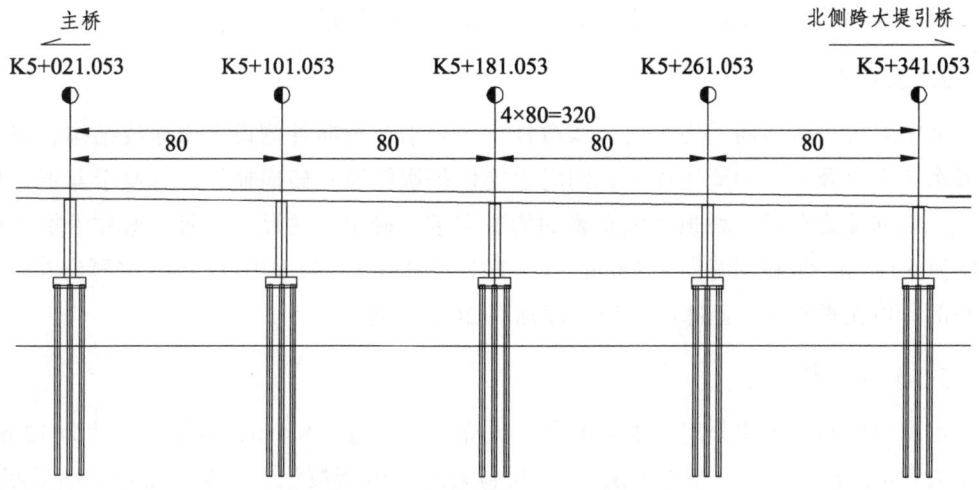

图 2.3-1 北侧水中引桥总体布置图(单位:m)

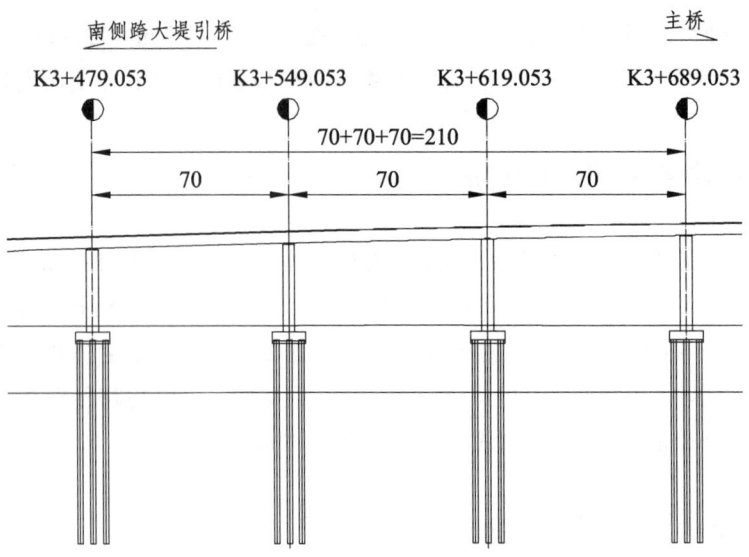

图 2.3-2　南侧水中引桥总体布置图（单位：m）

2.3.2　结构总体设计

1. 主梁设计

水中引桥采用钢-混组合钢箱梁桥，钢主梁采用钢箱梁，梁高 4 m，顶板全宽 61.7 m，底板全宽 28.7 m，挑臂长 4.25 m。北侧水中引桥全长 319.4 m，南侧水中引桥全长 209.6 m。钢主梁材料选用 Q345qE 和 Q420qE。桥面板采用现浇钢筋混凝土结构，采用 C60 低收缩纤维混凝土。钢梁与桥面板之间通过剪力钉连接。考虑减薄中支点钢梁底板厚度，北侧在中支点两侧各 13 m 范围内采用钢梁底板与混凝土结合方案，南侧在中支点两侧各 10.25 m 范围内采用钢梁底板与混凝土结合方案。

2. 水中引桥桥墩

水中引桥桥墩横向采用分离式双墩柱，并且沿横桥向外侧设置破冰凌结构，以减小流水压力以及冬季的流冰压力，同时也能保护墩柱避免碰撞损坏，有益于其更好地受力。依据受力要求及墩顶支座布置的构造需求，确定墩柱尺寸，每个墩柱沿横桥向宽度为 6.186 m，顺桥向宽度为 3.6 m，由于墩柱尺寸较大，故采用空心墩，壁厚为 0.6 m。空心部分填充素混凝土至冰凌水位，即标高 26.5 m 处。

3. 水中引桥基础

水中引桥基础采用分离式矩形承台。顺桥向尺寸均为 8.4 m，横桥向尺寸为 12 m，厚度为 3 m，封底混凝土厚 1.0 m，承台材料采用 C30 混凝土。北侧引桥桩基础采用 6 根 ϕ1.8~2.1 m 钻孔灌注桩；南侧引桥桩基础采用 6 根 ϕ1.8 m 钻孔灌注桩。桩长均为 70 m，材料采用 C30 水下混凝土。桩基持力层根据受力需要采用黏土层。

2.4 跨大堤引桥设计概况

2.4.1 跨大堤引桥桥型选择

南、北侧跨大堤引桥主跨分别为 165 m 和 245 m，可采用的桥型为梁式桥、斜拉桥、拱桥或自锚式悬索桥。本桥主桥采用自锚式悬索桥，出于全桥景观考虑，跨大堤引桥桥面以上不宜设置结构物，因此桥型选定为梁桥体系。

大跨径预应力混凝土连续梁桥具有整体性能好、结构刚度大、变形小、抗震性能好等优点，但要用大吨位支座及合龙后需进行体系转换，给施工、养护（尤其是支座更换）带来许多不便。而预应力混凝土连续刚构桥结构连续，伸缩缝少，能满足车辆高速行驶的要求；同时墩梁固结，主墩不设支座，顺桥向抗弯刚度和横桥向抗扭刚度较大，能满足特大跨径桥梁的受力要求。但是连续刚构桥温度、制作不均匀沉降以及收缩徐变引起的次内力较大，因此它适于建造在地质条件比较好的地区。本桥桥墩较低，不适合采用预应力混凝土连续刚构桥。本次初步设计主梁进行钢箱梁和组合梁的综合比选，最终选择采用连续组合钢箱梁结构体系。

2.4.2 结构总体设计

南侧跨大堤引桥采用跨径组合为 104+165+104=373 m 的三跨连续变截面组合钢箱梁桥，由于桥梁与大堤斜交，因此梁底高程控制点桩号为 K3+274.390，堤顶净空 4.5 m，桥跨布置如图 2.4-1 所示。

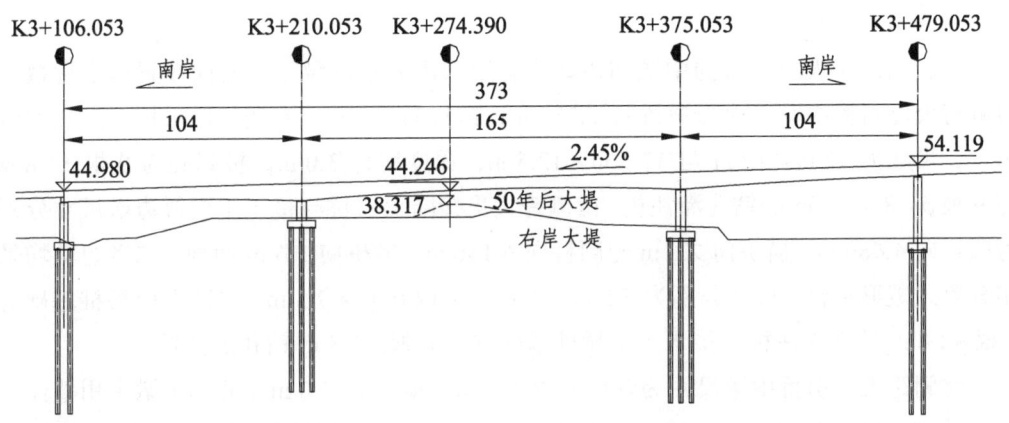

图 2.4-1　南侧跨大堤引桥总体布置图（单位：m）

北侧跨大堤引桥采用跨径组合为 154+245+154=553 m 的三跨连续变截面组合钢箱梁桥，由于桥梁与大堤斜交，因此梁底高程控制点桩号为 K5+628.170，堤顶净空 4.5 m，桥跨布置如图 2.4-2 所示。

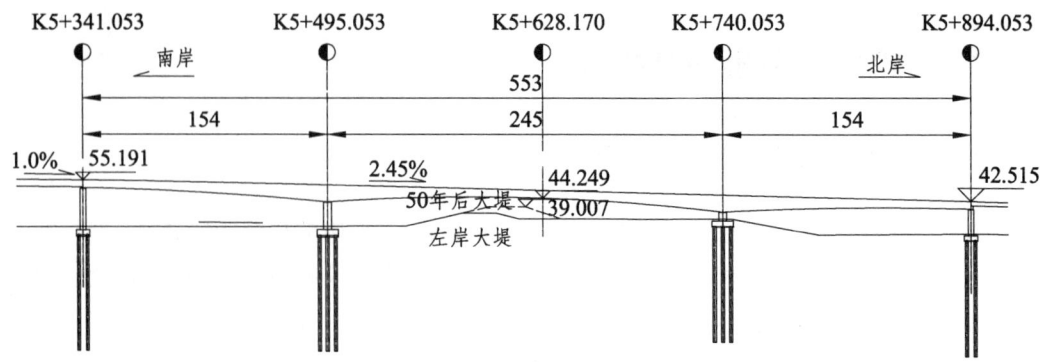

图 2.4-2　北侧跨大堤引桥总体布置图（单位：m）

1. 主梁设计

南、北侧跨大堤引桥主梁均采用单箱四室箱形变宽断面，主跨跨中梁高 4.5 m，边支点梁高 4.5 m，主梁标准节段长 12 m，每间隔 4 m 设置一道横隔板。南侧跨大堤引桥箱梁全长 372.4 m，全宽 54~61.7 m，中支点梁高 7.0 m；北侧跨大堤引桥箱梁全长 552.2 m，全宽 54~61.7 m，中支点梁高 10.0 m。

箱型主梁采用正交异性钢桥面板，南侧跨大堤引桥在机动车道部分铺设 15 cm 厚的 C60 低收缩纤维混凝土桥面板，钢梁通过剪力钉与桥面板连接；北侧跨大堤引桥在机动车道部分铺设 8 cm 厚的 UHPC 超高性能混凝土桥面板，钢梁通过剪力钉与桥面板连接。考虑减薄中支点钢梁底板厚度，南侧在中支点边跨侧 24.5 m、中跨侧 16.5 m 范围内采用厚 0.35~0.60 m 的 C50 低收缩混凝土与钢梁底部结合；北侧则在中支点边跨侧 40.5 m、中侧跨 32.5 m 范围内采用厚 0.35~1.20 m 的 C50 低收缩混凝土与钢梁底部结合。

2. 桥墩基础设计

南、北侧跨大堤引桥的中墩和边墩均采用六边形独柱墩，横桥向布置两个桥墩。南侧跨大堤引桥中墩尺寸为顺桥向 6.786 m，横桥向 4.2 m。南侧中墩采用分离式方形承台，尺寸为 12 m×12 m 与 12.5 m×12.5 m，深度均为 3.0 m，桩基础为 9 根 ϕ1.8 m 与 9 根 ϕ1.8~2.1 m 的钻孔灌注桩。南侧跨大堤接陆上引桥与接水中引桥边墩尺寸分别为顺桥向 4.686 m、横桥向 2.6 m 与顺桥向 6.186 m、横桥向 3.6 m 两种，二者边墩均采用分离式矩形承台，尺寸分别为 7.5 m×7.5 m 与 12.0 m×7.5 m。接陆上引桥桩基础为 4 根 ϕ1.8 m 钻孔灌注桩，接水上引桥桩基础则为 6 根 ϕ1.8 m 钻孔灌注桩。

北侧跨大堤引桥中墩尺寸为顺桥向 8.386 m、横桥向 5.0 m。北侧中墩采用整体式方形承台，尺寸为 13.2 m×29.2 m 与 13.2 m×28.2 m，深度均为 4.0 m，桩基础为 18 根 ϕ2.0 m 钻孔灌注桩。北侧跨大堤接陆上引桥与接水中引桥边墩尺寸分别为顺桥向 4.686 m、横桥向 2.6 m 与顺桥向 6.186 m、横桥向 3.6 m 两种，二者边墩均采用分离式矩形承台，尺寸分别为 7.5 m×7.5 m×3.0 m 与 12.5 m×8.0 m×3.2 m。接陆上引桥桩基础为 4 根 ϕ1.8 m 钻孔灌注桩，接水上引桥桩基础则为 6 根 ϕ1.8~2.1 m 的钻孔灌注桩。

2.5 陆上引桥设计概况

2.5.1 陆上引桥桥型选择

陆上引桥的结构形式可选择简支加连续桥面体系，亦可采用连续结构体系。简支结构的上部结构可采用预制空心板梁、T 梁、预制小箱梁等。连续梁上部结构可采用预应力混凝土连续箱梁、钢结构连续箱梁、普通钢筋混凝土连续箱梁等。由于桥梁结构的造价占工程总造价比较大，因此，结构的合理选型是本次设计的重要因素。对此，在结合美观、经济并且满足建设进度的原则前提下，根据总体方案的布置，对适应接线引桥的各种结构方案进行了详尽的结构受力、技术经济、施工及景观等的分析比较。主要比较了：① 预制先张法预应力空心板梁结构；② 预制后张法 T 梁；③ 预制后张法简支小箱梁结构；④ 连续梁结构。4 种结构的综合对比情况见表 2.5-1。

表 2.5-1 上部结构综合比较

序号	项目	简支梁			连续大箱梁
		空心板梁	T 梁	小箱梁	
1	景观效果	一般	较差	一般	好
2	施工对交通及环境影响	小	较小	较小	较大
3	施工速度	快	较快	较快	较慢
4	施工难易和复杂程度	容易	较易	较易	较复杂
5	结构性能	一般	一般	一般	好
6	行车条件	一般	一般	一般	好
7	相对造价	低	一般	一般	较高
8	对曲线适用性	较差	一般	较好	好
9	可改造性	容易	较易	较易	难

依据表 2.5-1 的综合对比情况，本工程推荐采用现浇混凝土预应力连续大箱梁结构。

2.5.2 结构总体设计

主桥南侧陆上引桥：3×（5×40 m）（连续梁）=600 m，桩号范围 K2+506.053 ~ K3+106.053；主桥北侧陆上引桥：2×（5×40 m）（连续梁）=400 m，桩号范围 K5+894.053 ~ K6+294.053。陆上引桥连续箱梁均采用等高截面，墩柱采用圆端形桥墩，墩下设承台、钻孔桩基础。详细结构总体布置图如图 2.5-1 和图 2.5-2 所示。

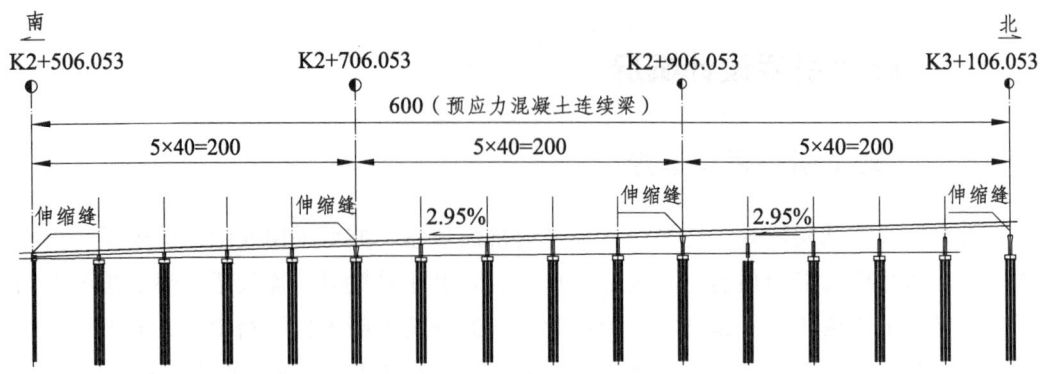

图 2.5-1　南岸接线引桥总体布置图（单位：m）

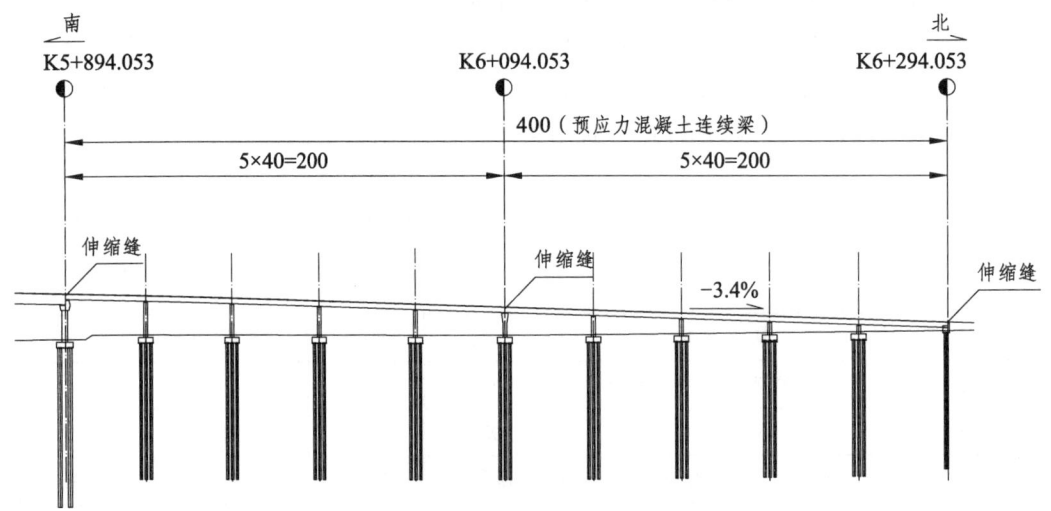

图 2.5-2　北岸接线引桥总体布置图（单位：m）

1. 主梁设计

接线引桥主梁选用 C50 高性能混凝土，主梁采用单箱双室截面，标准梁高 2.3 m，顶板底板同坡，均采用 2%单向横坡。顶板全宽 16.5 m，底板全宽 7.3 m，单侧挑臂长 3.75 m。顶板除横梁处外，厚度统一设为 0.26 m；底板厚度跨中段取为 0.22 m，至横梁处变为 0.45 m，底板厚度渐变段长度设置为 10.5 m；腹板跨中段厚度 0.4 m，到距离横梁约 7.5 m 处变为 0.6 m，腹板厚度渐变段长度设置为 3 m。墩顶横梁宽度，端横梁设置为 1.2 m，中横梁设置为 2 m，跨中不设中横隔板。横断面上，顶板和腹板倒角设置为 1 m×0.3 m 的倒角，底板和腹板设置 0.6 m×0.2 m 的倒角。梁下设置两个支座，支座横向距离箱梁中心线 2.0 m。主梁绕箱梁顶面结构中心线处旋转 2%的横坡。

2. 桥墩基础设计

接线引桥桥墩外形采用花瓶形方案，墩柱断面沿横桥向为圆端形，外形线条在桥墩中部向上逐渐展开，流畅中蕴涵着变化，与上部箱梁的斜腹板巧妙结合在一起，视觉连续性和整体性较好。上部结构采用分幅式布置、分离式承台，横桥向设 2 个承台及墩柱。墩柱在承台处截面为矩形，横桥向宽 4.4 m，顺桥向宽 2.0 m，横向设置圆端；墩顶截面横桥向总宽 6.4 m。墩柱采用 C40 混凝土。引桥基础采用分离式承台，截面为矩形。顺、横桥向尺寸均为 6.25 m，厚度为 2.0 m，混凝土垫层厚度为 0.15 m。承台材料采用 C30 混凝土。引桥基础采用直径 1.5 m 钻孔灌注桩，布置 4 根，桩长 60 m，材料采用 C30 水下混凝土。

2.6 本章小结

本章主要介绍了济南凤凰黄河大桥全线桥涵的设计情况。济南凤凰黄河大桥全线桥涵可分为陆上引桥部分、跨大堤引桥部分、水中引桥部分与主桥部分。

本章先宏观上从桥位方案的选择、全线的平面设计、纵断面设计、横断面设计以及孔跨的布置五个方面介绍了桥梁总体设计，再分别介绍了陆上引桥部分、跨大堤引桥部分、水中引桥部分与主桥部分的设计概况。

Chapter 3

第 3 章
三塔自锚式悬索桥结构设计

第3章 三塔自锚式悬索桥结构设计

在桥梁建设领域，我国已经成为世界上公认的桥梁大国。随着我国桥梁建设技术的发展，我国设计的桥梁跨径不断刷新纪录，千米级特大桥梁的数量与日俱增。而悬索桥在千米级特大桥梁中有着举足轻重的地位，受到我国广大梁桥建设者的重视与青睐。自锚式悬索桥由于其对锚碇建造费用的节省、对我国广泛分布的软土地基的适应性和独特的美学效果，在我国的桥梁界受到了日渐增多的关注，尤其是在城市悬索桥领域。济南凤凰黄河大桥是具有空间缆索体系的三塔自锚式悬索桥，是集多跨、空间缆、组合梁、超宽桥面、公轨合建以及大跨自锚式等多个特殊属性于一身的独特构造悬索桥，在满足公共功能需求的同时，兼具了人文和景观效应，其结构设计具有很多新意，其结构设计的细节构造可为未来同类项目提供借鉴。

3.1 凤凰桥总体布置

凤凰黄河大桥位于山东省济南市，起点位于荷花路交叉口处以南，路线向北依次跨越邯胶铁路联络线、南水北调工程济东明渠后继续向北，跨越黄河后与现状 G220 交叉，建成后直接联系南岸新东站与北岸崔寨地区中心，可以说是济南市实现北跨发展建设黄河新区的重要组成部分。主桥为三塔双索面组合梁自锚式悬索桥，跨径布置为（70+168+428+428+168+70）m，全长 1 332 m；高强钢丝主缆竖向矢跨比 1∶6.15；钢-混组合梁结构主梁宽 61.7 m，高 4 m，双向 8 车道，共轨同层合建，中间为轨道交通远期预留。A 形桥塔，下塔柱为钢混组合构件，中、上塔柱及横梁均采用钢结构。总体布置图如图 3.1-1 所示。

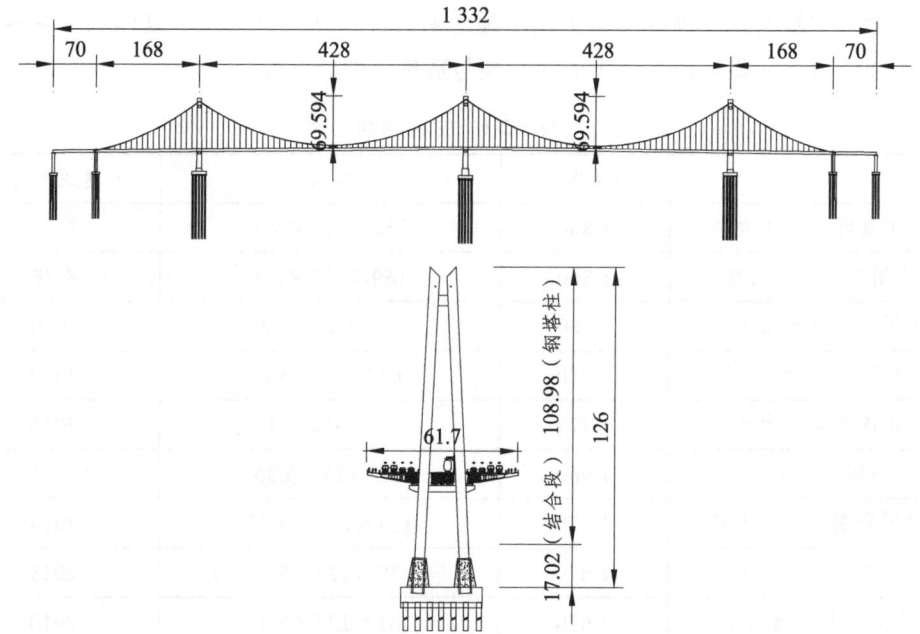

图 3.1-1　凤凰黄河大桥主桥总体布置图（单位：m）

3.2 空间缆索系统

凤凰黄河大桥为三塔自锚式悬索桥，采用空间双索面缆索系统，主缆跨径布置为（171.5+428+428+171.5）m，两根空间主缆在边跨端部和两主跨跨中的横桥向中心间距为14.2 m，在桥塔处横桥向中心间距为6.33 m，主缆中跨竖向矢跨比为1∶6.15，边跨矢跨比为1∶15.6，每个吊点设一根吊索，吊索标准间距为9.0 m，塔侧第一根吊索距桥塔中心线11.5 m。吊索上端通过单吊耳索夹连接主缆，下端通过锚拉板、吊耳连接主梁。为方便描述，将凤凰黄河大桥缆索系统划分为主缆系统、吊索系统及中央扣系统，主缆系统包括主缆、索鞍（中索鞍和边索鞍）、散索套三部分，吊索系统包括吊索、索夹及吊索梁上锚固装置，中央扣系统包括中央扣索夹及杆身。

3.2.1 主缆系统

1. 主缆

主缆作为悬索桥主要的承重构件，其材料需要具有相当的强度。世界上第一座现代悬索桥是美国建设的布鲁克林大桥，其主缆材料采用了1 200 MPa高强度钢丝。主缆钢丝发展至今，如表3.2-1所示，悬索桥主缆的钢丝强度已达到了1 960 MPa。由材料力学可知，在相同条件下，提高构件材料的强度，可有效减小构件截面面积。因此，主缆钢丝强度的增大有助于减小主缆直径，降低主缆重梁，进而简化主缆锚固、索鞍、索夹构造，其施工难度也能得到相应程度的减小，降低了工程造价。增大主缆钢丝直径可以改善主缆的抗腐蚀能力，提高主缆的耐久性，从长远来看，既能保证其耐久性与抗腐蚀能力，又要保证其施工的便利性与造价上的经济性。

表3.2-1 主缆钢丝

桥梁名称	强度/MPa	主缆组成	建成年份
中国五峰山长江大桥	1 860	352×127×5.5	在建
中国瓯江北口大桥	1 860	169×127×5.4	在建
中国杨泗港长江大桥	1 960	271×91×6.2	2019
中国舟山小干二桥	1 770	61×127×5.0	2018
中国北盘江大桥	1 770	91×91×5.1	2016
韩国蔚山大桥	1 960	16×127×5.35	2015
中国鹦鹉洲长江大桥	1 770	114×127×5.25	2014
中国桃花峪黄河大桥	1 670	37×127×5.3	2013
中国青岛海湾大桥	1 670	61×127×5.1	2010

续表

桥梁名称	强度/MPa	主缆组成	建成年份
中国江东大桥	1 670	37×91×5.3	2008
中国银川黄河大桥	1 770	37×91×5.35	2004
日本明石海峡大桥	1 770	290×127×5.23	1998
丹麦大贝尔特桥	1 570	37×504×5.38	1998
中国香港青马大桥	1 570	291×127×5.38	1997

根据主缆钢丝的发展趋势，结合凤凰黄河大桥的特点，最终确定本桥主缆由61股钢束组成，每一股钢束含127根直径为6.2 mm的高强钢丝，钢丝极限强度为1 960 MPa，弹性模量为 2.0×10^5 MPa，表面镀锌铝合金。索夹内主缆空隙率为17%，主缆直径599.0 mm，索夹外主缆空隙率为19%，主缆直径606.3 mm，主缆总体布置图、索股构造图如图3.2-1～图3.2-3所示。

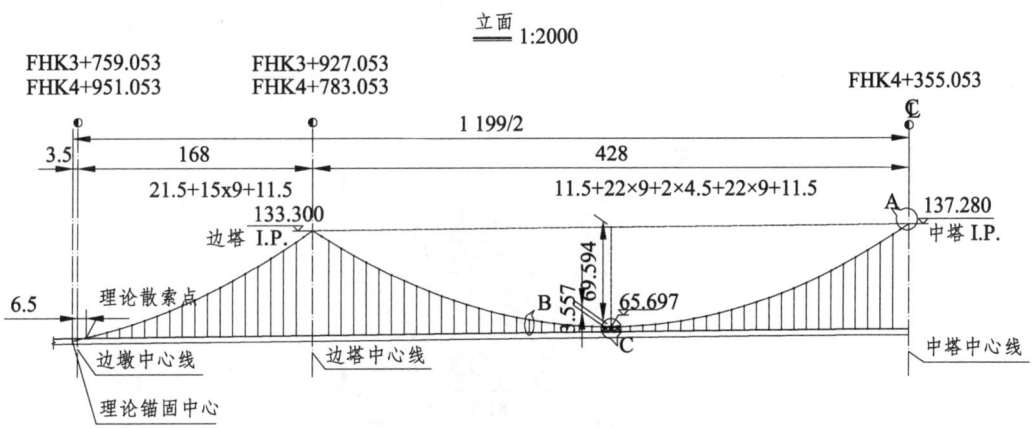

图3.2-1 主缆立面布置图及主缆截面（单位：m）

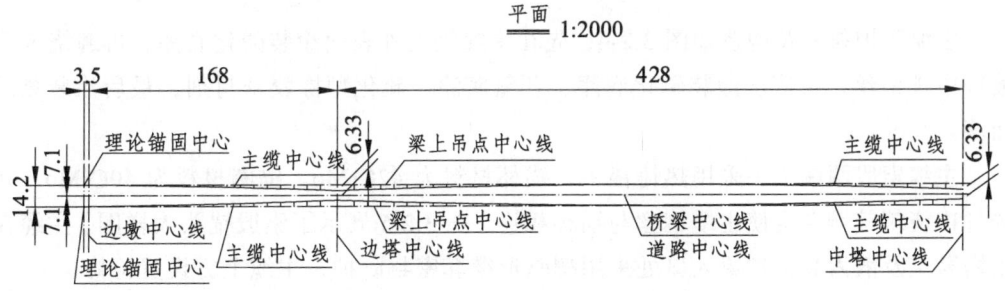

图3.2-2 主缆平面布置图（单位：m）

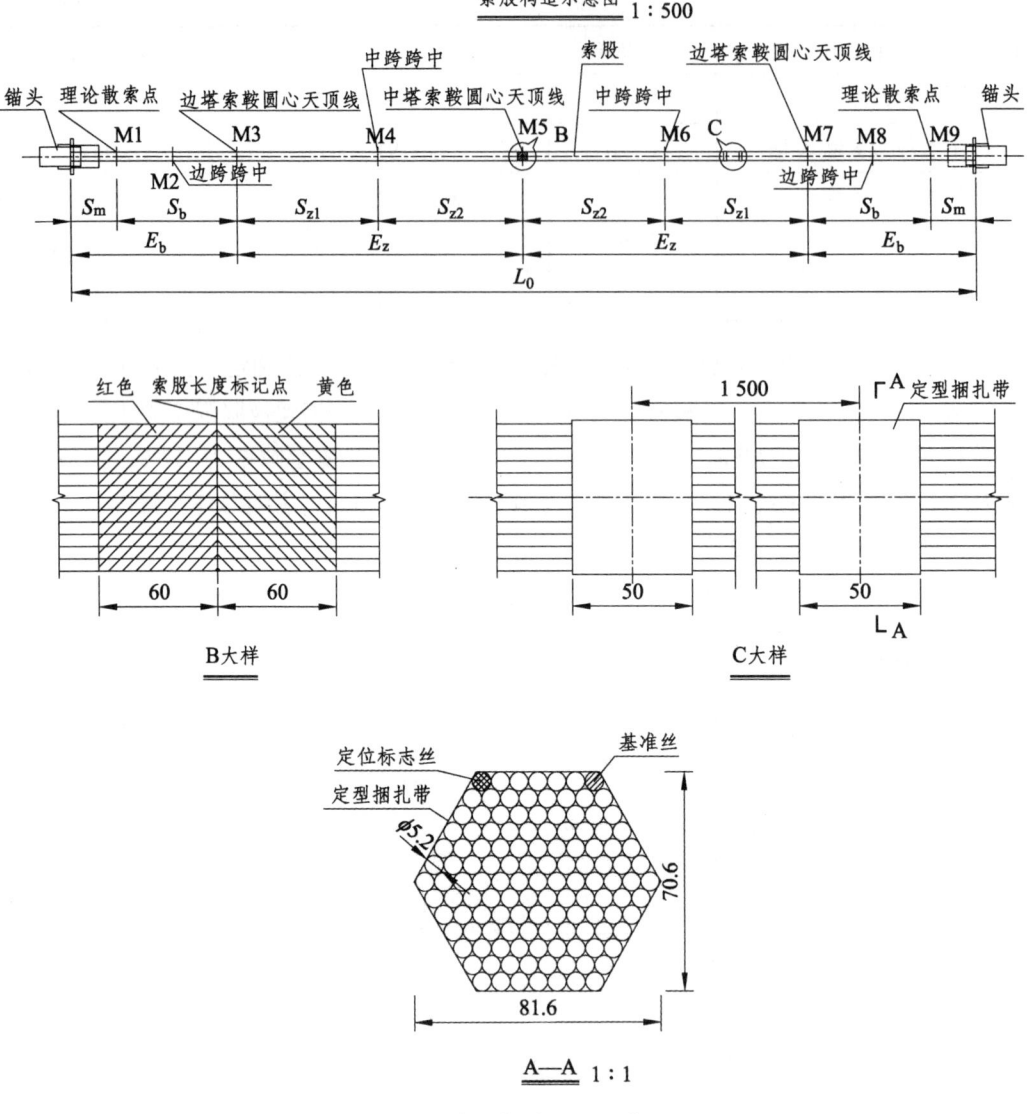

图 3.2-3 主缆索股构造图（单位：mm）

主缆防护材料及构造如图 3.2-4，先在主缆钢丝外表面涂装磷化底漆，再缠绕 S 形镀锌中碳钢丝，再依次涂装磷化底漆、环氧底漆、硫化型橡胶密封剂，最后涂装氟碳面漆。

主缆索股两端锚头采用热铸锚头，锚杯材料为 42CrMo，锚圈材料为 40CrMo。在锚杯内浇筑锌铜合金使主缆钢丝与锚杯相连。图 3.2-5 展示了索股锚头大样图。主缆在主塔鞍室及散索套保护罩入口处采用喇叭形缆套密封防护，主缆上方设置检修道。

2. 主索鞍

悬索桥索鞍是直接支承主缆并传递荷载的装置，分为主索鞍、散索鞍或散索套。

主索鞍设在塔顶,主要承受主缆产生的巨大压力并传递给桥塔,同时承担主缆在塔顶转向的重要作用。

对空间索面主缆,主索鞍要同时保证主缆在铅垂面和水平面转向平顺,否则会引起主缆钢丝的弯折应力。空间索面主索鞍通常有两种形式:一是将主索鞍鞍槽设计成水平圆弧与竖向圆弧合成的三维曲线;二是将主索鞍按照常规索鞍设计,即仅设置竖向圆弧,安装时设置横向倾角适应主缆的水平转向。通常,前者更适合水平转角较大的情况,而后者适用于水平转角较小的情况。表 3.2-2 为近年来建成的较有代表性的空间缆索体系悬索桥的空间索鞍情况汇总。

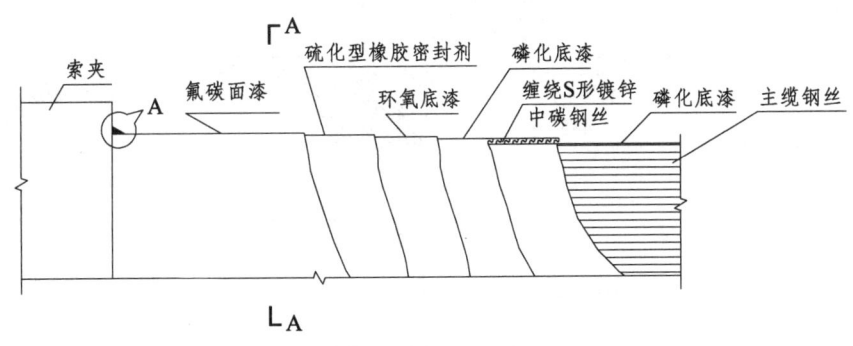

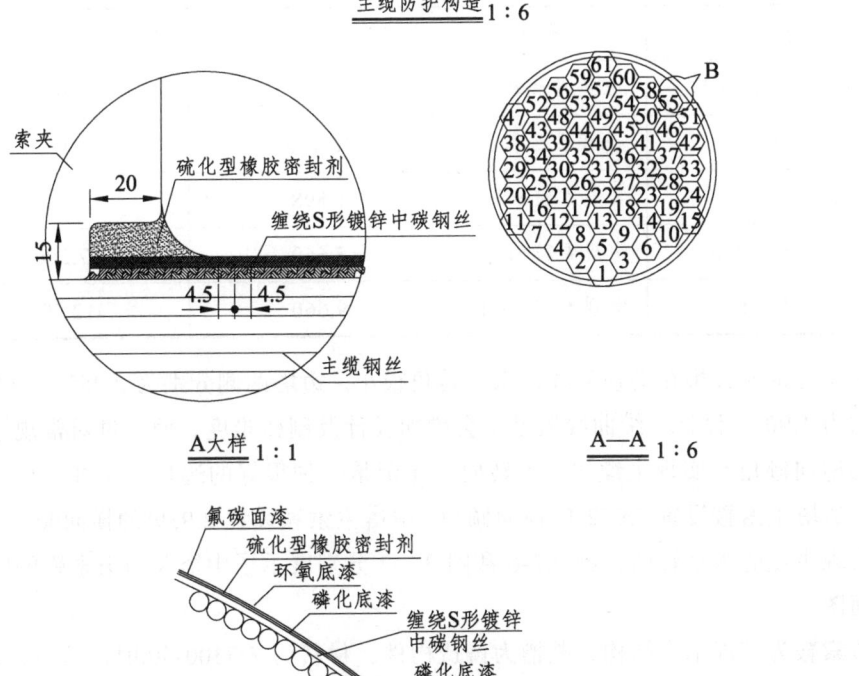

图 3.2-4 主缆防护材料及构造图(单位:mm)

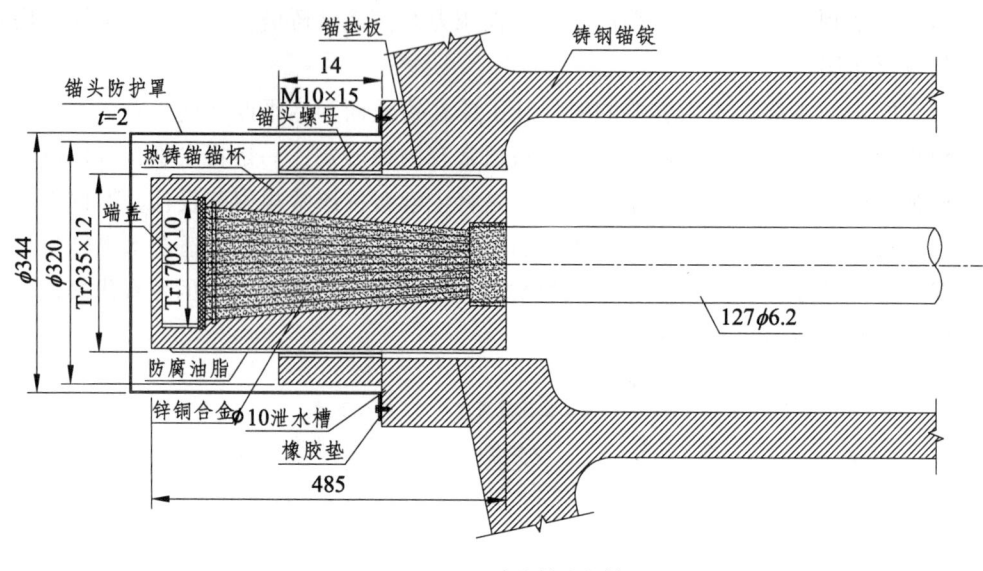

索股锚头大样 1:5

图 3.2-5 索股锚头大样（单位：mm）

表 3.2-2 空间缆索鞍形式

桥梁名称	主索鞍形式	主缆水平转角/(°)	索鞍倾斜角度/(°)
中国南京江心洲大桥	三维曲线鞍槽	7.334	0
中国杭州江东大桥	三维曲线鞍槽	16.160	0
中国青岛海湾大桥	常规索鞍+倾斜	1.598	1.925
中国广州猎德大桥	常规索鞍+倾斜	5.660	7.200
韩国永宗大桥	常规索鞍+倾斜	9.660	12.590

济南凤凰黄河大桥在塔顶的理论水平转角很小，边塔两侧分别为 2.05°、1.84°，中塔两侧均为 1.90°，设计三维曲线鞍槽将会增加设计及制作难度，而通过对常规索鞍设置一定的横向倾角来实现主缆的水平转向，无疑是一种很好的选择。通过计算，凤凰黄河大桥边塔主索鞍设置 2.972°的横向倾角、中塔主索鞍设置 2.939°的横向倾角，可以很好地实现主缆的水平转向，图 3.2-6 和图 3.2-7 分别展示了中塔及边塔索鞍的断面布置及立面图。

本桥索鞍为铸焊结合结构，鞍槽为铸造构件，材料为 ZG300-500H，纵肋、横肋、底板为 Q345qE 钢材，通过熔透焊连接各构件。主缆中心在鞍槽内的半径为 5.6 m，索鞍与塔顶之间设置调平板，保证索鞍安装角度满足设计要求。

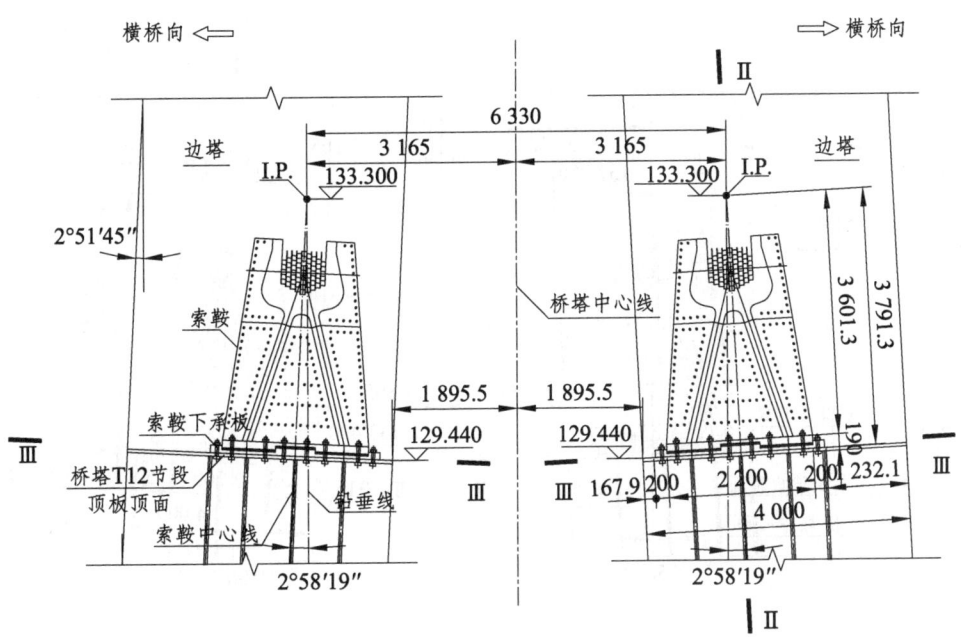

(a) 边塔主索鞍横断面布置

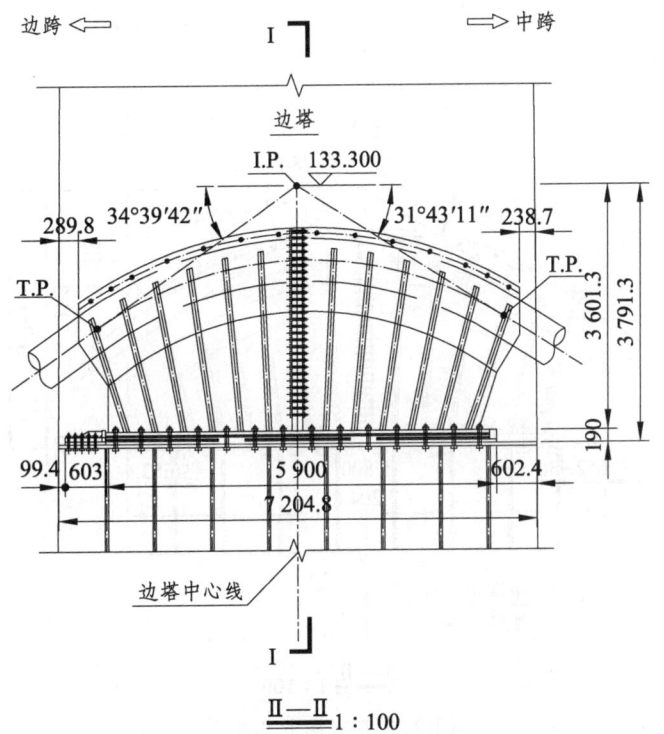

(b) 边塔主索鞍横断面布置

图 3.2-6 边塔主索鞍横断面（标高单位：m；尺寸单位：mm）

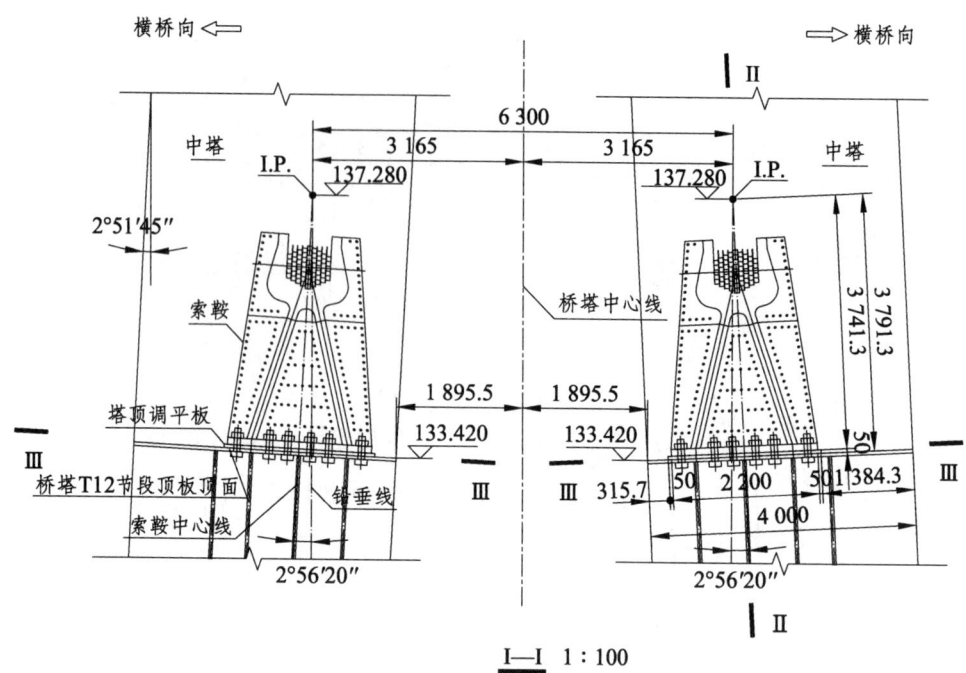

（a）中塔主索鞍横断面布置

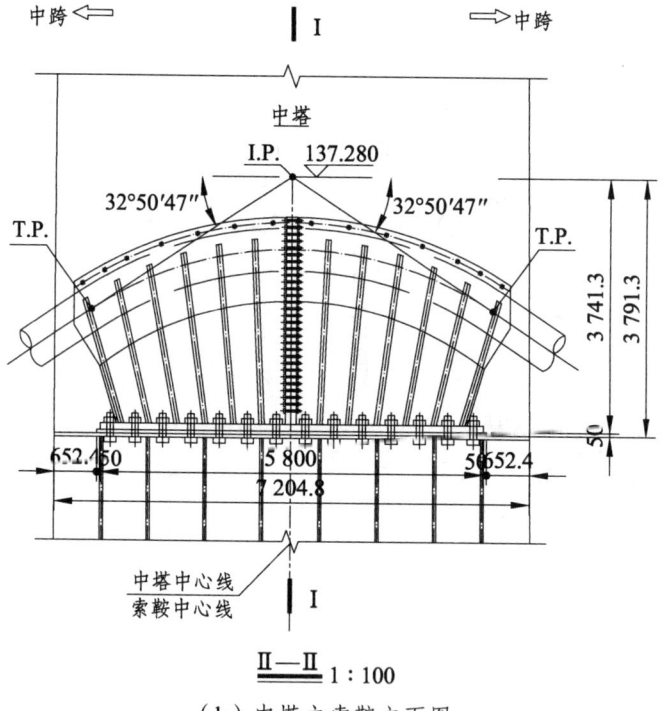

（b）中塔主索鞍立面图

图 3.2-7 主索鞍立面图（标高单位：m；尺寸单位：mm）

3. 散索套

在缆梁锚固端，主缆通常需要分散成单根索股，索股转向后分别锚固，此处需设置散索鞍实现索股分散、转向。若主缆在展索时不需要改变其方向，则无须采用散索鞍而采用散索套。本桥主缆竖向入梁角度为 13.60°，水平入梁角度为 0.67°，入梁相对平缓，可采用散索套。如图 3.2-8 和图 3.2-9 所示，单个散索套长 2.9 m，可分为等直径的摩阻段和变直径的散索段，摩阻段长 1.26 m，散索段长 1.64 m，摩阻段的作用是防止主缆索股径向散开时散索套向缆径较小的方向滑动。

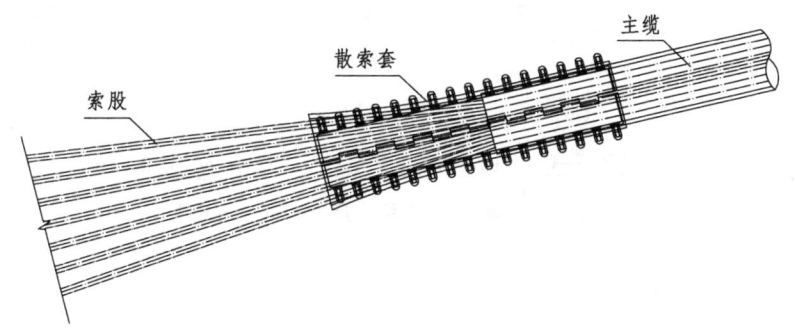

图 3.2-8　散索套示意图

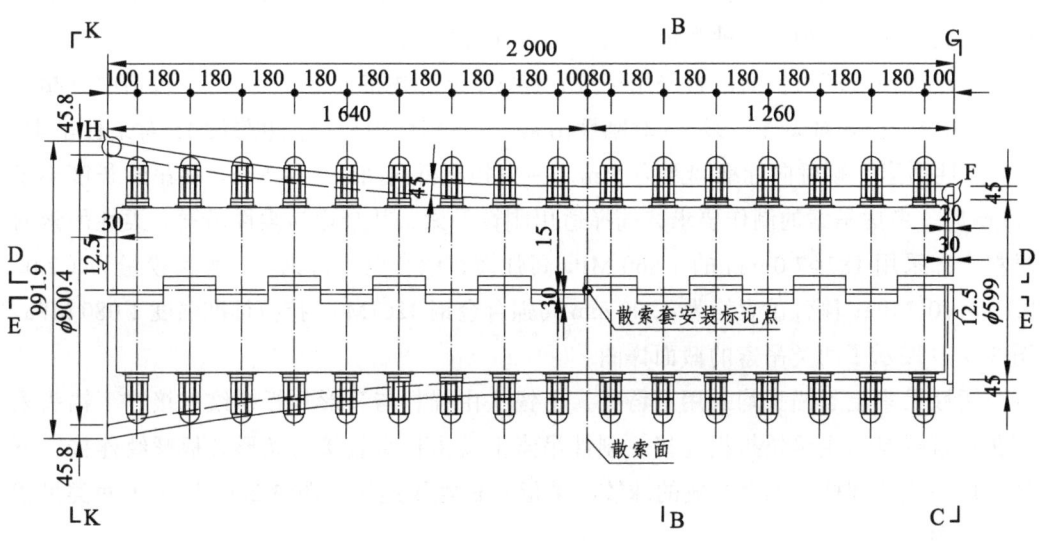

A—A　1∶10

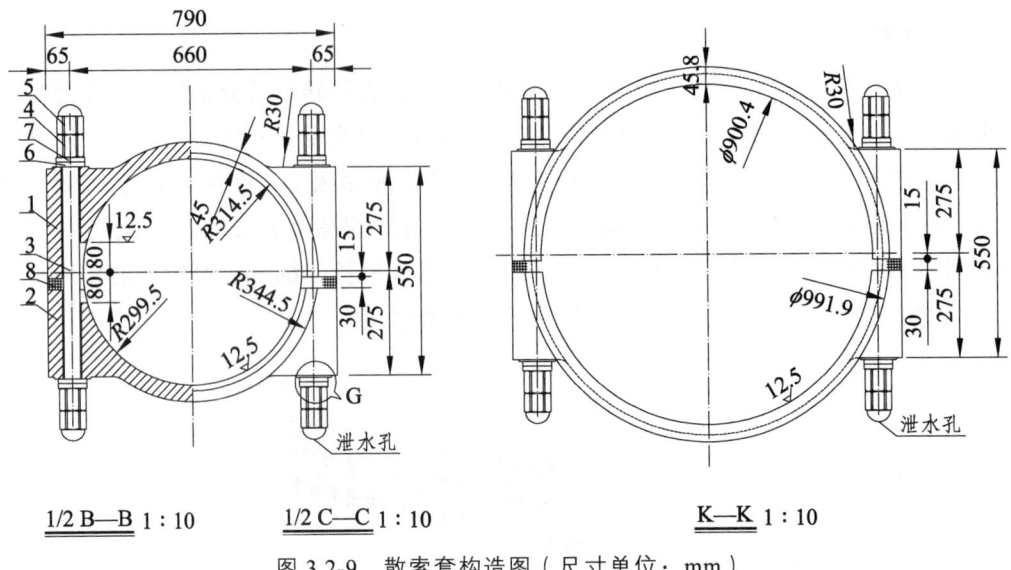

图 3.2-9 散索套构造图（尺寸单位：mm）

3.2.2 吊索系统

1. 吊索

作用于悬索桥加劲梁上的恒载及活载通过吊索传递给主缆。吊索可用钢丝绳、平行钢丝束或钢绞线等材料制作。吊索的下端与加劲梁连接，上端与主缆连接。其上端连接方式主要有两种：一种为销铰式，另一种为骑跨式。

济南凤凰黄河大桥的吊索采用销铰式连接，全桥共布置 252 个吊点（包括中央扣），其中：中跨设 38 对柔性吊索、6 对刚性吊索、3 对刚性中央扣，边跨设 15 对柔性吊索、1 对刚性吊索，顺桥向标准间距为 9 m，中央扣顺桥向间距为 4.5 m。在吊索长度小于 4.5 m 时，考虑吊索的制作要求，选择适用刚性吊索，其余均为柔性吊索。柔性吊索的材料全部采用 187ϕ7.0 mm 的 1 860 MPa 高强镀锌铝合金平行钢丝，弹性模量为（2.0±0.1）×10^5 MPa，刚性吊索均为 ϕ200 mm 高强合金钢 42CrMo，抗拉标准强度 1 080 MPa。图 3.2-10 展示了两类吊索的截面详图。

柔性吊索上下锚头均采用冷铸锚，上锚头由锚杯与叉形耳板螺纹连接，下锚头采用张拉端锚具与主梁锚拉板连接；刚性吊索上端由杆身直接与叉形耳板螺纹连接，下端由球头调节螺杆、螺套形成的球铰与叉形耳板螺纹连接。图 3.2-11 展示了两类吊索的总成图。

2. 索夹

悬索桥主缆与吊索的连接一般采用刚性索夹把主缆箍紧，产生收缩变形时也不致滑动。通常索夹依据吊索与主缆的连接方式可分为骑跨式索夹与销铰式索夹两种，按作用可分为有吊索索夹与无吊索索夹。

（a）柔性　　（b）刚性

图 3.2-10　吊索截面详图（单位：mm）

（a）柔性　　（b）刚性

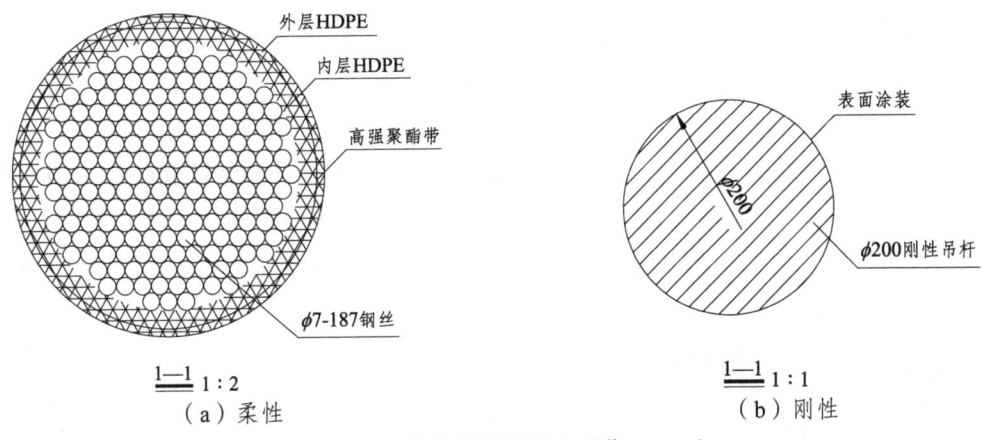

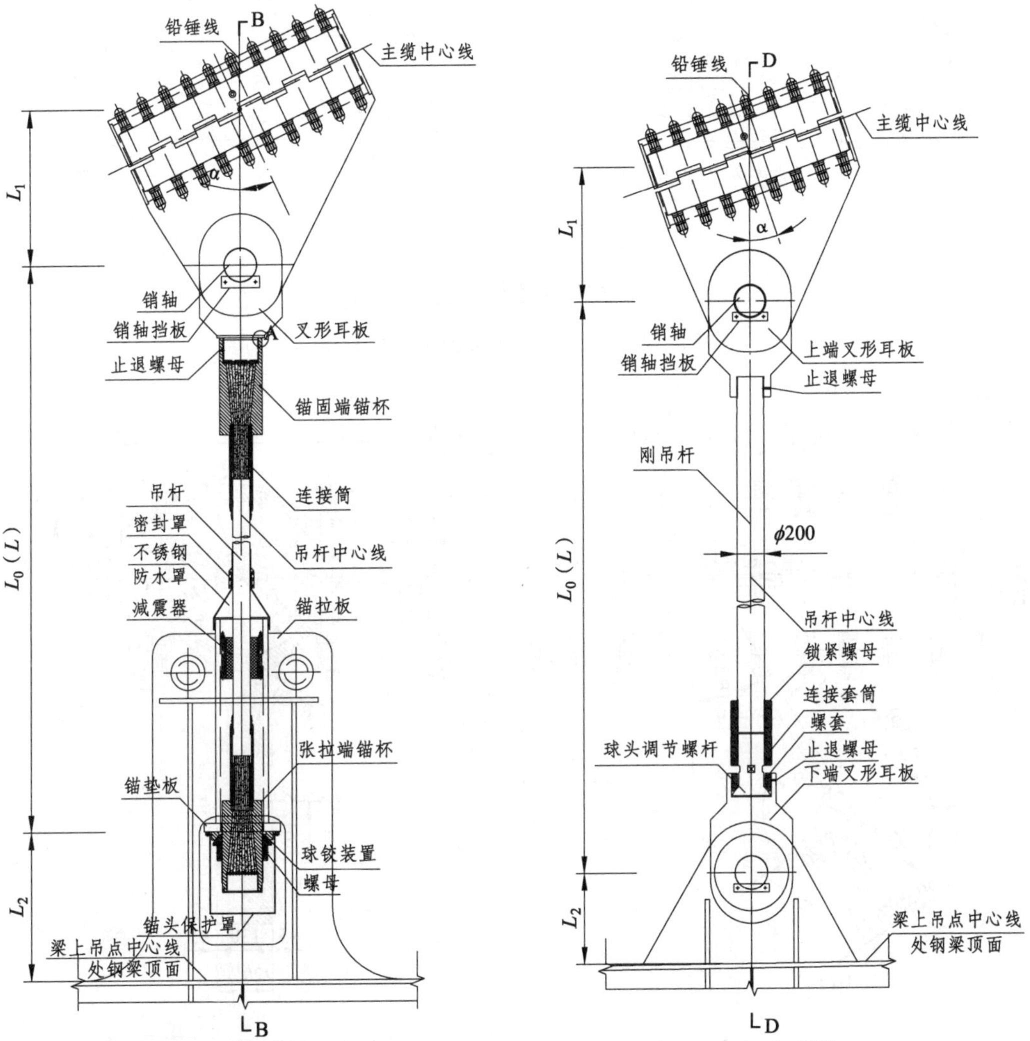

图 3.2-11　吊索总成图

济南凤凰黄河大桥索夹采用上下对接式、单吊耳销铰式索夹,其材料为 ZG20Mn,吊耳孔径为 240 mm,厚 220 mm,索夹体壁厚 45 mm,全桥索夹布置图如图 3.2-12 所示。全桥共设 268 个索夹,其中 SJ1~SJ5 类型索夹各 48 个、中央扣索夹 SJ6 类型索夹 4 个、SJ7~SJ8 类型索夹 4 个、封闭索夹 SJ9 类型索夹 4 个、锥形封闭索夹 SJ10 类型索夹 12 个。SJ1~SJ5 索夹构造形式基本相同,因所处位置处主缆与大地之间夹角不同,索夹长度有所差异,其构造(SJ2 类型索夹)如图 3.2-13 所示。SJ9 类型索夹构造如图 3.2-14 所示,锥形封闭索夹 SJ10 构造如图 3.2-15 所示。

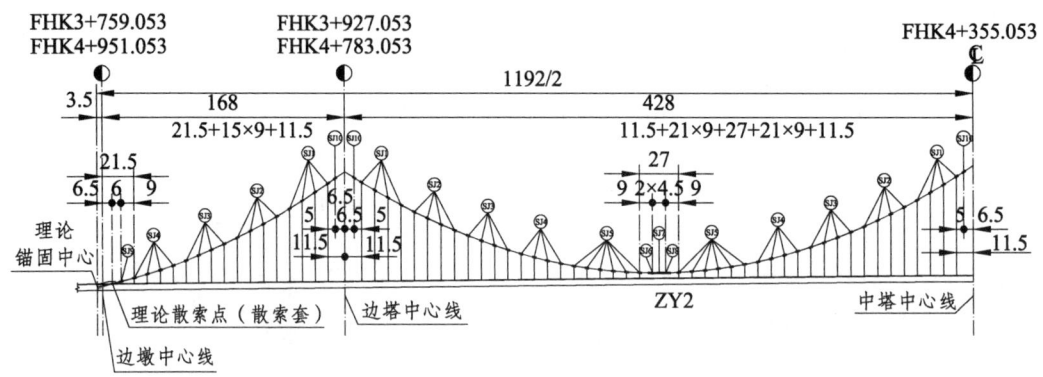

图 3.2-12 索夹总体布置图(单位:m)

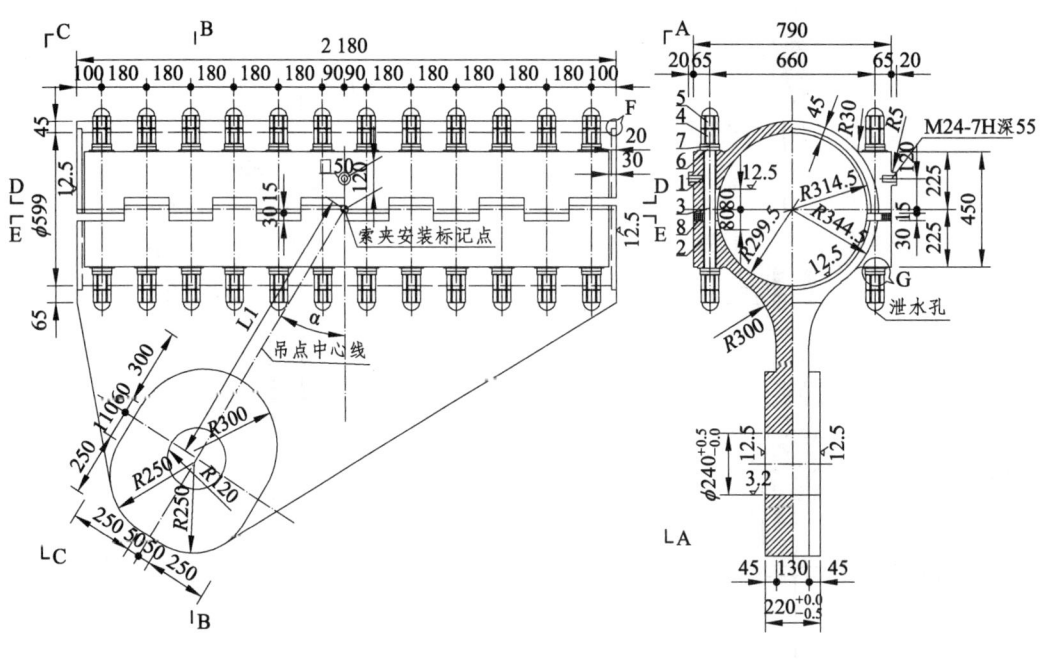

图 3.2-13 索夹 SJ2 构造图(单位:mm)

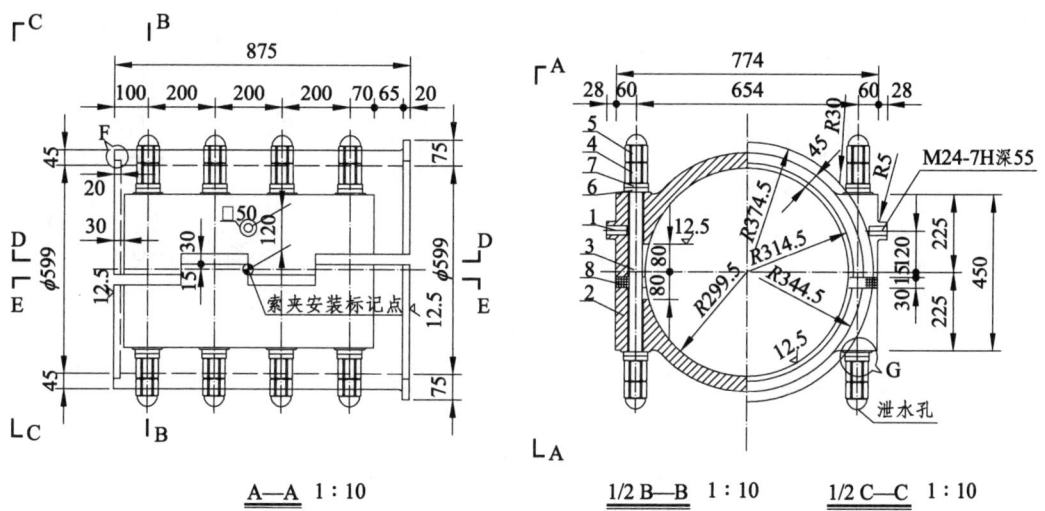

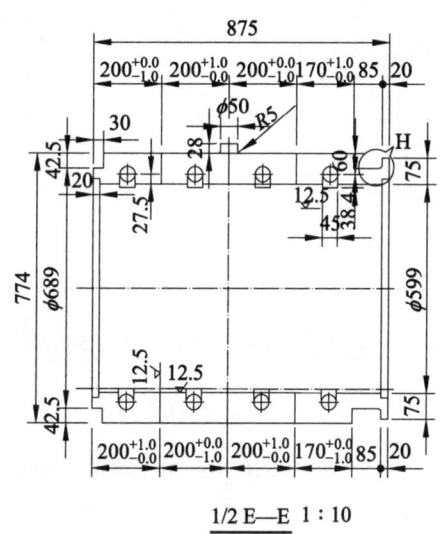

图 3.2-14 索夹 SJ9 构造图（单位：mm）

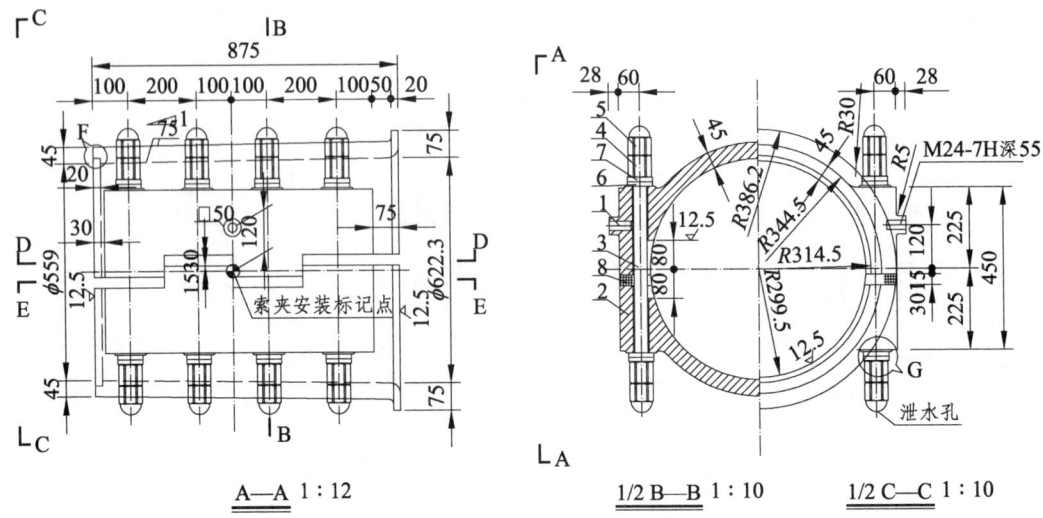

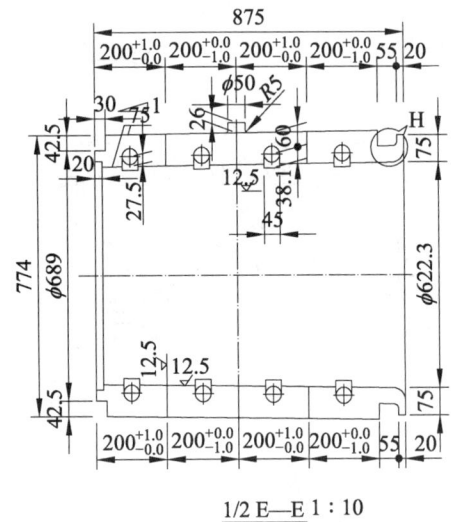

图 3.2-15　索夹 S10 构造图（单位：mm）

3. 梁上锚固构造

本桥吊索梁上锚固构造均设置于桥面以上，便于吊索及锚固构造的检查维修，也可以避免吊索入梁开洞可能导致的梁内积水；吊索锚固端位于桥面以上，可以减小吊索长度，但同时会使短吊索不能满足柔性吊索加工制作长度要求而采用刚性吊索。对于刚性吊杆，梁上锚固构造为吊耳，柔性吊索的梁上锚固构造为锚拉板。柔性吊索张拉，需通过张拉孔连接反力架，通过反力架将吊索张拉到位后，安装锚固端螺母进行固定；刚性吊杆张拉，必要时需设置反力架并通过接长杆，调整吊点与梁面的距离，通过连接套筒调节吊杆长度。梁上锚固构造如图 3.2-16 所示。

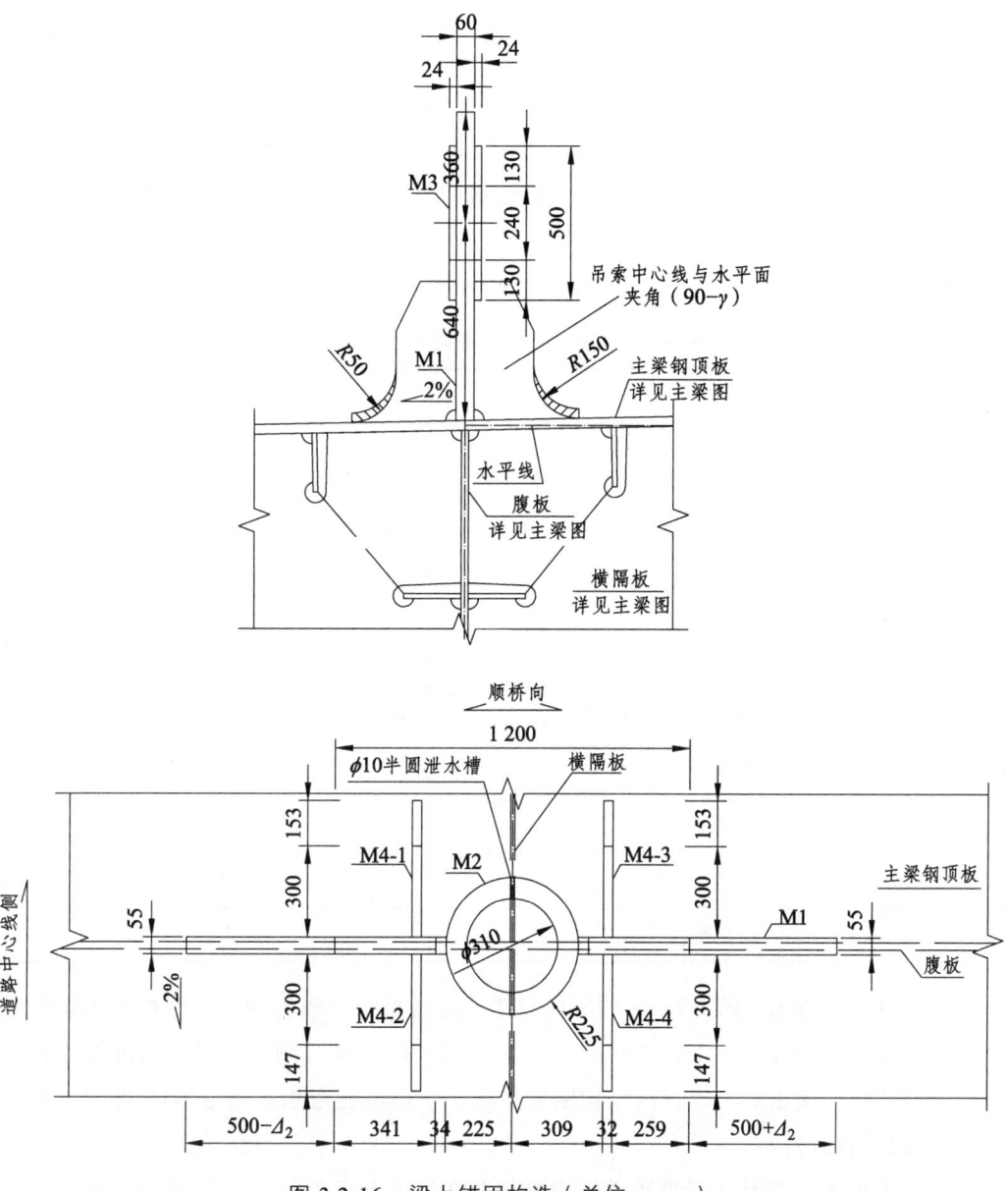

图 3.2-16 梁上锚固构造（单位：mm）

若设置双吊索，梁上所采用的锚拉板构造的开孔面积会增加，导致传力路径不直接，吊索张拉过程中，锚拉板偏心受力严重。因此本桥每个吊点仅设置一根吊索。

3.2.3 中央扣系统

在大跨度悬索桥上，可设置中央扣以便于改善桥梁的动力特性，同时也能在静力方面增加桥梁刚度、减小缆梁的位移与主塔弯矩、改善短吊索的弯折。按构造分类，中央扣可分为刚性中央扣与柔性中央扣。是否需要设置中央扣，以及采用刚性中央扣还是柔性中央扣需要依据实际工程情况确定。我国润扬长江大桥便在主跨跨中设置了一对刚性中央扣，用来减少活荷载引起的桥面纵向位移和风振等引起的跨中短吊索弯折、疲劳问题；美国塔科马海峡新桥，在主缆跨中设置了一对刚性中央扣，用来改善桥梁抗风、抗震性能；日本的九重梦人行悬索桥设置中央扣提高桥梁的抗风性能；我国坝陵河大桥、矮寨大桥、澧水大桥等，均设置了柔性中央扣，以改善桥梁的受力性能。表 3.2-3 列出了国内外部分桥梁的中央扣采用形式。

表 3.2-3　国内外部分桥梁中央扣形式

桥梁名称	中央扣形式
美国塔科马海峡新桥	刚性
丹麦大贝尔特桥	刚性
丹麦小贝尔特桥	刚性
中国润扬长江大桥	刚性
中国四渡河大桥	刚性
日本南备赞濑户大桥	柔性
日本北备赞濑户大桥	柔性
中国澧水特大桥	柔性
中国坝陵河大桥	柔性
中国矮寨大桥	柔性

凤凰黄河大桥为主跨 428 m 的三塔自锚式悬索桥，中塔为钢塔，结构整体刚度偏小，在主跨跨中各设置三对刚性中央扣，将主缆和跨中梁段刚性连接，通过缆上索夹及工字型杆件连接主梁，以提高结构刚度，减小中塔塔底弯矩。图 3.2-17 展示了本桥中央扣的具体构造。

基于本桥实际情况，若采用柔性中央扣会产生以下三个问题：① 此处中央扣受力较大，按照三对柔性中央扣设计，最不利工况下仅单侧吊索受力，轴力接近 20 kN，吊索规格大，连接、锚固构造相当复杂；② 在两个最不利工况下，活载引起的主缆不平衡力数值接近、方向相反，柔性中央扣只能单侧承受拉力，疲劳情况严重；③ 此处主缆较低且本桥梁上锚固构造均设置在梁顶面以上，吊索长度太小，不满足制作要求。而本桥采用刚性中央扣，通过合理的连接构造、截面尺寸设计，解决了上述柔性中央扣存在的问题。

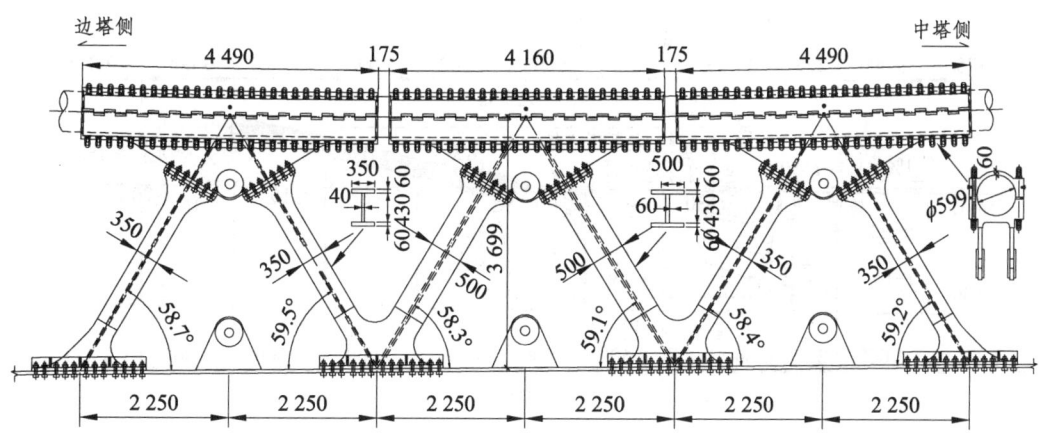

图 3.2-17　中央扣构造（单位：mm）

在最不利工况下，中央扣承受较大的水平力，为保证索夹满足抗滑移要求，索夹均比较长，长度分别为 4.49 m、4.16 m、4.49 m，同时，为了使索夹更好地适应主缆线形，索夹设置成曲线形式，增加了索夹制作难度，索夹曲率与成桥主缆线形一致。根据国内铸造工艺水平，索夹模具过长会导致浇铸过程中钢水流经途径过长、失温严重，造成毛坯件变形、气孔、夹渣等质量问题。根据本桥实际需要并与厂家沟通，本桥中央扣索夹长度均控制在 4.5 m 以内可行。中央扣索夹为双吊耳、铸焊结合构件，索夹体材料为 ZG20 Mn，厚 60 mm，索夹耳板材料为 Q420qE，焊缝设置为水平缝，位于索夹体根部，厚 60 mm。吊耳下端焊接法兰板，与杆身栓接。

中央扣杆身为焊接工字形截面，材料采用 Q420qE 钢材，可通过调整杆件的倾斜角度、杆身截面尺寸，优化纵向刚度，保证三对刚性中央扣受力协调，本桥仅通过调整杆身截面尺寸便可实现上述目的。两对边中央扣杆身翼缘为 350 mm×60 mm、腹板厚 40 mm，中间一对中央扣杆身翼缘为 500 mm×60 mm、腹板厚 60 mm，三对中央扣的截面高度均为 550 mm。杆身上端通过 M42 高强度螺栓与索夹上法兰板连接，下端通过 M42 高强度螺栓与主梁顶推板栓接，单个 M42 高强度螺栓的预拉力设计值为 710 kN。

3.2.4　主缆锚固区

主缆锚固区是自锚式悬索桥的关键部位，它集主缆锚固、压重和限位等多种功能于一体，构造复杂，如图 3.2-18 所示。本桥采用钢结构锚固方式，主缆力向主梁传力分为两个过程：第一个过程是主缆经散索套散开后锚固在铸造锚固体上，经锚固体将缆力传向锚箱的腹板和顶底板；第二个过程是传递给锚箱的缆力快速向前端箱梁扩散且均匀化。

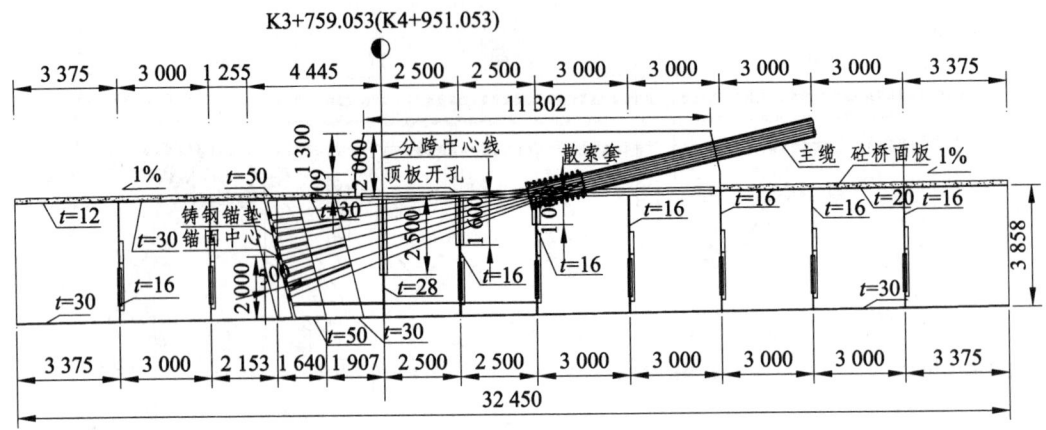

（a）立面图

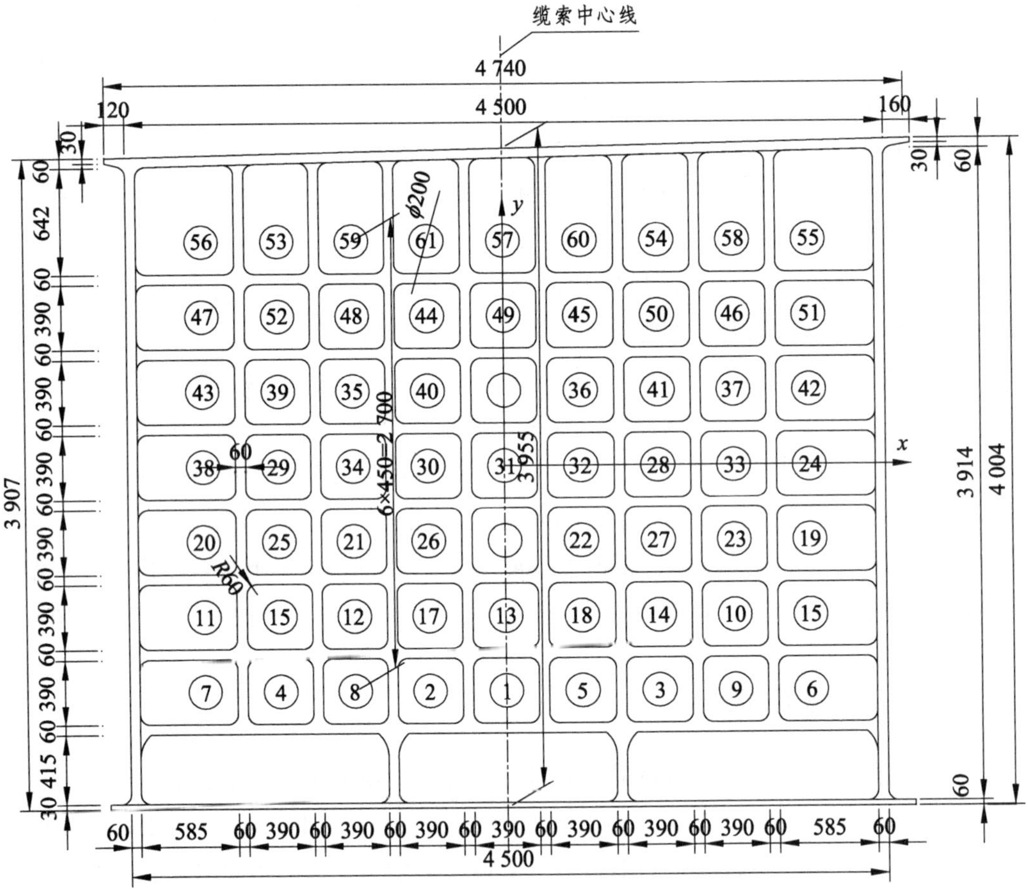

（b）平面图

图 3.2-18 主缆锚固构造图（单位：mm）

3.3 钢-混组合加劲梁

组合梁桥充分利用了混凝土的受压性能和钢梁的受拉性能，通过剪力键的连接，通过将混凝土和钢梁结合在一起而组成的组合梁桥性能得到明显提高。济南凤凰黄河大桥采用三塔自锚式悬索桥，其主梁采用等高正交异性组合板组合梁结构，如图 3.3-1 所示。道路中心线处钢结构梁高 4 m，机动车道区域及缆吊系统设 12 cm 厚混凝土桥面板，断面全宽 61.7 m，桥梁设双向 8 车道，预留双线轨道交通实施空间，并设非机动车道和人行道。钢梁主要采用 Q345qE、Q420qE 钢材，部分板件有 Z 向要求，铸钢锚块采用 ZG300-500H 铸钢。

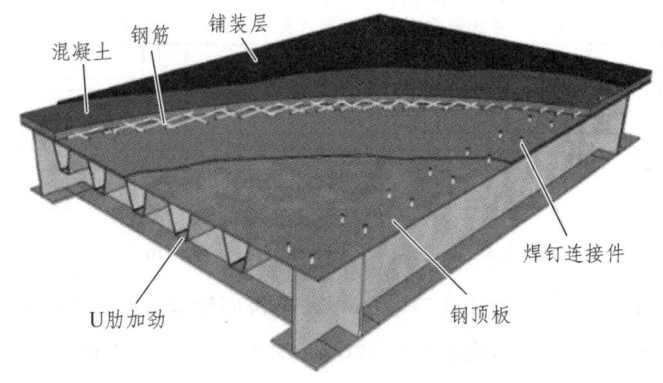

图 3.3-1 新型正交异性组合桥面板体系

其横断面具体布置为：1.75 m（人行道）+3.0 m（非机动车道）+0.5 m（防撞栏杆）+15.5 m（机动车道）+0.5 m（防撞栏杆）+4.5 m（吊索区）+10.2 m（远期预留轨道交通空间）+4.5 m（锚索区）+0.5 m（防撞栏杆）+15.5 m（机动车道）+0.5 m（防撞栏杆）+3.0 m（非机动车道）+1.75 m（人行道）=61.7 m。图 2.1-1 为济南凤凰黄河大桥主梁标准断面图。

本桥主梁主体钢结构采用等高闭口钢箱梁，外设挑臂，全宽 61.7 m，道路中心线处梁高 4 m。钢梁全长 1330.4 m，共设 147 个节段，分为标准梁段、锚固区梁段、塔区梁段、锚跨梁段、端梁段、中央扣梁段及过渡梁段几部分，梁段间除顶板 U 肋采用高强度螺栓拼接外，其余板均采用对接全熔透焊接，板肋和底板 U 肋节段间设置嵌补段。图 3.3-2 为主梁梁段划分图。

3.3.1 标准梁段

主梁标准节段（图 3.3-3～图 3.3-5）长度均为 9 m，一侧横隔板上连吊索锚固构造。机动车道区域顶板厚 12 mm，加劲采用 8 mm 厚，上开口宽 360 mm、高 300 mm 的 U 肋，U 肋间距 720 mm；缆索区和轨道交通区域钢梁顶板板厚 20 mm（与吊索锚固构造连接处 1.5 m 范围内厚 32 mm），局部设板肋加劲；人行挑臂处顶板厚 12 mm，板肋加劲。标准梁段共设两道纵腹板，腹板处梁高 3.858 m，板厚 24 mm，双侧设板肋加劲。斜底板厚 16~20 mm，采用 8 mm 厚、上开口宽 360 mm、高 300 mm 的 U 肋，U 肋间距 800 mm；直底板厚 16~28 mm，纵腹板两侧 5.4 m 范围内设板肋加劲，余为 U 肋加劲。

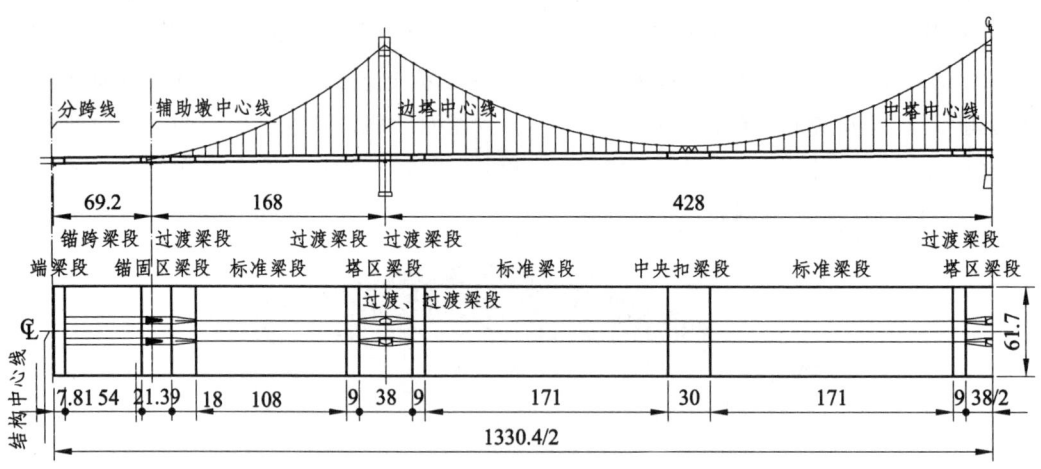

图 3.3-2　主梁梁段划分图（单位：m）

标准梁段横隔板均采用桁架式空腹隔板，隔板间距 4.5 m，外圈板厚 14 mm。空腹式桁架腹杆采用双角钢，角钢规格为∟220 mm×16 mm 和∟200 mm×16 mm，节点板板厚 24 mm，角钢通过高强螺栓与节点板连接。为了改善横向挑臂根部板件及腹板加劲板件受力，两横隔板 1/2 位置平底板上设 600 mm 高的 T 形支撑加劲、纵腹板上设竖向加劲肋。考虑顶推施工要求，两横隔板间 1/4 位置底板设厚 20 mm 的顶推加劲板。图 3.3-3~图 3.3-5 为标准梁段在横隔板间、横隔板处以及桥塔处的断面图。其中，桥塔处桥面板顶面开洞以通过桥塔，在开洞两侧设置纵梁。桥塔和锚固区处内纵梁间横梁均采用实腹式横梁结构，横梁腹板上设纵横向加劲肋，并在支座位置设置支承加劲；两侧横梁采用空腹式截面，腹板内采用双槽钢形成桁架体系，槽钢与横梁腹板间采用节点板连接。

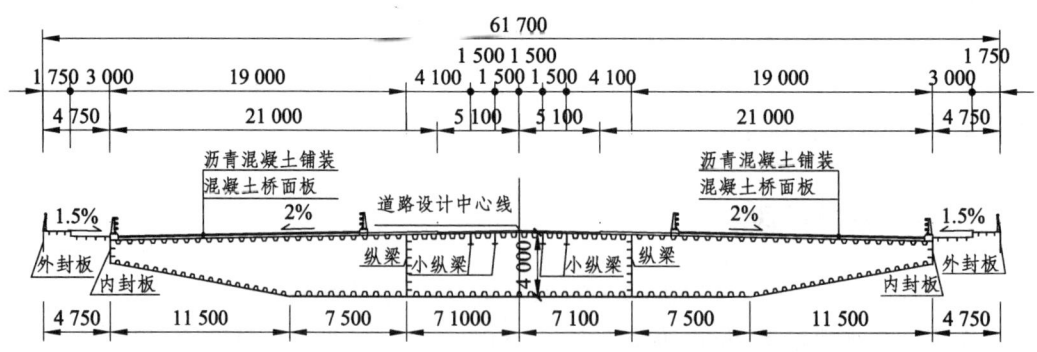

图 3.3-3　标准梁段横隔板间位置断面图（单位：mm）

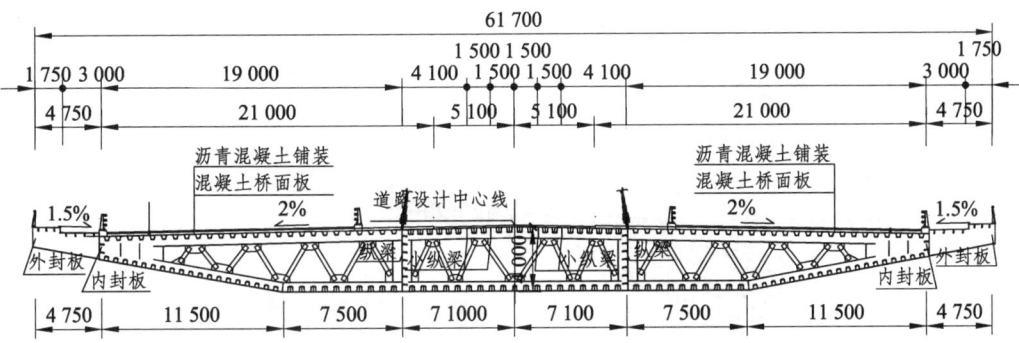

图 3.3-4　标准梁段横隔板处断面图（单位：mm）

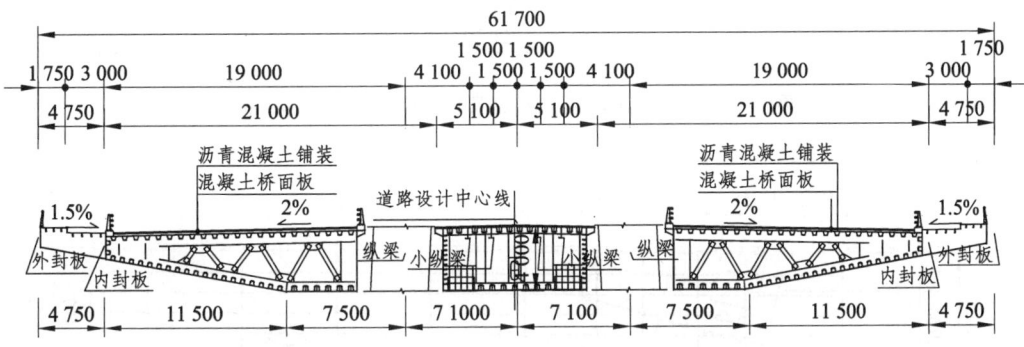

图 3.3-5　桥塔处主梁标准断面图（mm）

3.3.2　锚固区梁段

主缆锚固区梁段（图 3.3-6 和图 3.3-7）全桥共计 2 个，单个节段长为 21.39 m。顶板厚 12~60 mm，在主缆入梁处开设入缆孔洞。底板厚 16~40 mm，支座位于道路中心线两侧各 11 m 位置，临时顶升位置设在外腹板下方与横隔板相交处。梁段内设置 4 道纵腹板，高为 3.817/3.899 m，腹板厚 28~50 mm，两腹板间 4.1 m 为主缆锚固区域，腹板在锚固区外侧设置水平板肋加劲，内侧根据锚固区铸锚后加劲设置厚度为 40 mm 的斜向加劲。

铸钢锚锭长 1.7 m，锚固端板厚 120 mm，其余铸钢板件厚 60~80 mm。锚固点中心横桥向距道路中心线 7.1 m，顺桥向位于辅助墩顶向边跨侧 3.5 m。梁段内共设 10 道横隔板，间距为 1.2~2.6 m。锚固区腹板两侧设置混凝土压重，压重区域内采用实腹式隔板，其余均为桁架式空腹隔板。压重区顺桥向长 15.89 m，压重混凝土分三次浇筑完成，箱室内钢梁顶、底板及腹板上设焊钉连接件。锚固区梁段锚固面处横断面图如图 3.3-8 所示，锚固区梁段支座处横断面图如图 3.3-9 所示。

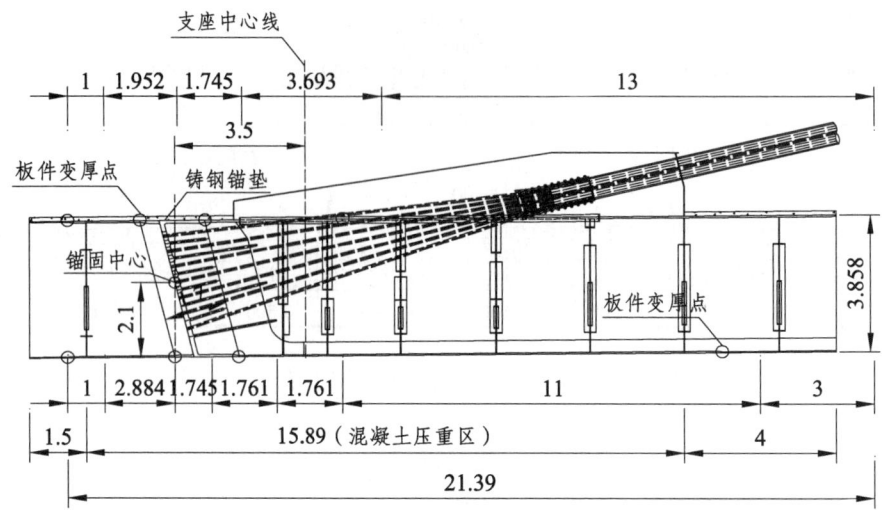

图 3.3-6 锚固区钢梁主缆锚固处剖面图（单位：m）

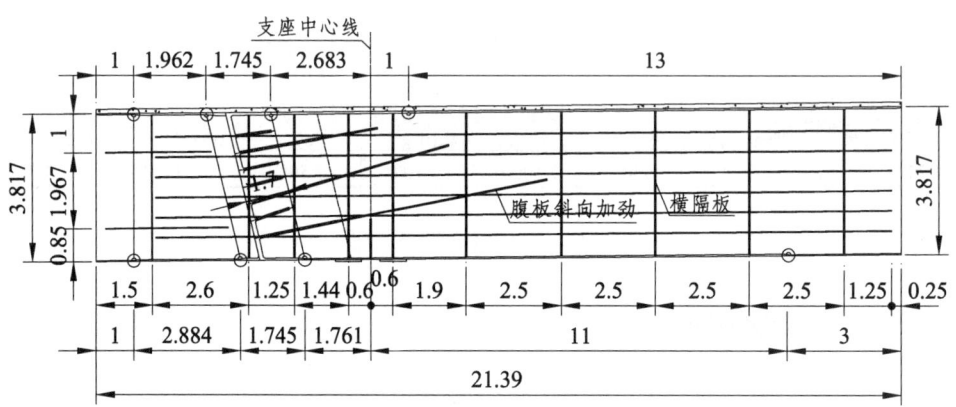

图 3.3-7 锚固区钢梁外纵腹板处剖面图（单位：m）

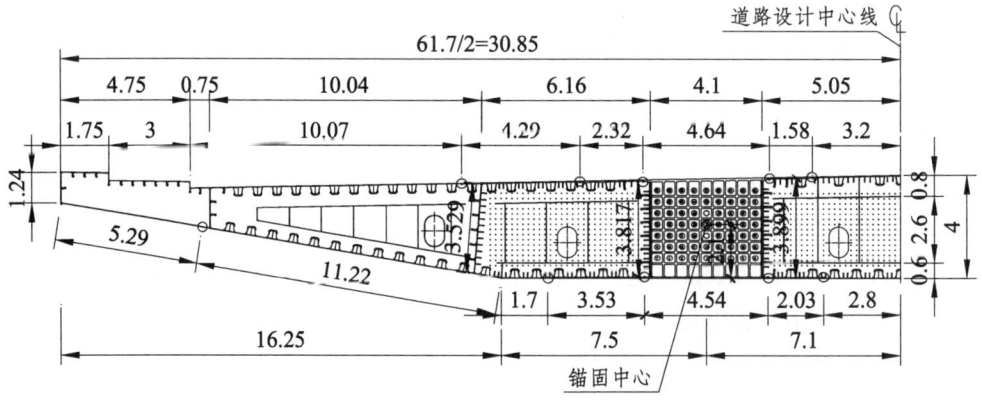

图 3.3-8 锚固区梁段锚固面处横断面图（单位：m）

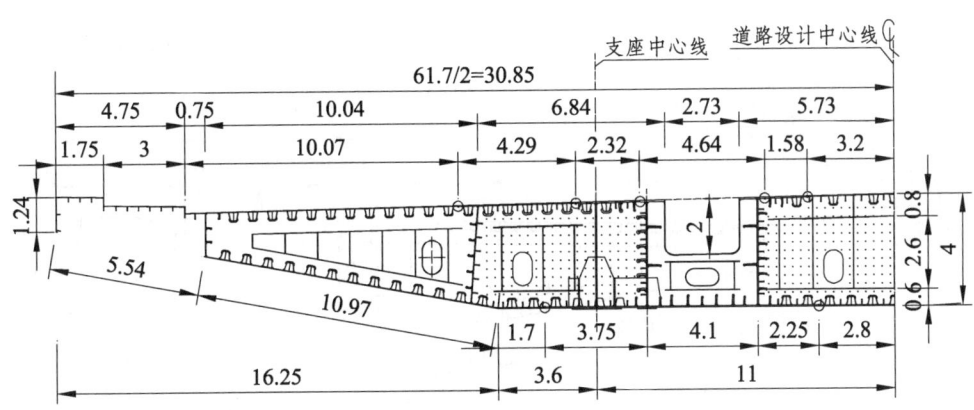

图 3.3-9 锚固区梁段支座处横断面图（单位：m）

3.3.3 塔区梁段

塔区梁段（图 3.3-10 ~ 图 3.3-12）全桥共计 3 个，单个节段长 38 m。顶板厚 12 ~ 32 mm，加劲形式与标准段相同。在塔柱位置开两个横纵向尺寸为 5.5 m×9.6 m 的孔洞使桥塔通过。底板厚 24 ~ 40 mm，支座布置横向距道路中心线各 11.3 m，临时顶升位置设置在顺桥向支座位置两侧。梁段内设置 6 道纵腹板，腹板厚 24 ~ 40 mm；共设 12 道横隔板，间距 1.0 ~ 4.5 m。桥塔附近在道路中心线两侧各 14.8 m 宽箱室内设置混凝土压重，顺桥向约 14 m。压重混凝土分三次浇筑完成，箱室内钢梁顶底板及腹板上设焊钉连接件。

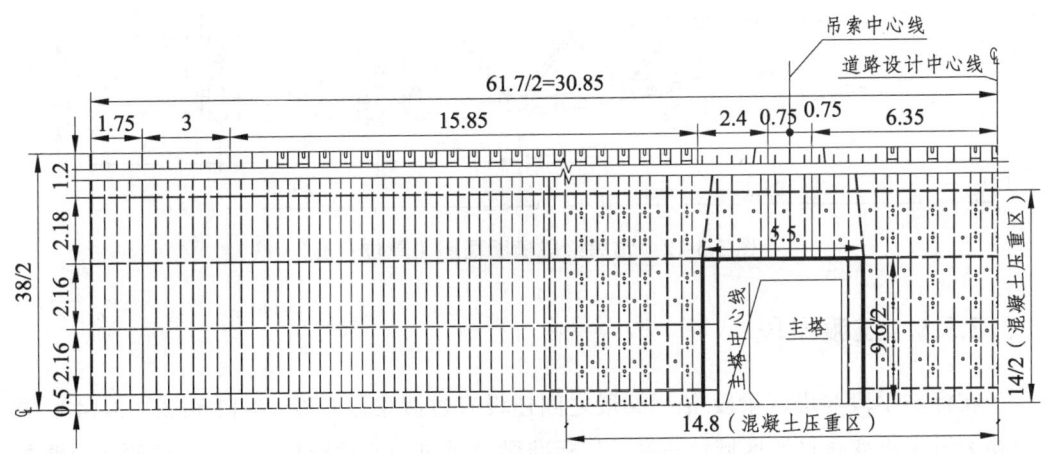

图 3.3-10 塔区梁段平面图（单位：m）

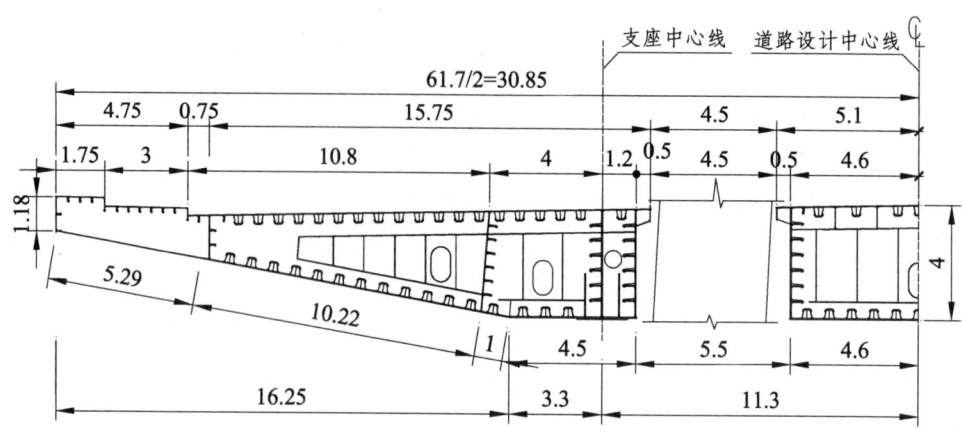

图 3.3-11 塔区梁段横断面图（单位：m）

3.3.4 锚跨梁段

锚跨钢梁段（图 3.3-12）主梁设置 4 道纵腹板，厚 16～32 mm，内外侧各设两道板肋加劲，腹板处梁高 3.817/3.899 m。顶板厚 12～20 mm，平底板厚 16～24 mm，在纵腹板间设板肋加劲，其余设 U 肋加劲；斜底板厚 16 mm，U 肋加劲；横隔板设置与标准梁段相同。

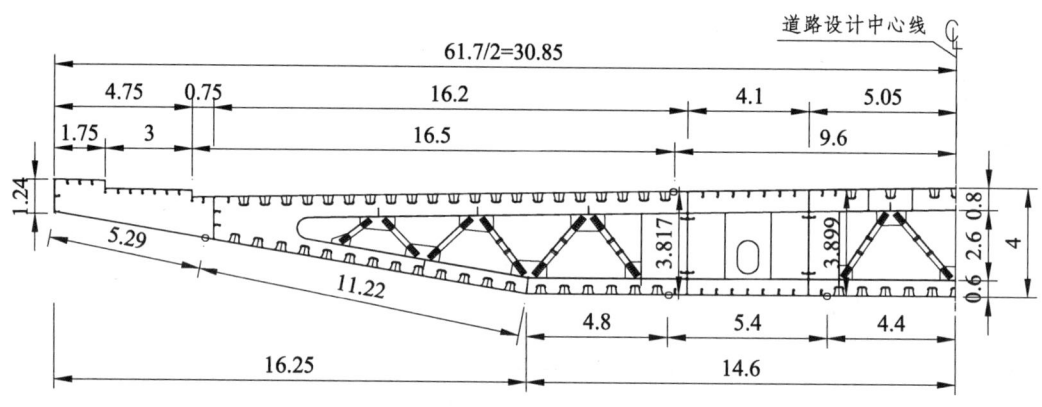

图 3.3-12 锚跨梁段横断面图（单位：m）

3.3.5 过渡梁段

在标准梁段与塔区梁段/锚固梁段之间还设有过渡梁段（图 3.3-13 和图 3.3-14），其主要为纵腹板变化过渡区域——除了与标准梁段对应的两道腹板外，另有两侧 4 道腹板与塔区/锚固区钢梁腹板连接，腹板位置与塔区/锚固区梁段端部腹板位置相对应，厚度均为 24 mm。

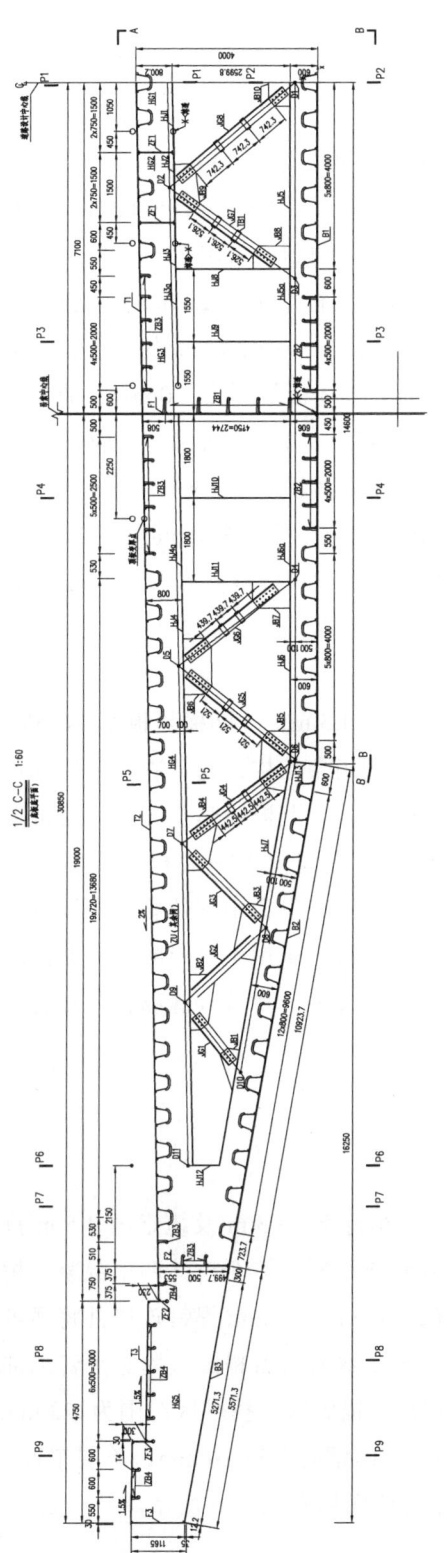

图 3.3-13　标准梁段与塔区梁段间过渡梁段横断面图（单位：m）

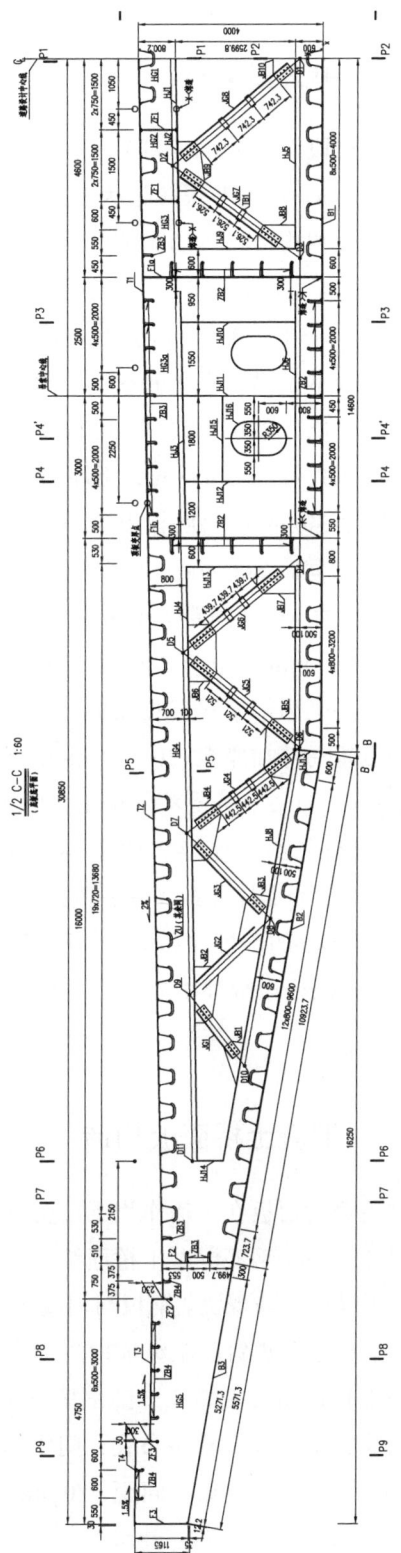

图 3.3-14　标准梁段与锚固梁段间过渡梁段横断面图（单位：m）

3.3.6 中央扣梁段

中央扣梁段（图 3.3-15 和图 3.3-16）分为 3 个节段，梁段总长 30 m，两侧节段（记为 B2）长 11 m，中间节段（记为 B1）长 8 m，节段 B1 位于中跨跨中，节段 B1 与 B2 上部连接中央扣构造。机动车道区域的顶板板厚 12 mm，加劲梁采用 8 mm 厚，开口 36 mm，U 肋高 300 mm，U 肋间距为 720 mm；缆索区域板标准板厚 20 mm，顶板加劲梁采用间距为 450～535 mm 的 192 mm×16 mm 板肋和 335 mm×28 mm 的板肋，与中央扣相连顶板下设局部水平和纵向加劲板；轨道交通区域顶板板厚为 20 mm，加劲采用 8 mm 厚、开口 360 mm、高 300 mm 的 U 肋，U 肋间距 750 mm 左右。主梁设置两道腹板，腹板处梁高 3.858 m，板厚 32 mm，腹板纵向加劲为 192 mm×16 mm，双侧布置，间距为 540 mm。斜底板板厚 16 mm，加劲采用厚 8 mm、开口 360 mm、高 300 mm 的 U 肋，U 肋间距 800 mm；直底板板厚 20 mm，加劲采用厚 8mm、开口 360 mm、高 300 mm 的 U 肋，U 肋间距 800 mm；直底板在腹板附近板肋加劲段加厚 4 mm，加劲采用 240 mm×20 mm 的板肋，间距 450～500 mm。

横隔板均采用桁架式空腹隔板，横隔板间距 3.375～4.5 m；外圈横隔板厚 14 mm，在中央扣位置局部加厚至 20～24 mm。空腹式部分采用桁架结构，桁架腹杆采用双角钢，角钢规格为∟220 mm×16 mm 和∟200 mm×16 mm，节点板板厚 24 mm，角钢通过高强螺栓与节点板连接。两道 4.5 m 间距的横隔板中间位置平底板上设置一道 600 mm 高的 T 形支撑加劲，考虑顶推施工要求，横向加劲和隔板中间位置底板设置两块厚度为 20 mm 的顶推加劲板。横隔板处均设置人行挑臂，采用工字形断面，断面高度由 1.232 m 渐变至根部 1.573 m，挑臂板件厚度均为 12 mm。挑臂外缘纵桥向布置一道 L 形小纵梁。

3.3.7 混凝土桥面板构造

为避免钢桥面板在车辆作用下疲劳开裂，在两侧车行道 16.5 m 及缆索区 4.5 m 范围设置厚 120 mm 钢筋混凝土桥面结构，采用 C60 纤维混凝土。全桥共两幅混凝土桥面板，采用横缝间隔现浇。钢板与混凝土板间设置 ϕ16 mm×90 mm 焊钉连接件将两者连成整体。标准段焊钉间距纵横向均为 360 mm，吊索、纵腹板及横隔板附近焊钉局部加密。桥面板钢筋紧靠焊钉布置，其中纵向钢筋直径除锚固区、桥塔区范围为 22 mm 外，其余均为 20 mm，双层布置，间距为 120 mm。横向钢筋直径 16 mm，单层布置，悬臂根部增强为两肢一束，间距 120 mm。钢-混组合桥面如图 3.3-17 所示。

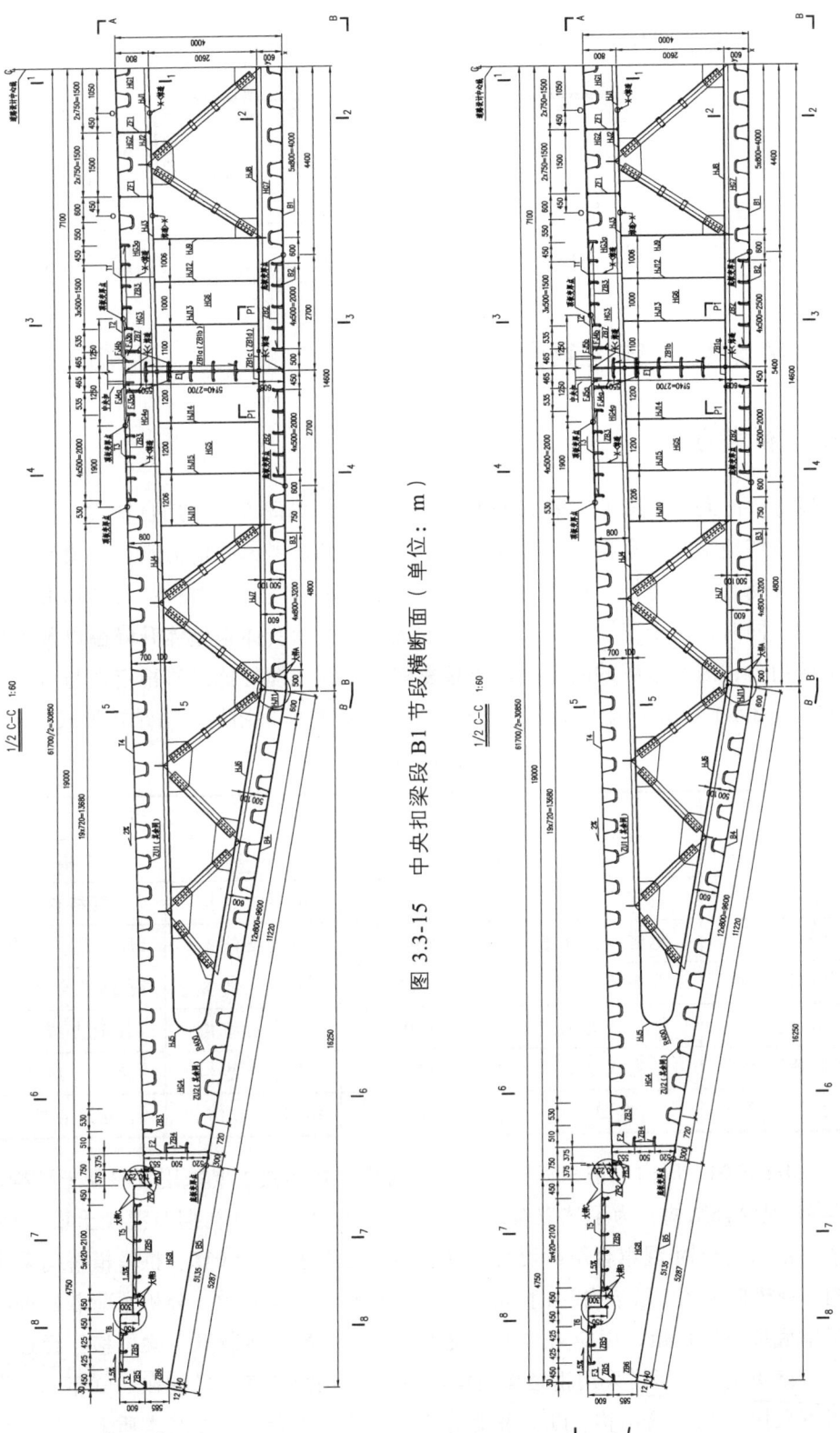

图 3.3-15 中央扣梁段 B1 节段横断面（单位：m）

图 3.3-16 中央扣梁段 B2 节段横断面（单位：m）

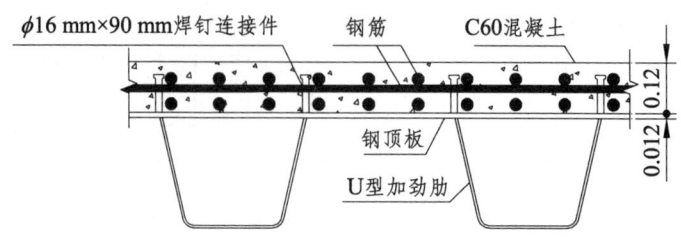

图 3.3-17 钢-混组合桥面（单位：m）

3.4 钢-混组合结构混合桥塔

3.4.1 桥塔方案

济南凤凰黄河大桥采用了三座 A 形桥塔，虽然主缆锚固方式采用自锚式，但其桥塔与大跨径三塔地锚式悬索桥桥塔设计有相似之处，都要考虑中塔的刚度取值问题。为了兼顾塔柱受力、主缆抗滑移能力及主梁的刚度要求，就需要对材料与结构形式进行组合适用。同时，由于三塔自锚式悬索桥的边塔需要承受体系整体升降温以及收缩徐变产生的内力，因此边塔的刚度取值直接影响了塔顶主缆的抗滑移稳定性与自身的受力大小。表 3.4-1 列出了国内部分三塔悬索桥或斜拉桥所采用的桥塔结构形式。

表 3.4-1 国内部分桥梁桥塔结构形式

桥名	结构类型	主跨/m	桥塔方案	
			边塔	中塔
泰州长江大桥	地锚式悬索桥	1 080	混凝土结构	钢结构
鹦鹉洲长江大桥	地锚式悬索桥	850	混凝土结构	钢-混混合结构
马鞍山长江大桥	地锚式悬索桥	1 080	混凝土结构	钢-混混合结构
瓯江北口大桥	地锚式悬索桥	800	混凝土结构	混凝土结构
银川滨河黄河大桥	自锚式悬索桥	218	混凝土结构	混凝土结构
南京长江五桥	斜拉桥	600	钢-混混合结构	钢-混混合结构

由表 3.4-1 可知，国内三塔悬索桥或斜拉桥桥塔结构形式主要采用了混凝土结构、钢结构与钢-混混合结构。为了选取合理的桥塔结构形式，设计初期对混凝土塔、钢-混混合塔、钢结构与钢-混组合结构混合塔 4 种桥塔方案进行了计算。桥塔横桥向采用 A 形结构，顺桥向采用 I 形结构。4 种桥塔方案外形尺寸基本一致，分析了荷载标准组合下桥塔塔底顺桥向弯矩、压应力及主缆抗滑移稳定系数、活载下主梁位移。经过综合比选，最终决定本桥桥塔采用钢结构与钢-混组合结构混合塔。塔柱在 300 年一遇设防水位以下采用钢-混组合结构，以上采用钢结构。钢-混组合结构段其本质上可以看作

钢结构段与承台混凝土锚固传力的结合段，发挥了钢与混凝土两种材料的特性。

3.4.2 桥塔总体布置

全桥共设 3 座主塔，两座边塔和一座中塔，均为 A 形桥塔，每座桥塔包括 2 个塔柱、2 个牛腿、1 个下横梁和 1 个上横梁。牛腿位于塔柱外侧，主梁下方，牛腿上设置主梁竖向支座；下横梁位于主梁下方，设置主梁横向和纵向阻尼器；上横梁位于索鞍下方。由于桥面与地面标高不同，导致边塔与中塔构造不完全相同，具体表现在个别节段有一定差异。两个边塔构造完全相同，边塔塔高 116.1 m，中塔略高于边塔为 126.0 m，塔柱横桥向斜率均为 1∶20，横桥向尺寸不变。桥塔顺桥向截面尺寸自塔顶向塔底按斜率 1∶165.9 线性增大。塔柱按结构形式可分为结合段与钢结构段，二者以前承压板为界，承压板下塔底节段为结合段采用钢-混组合结构，承压板上则为钢结构段，中塔结合段高 17.02 m，钢结构段高 108.98 m；边塔结合段高 11.1 m，钢结构段高 105 m。桥塔横梁均采用钢结构，桥塔立面如图 3.4-1 所示。

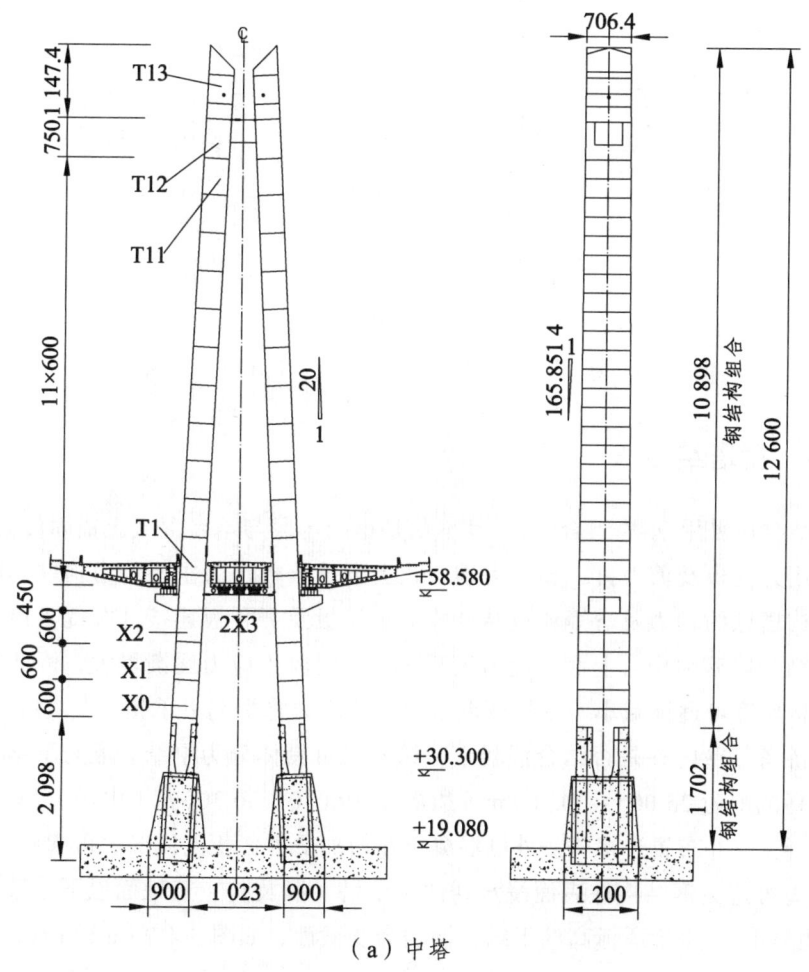

（a）中塔

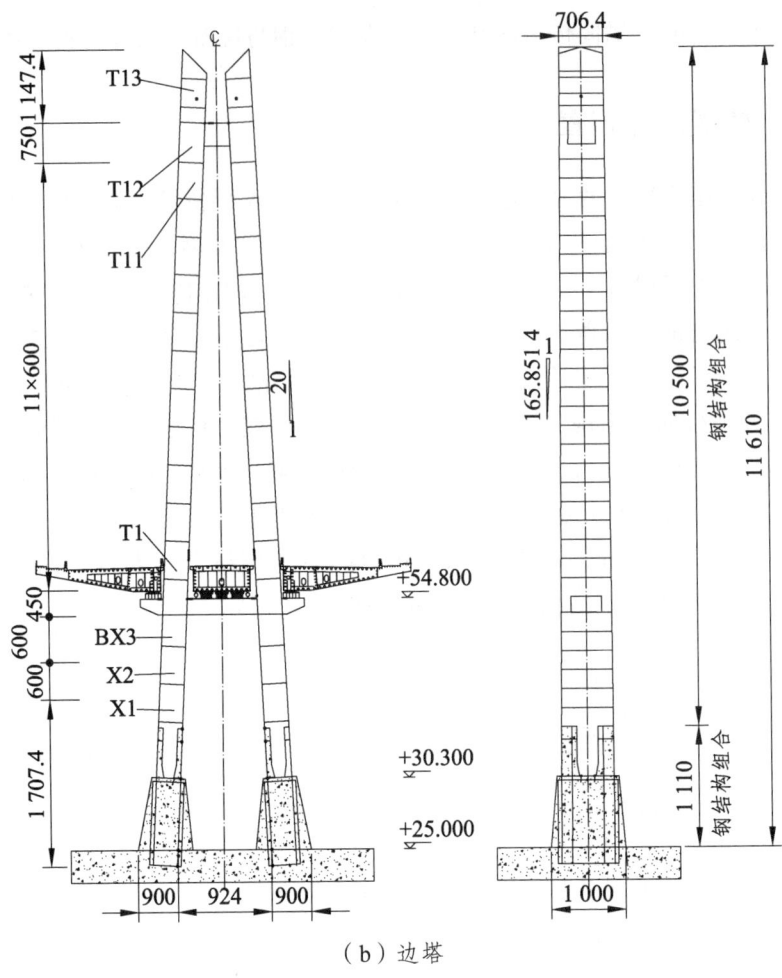

（b）边塔

图 3.4-1 桥塔立面图（标高单位：m；尺寸单位：cm）

3.4.3 桥塔结合段

桥塔结合段采用钢-混组合结构，其本质是钢结构段与承台混凝土锚固传力的结合。结合段采用开孔板及剪力钉、预应力钢束及上下承压板作为主要传力构件。具体表现为，钢结构塔柱的轴力及弯矩通过结合段的承压板及开孔板连接件等逐步传递至结合段，因此结合段钢结构自上而下应力逐渐减小，混凝土应力逐渐增大，因此结合段钢结构的壁板厚度可逐渐减小。受拉区混凝土的拉应力将由钢束承担。

依据桥塔塔壁内外是否结合混凝土，结合段可具体分为上结合段与下结合段。下结合段标高范围为 25.000 ~ 30.300 m（边塔）/19.080 ~ 30.300 m（中塔），其壁板内外均结合混凝土，并布置连接件。外侧混凝土在增加受力面积的同时，可起到防腐作用，具体体现为可避免钢结构外表面浸水锈蚀（中塔）以及防止与地面以下土壤直接接触（中塔和边塔）。三座桥塔标高的下结合段均为变截面，如图 3.4-2（a）所示，底部尺寸为 9 m×10 m（边塔）/9 m×12 m（中塔），顶面尺寸为 9.902 m×5.533 m（边塔）/9.950 m× 5.533 m（中塔），各尺寸沿高度线性变化。

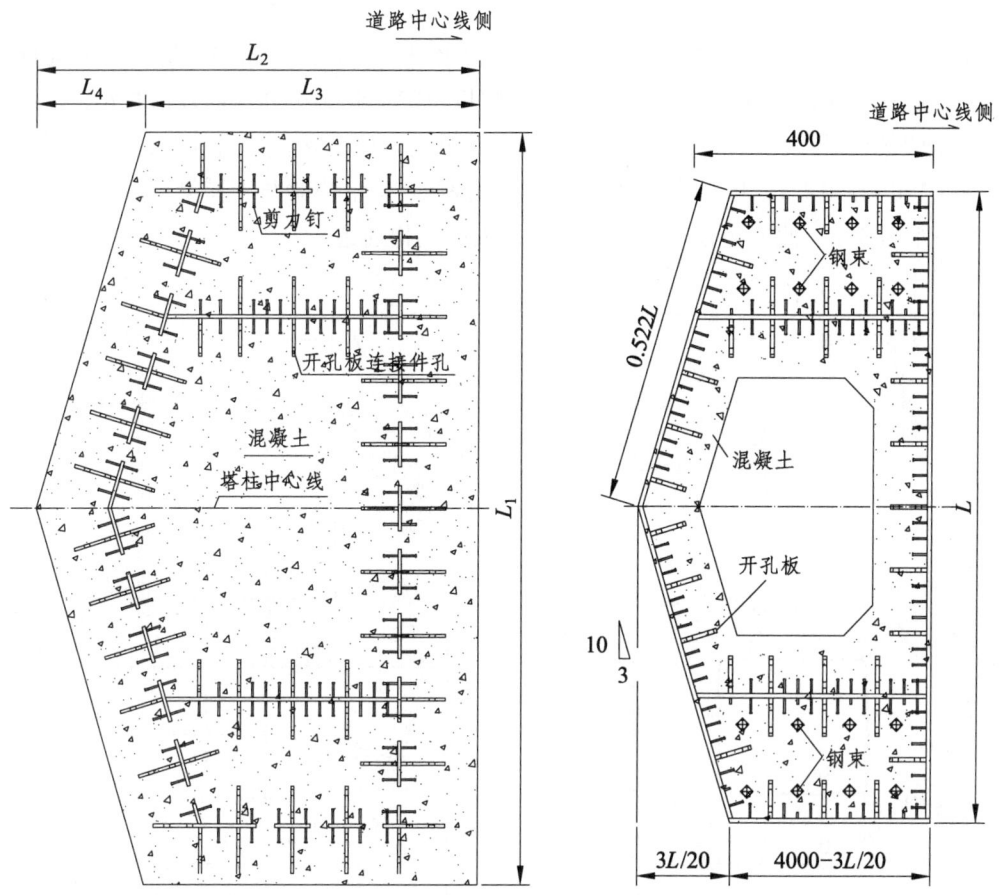

（a）下结合段横截面（$L_1 \sim L_4$ 沿高度按线性变化）　（b）上结合段横截面（L 沿高度按线性变化）

图 3.4-2　桥塔结合段塔柱横截面图（单位：cm）

上结合段顶面标高 36.1 m，截面如图 3.4-2（b），仅壁板内侧均结合混凝土，并布置连接件，结构混凝土高度由结合段受力确定。上结合段顺桥向壁厚 2.296～2.314 m，横桥向壁厚 0.8 m。上结合段顶部设置承压板传力，同时作为长钢束锚板，截面中间箱室为空心，承压板以上浇筑一段封锚混凝土并兼防撞用，封锚混凝土高度由塔柱防撞要求确定，顶面标高为 38.1 m，高于 300 年一遇设防水位（36.09 m）2.01 m。

结合段钢束分长束和短束，长束共 8 束，布置在钢结构壁板内，顶端锚固于上结合段顶承压板内，底端锚固于承台内；短束共 33 束，顶端锚固于中承压板内，底端分两批锚固于承台内，锚固于承台标高分别为承台顶面以下 3.2 m 和 4.0 m，钢束均为 $19\phi^s15.2$ mm 钢绞线。

3.4.4 钢结构段

为减小塔柱截面风阻系数并取得良好的景观效果,桥塔塔柱设计为五边形截面。除了塔顶装饰段截面为单箱单室,其余截面均为单箱三室截面(图 3.4-3),由四周壁板与两道腹板组成,截面横桥向宽度为 4 m,顺桥向宽度随着标高增加逐渐减小,呈线性变化,兼顾受力与索鞍顺桥向构造尺寸,边塔顺桥向宽度变化范围为 8.311~7.064 m,中塔为 8.380~7.064 m。塔柱沿高度方向设置横隔板,除下横梁与上横梁位置外,横隔板标准间距为 3 m。此外还设置了电梯通道及人行爬梯通道。

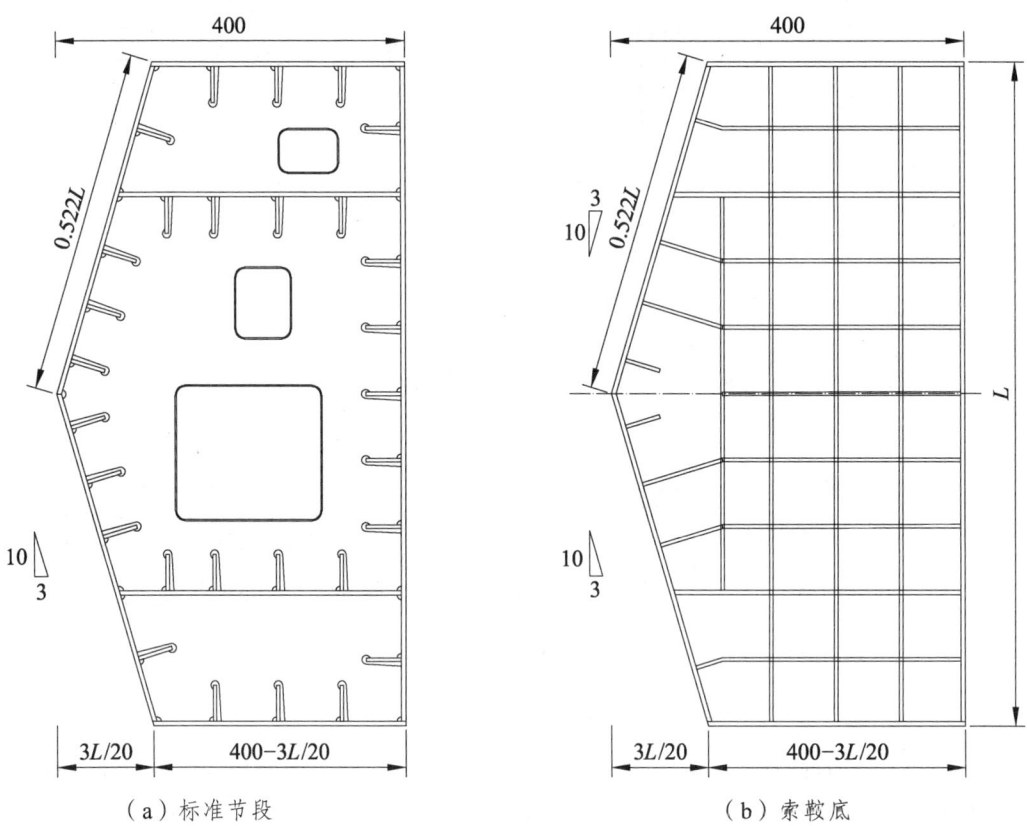

(a)标准节段　　　　　　　　　(b)索鞍底

图 3.4-3　钢结构段横截面图(单位:cm)

3.4.5　横梁

桥塔塔柱间横桥向设置上、下两道横梁,上、下横梁均为单箱单室截面,宽度与对应标高处塔柱两腹板对齐(图 3.4-4)。横梁壁板厚 40~50 mm,采用 Q420qE 钢。上横梁高度与索鞍底格栅段同高,下横梁顶面需设置纵、横两个方向的阻尼器。

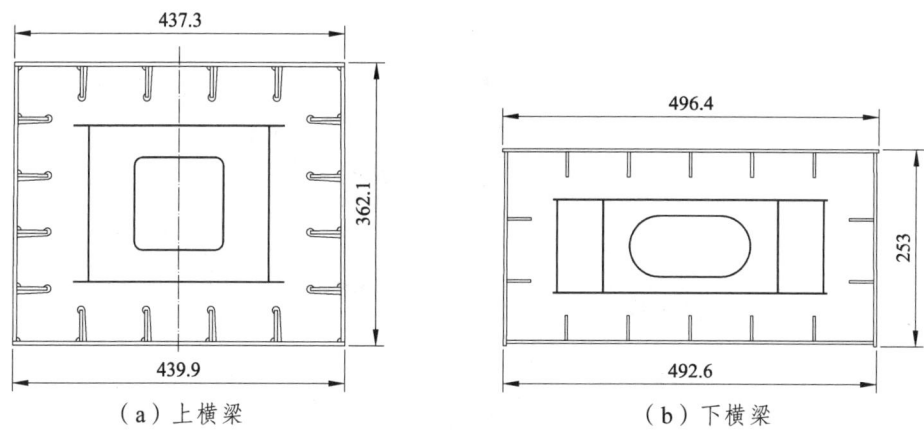

（a）上横梁　　　　　　　　　　　（b）下横梁

图 3.4-4　塔柱横梁横截面图（单位：cm）

3.5　下部结构

济南凤凰黄河大桥下部结构包括了桥墩与基础两部分，下文将分别介绍大桥的桥墩与基础设计。

3.5.1　桥墩设计

济南凤凰黄河大桥辅助墩（图3.5-1）采用分离式双柱，单个立柱为尖顶端的多边形薄壁墩，横断面（图3.5-2）外轮廓顺桥向尺寸为4.2 m，横桥向尺寸为6.786 m，标准段壁厚0.6 m，柱顶实心段高3.0 m，柱底填充C20素混凝土至最高冰凌水位25.5 m。

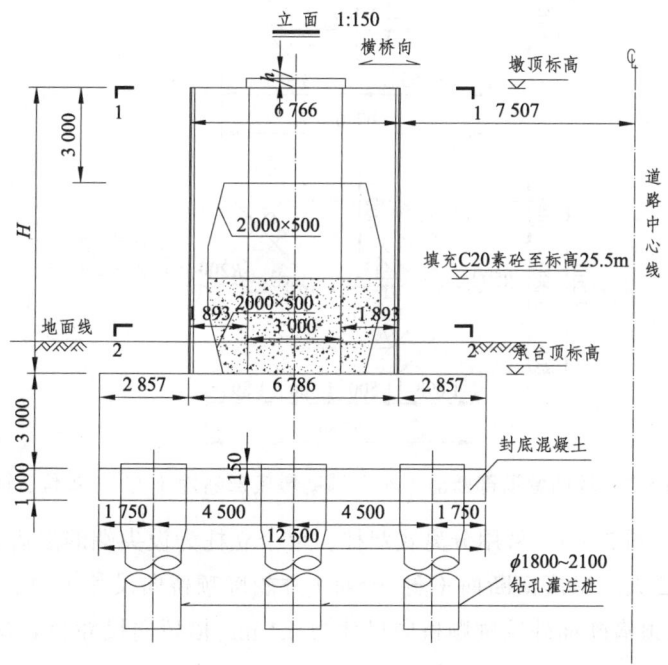

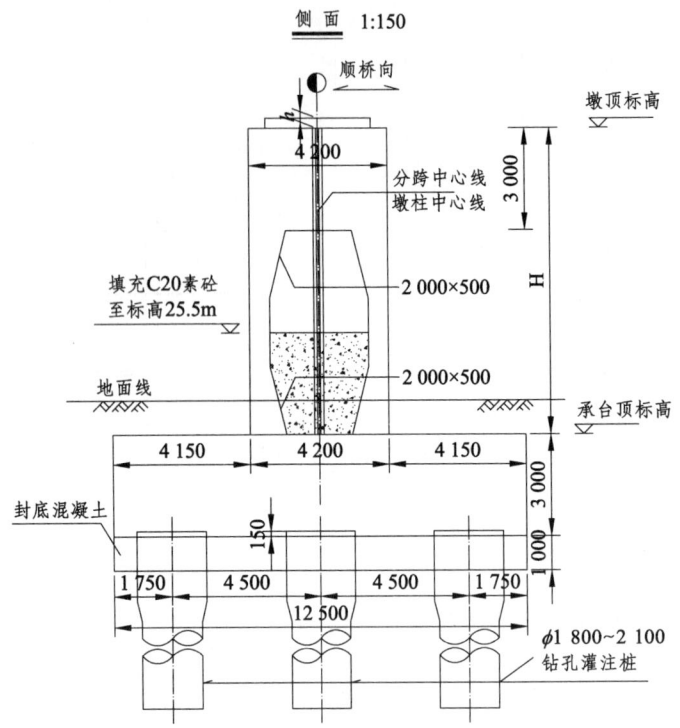

图 3.5-1 辅助墩立面图（单位：mm）

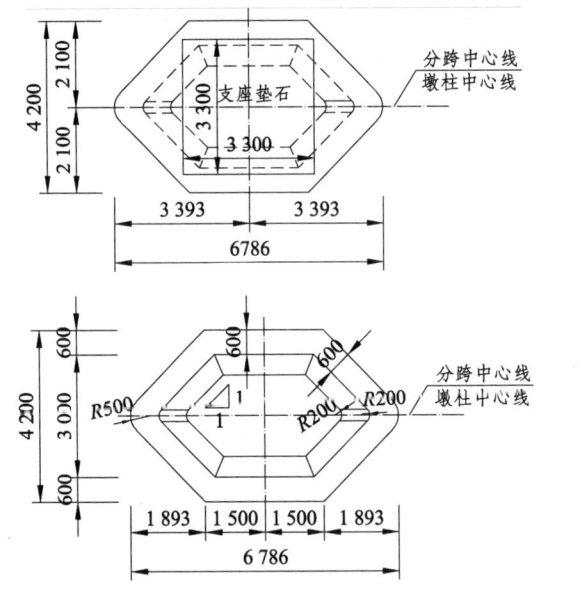

图 3.5-2 辅助墩顶部断面（左）辅助墩底部断面（右）（单位：mm）

主桥边墩（图 3.5-3）采用分离式双柱，单个立柱为设尖端的多边形薄壁墩，墩顶处顺桥向尺寸变大。墩底横断面（图 3.5-4）外轮廓顺桥向尺寸为 4.2 m，横桥向尺寸为 6.786 m，墩顶横断面外轮廓顺桥向尺寸为 6.1 m，横桥向尺寸为 6.786 m，标准段壁厚 0.6 m，柱顶实心段高 3.0 m，柱底填充 C20 素混凝土至最高冰凌水位 25.5 m。

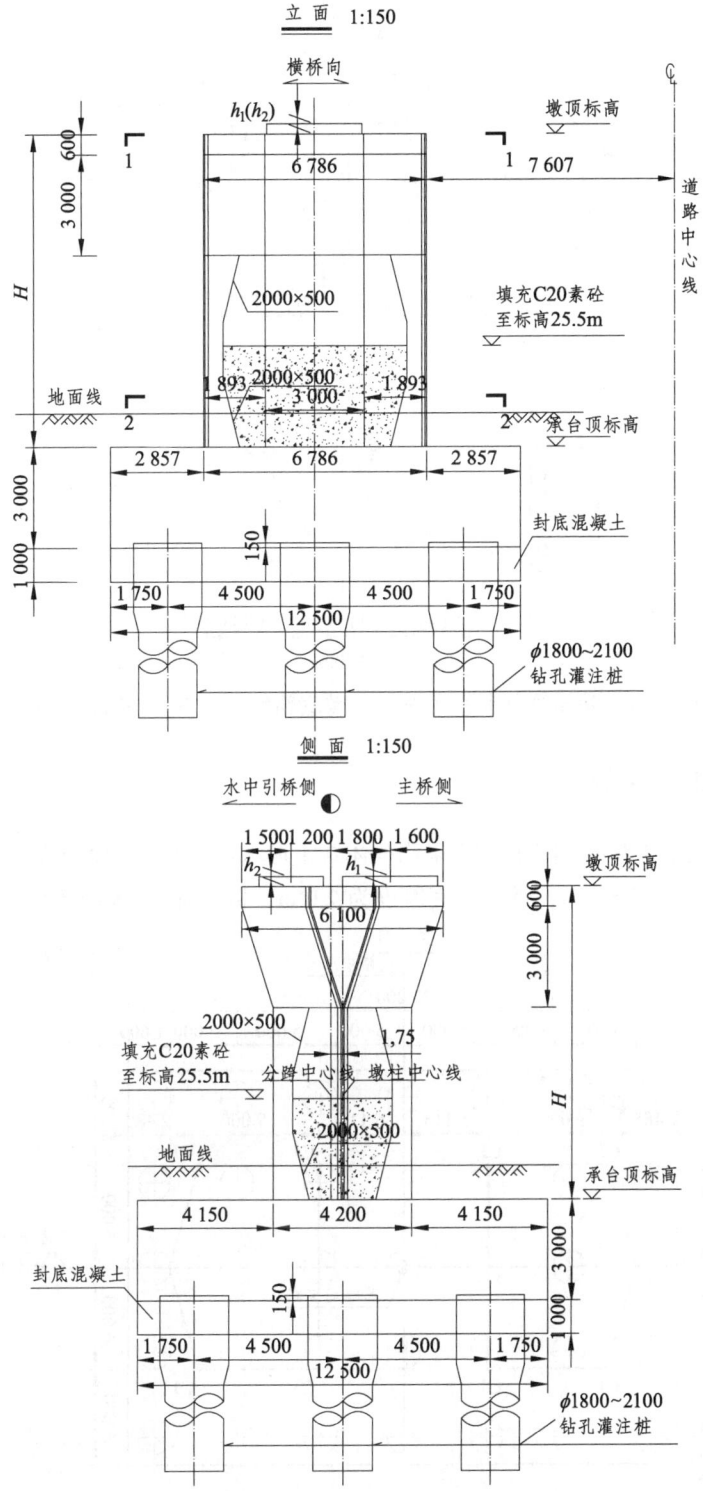

图 3.5-3 主桥边墩立面图（单位：mm）

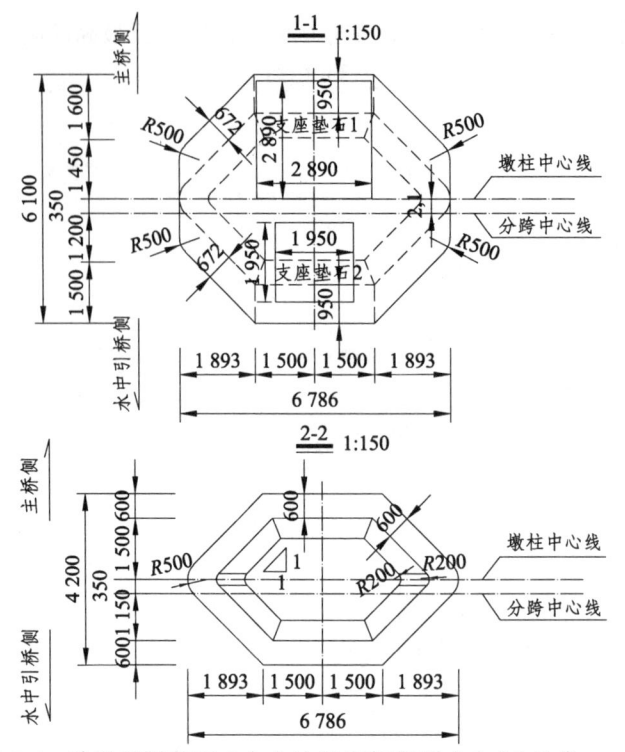

图 3.5-4　边墩顶部断面（左）边墩底部断面（右）（单位：mm）

3.5.2　基础设计

主桥中塔及边塔基础（图3.5-5）采用整体式矩形承台，承台平面顺桥向尺寸为 23.2 m，横桥向为 33.2 m，厚 5.0 m，承台封底厚度为 2.0 m，桩基础为 35 根 ϕ2.0 m 钻孔灌注桩。

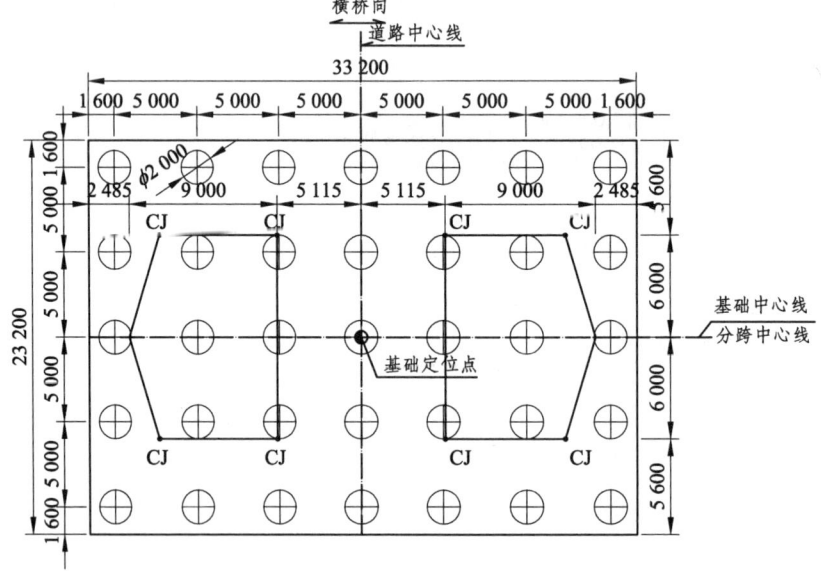

图 3.5-5　桥塔基础平面图（单位：mm）

主桥辅助墩及边墩基础（图 3.5-6）采用分离式矩形承台，承台平面顺桥向尺寸为 12.5 m，横桥向尺寸为 12.5 m，厚 3.0 m，承台封底厚度 1.0 m。每个承台桩基础采用 9 根 $\phi 1.8 \sim 2.1$ m 变截面钻孔灌注桩。

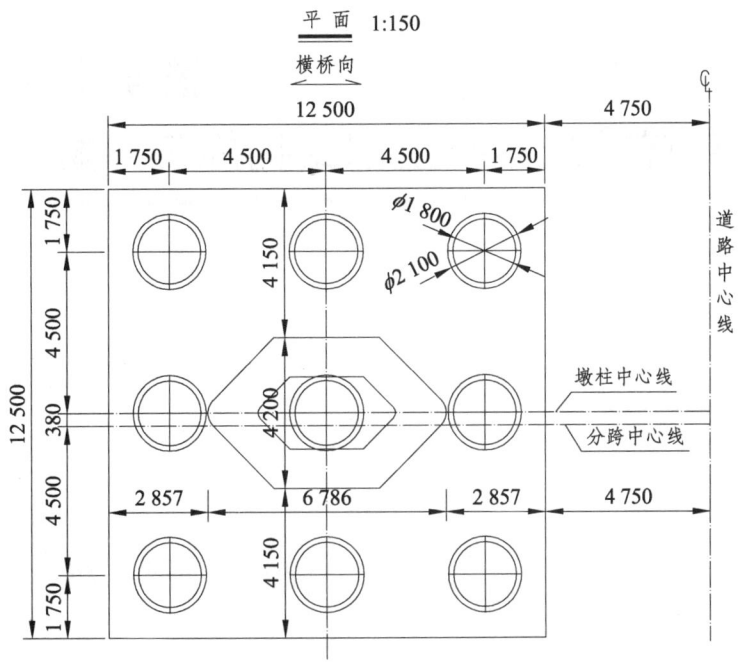

图 3.5-6　桥墩基础平面图（单位：mm）

3.6　本章小结

本章主要从桥型选择、空间缆索系统、钢-混组合加劲梁、钢-混组合桥塔与下部结构 5 个方面详细介绍了济南凤凰黄河大桥的设计情况。主要情况如下：

（1）详细介绍了桥塔方案的选择过程，最终确定济南凤凰黄河大桥采用三塔正交异性组合桥面板组合梁自锚式悬索桥，并给出了设计时需要关注的关键问题。

（2）详细介绍了本桥空间缆索系统的设计情况，包括主缆系统、吊索系统、中央扣系统和主缆锚固区等主要组件构造；介绍了本桥中央扣的设计，通过调整多对串联刚性中央扣的纵向刚度，实现了三对中央扣的协调受力。

（3）详细介绍了本桥钢-混组合加劲梁的设计，包括了标准梁段、锚固区梁段、塔区梁段、锚跨梁段、过渡梁段、中央扣梁段与混凝土桥面板的构造。

（4）详细介绍了钢结构与钢-混组合结构混合桥塔的设计，该桥塔方案为国内首次采用，有效解决了大跨径三塔自锚式悬索桥主梁的刚度需求、鞍缆抗滑移要求与桥塔自身受力这三方面的问题。

（5）从辅助墩、边墩和基础等方面介绍了济南凤凰黄河大桥的下部结构设计。

Chapter 4

第 4 章
三塔自锚式悬索桥上部结构施工方案

4.1 桥塔施工

凤凰黄河大桥主桥为三塔组合梁自锚式悬索桥,桥塔采用横向 A 形、纵向单柱型结构,下塔柱为钢混组合构件,上塔柱及横梁采用钢结构,各塔横向两塔柱之间均设置上下 2 道横梁。塔柱采用单箱三室截面,横梁采用单箱单室截面。钢塔板单元采用工厂内加工,运送现场拼装场进行总拼。边塔位于河滩上,采用履带吊吊装。中塔位于水中,中塔安装采用大型塔吊吊装方案,两座边塔和中塔的施工工艺流程如图 4.1-1 和图 4.1-2 所示。

4.1.1 钢-混结合段施工

1. 钢结构安装

(1) 底座定位支墩安装。

底座定位支墩每塔肢 10 块,采用混凝土支墩,顶面预埋钢板结构形式。混凝土支墩平面尺寸 80 cm×40 cm,高约 50 cm。预埋钢板平面尺寸 40 cm×20 cm,厚 20 mm。底座定位支墩布置如图 4.1-3 所示,预埋件和千斤顶布置如图 4.1-4 所示。

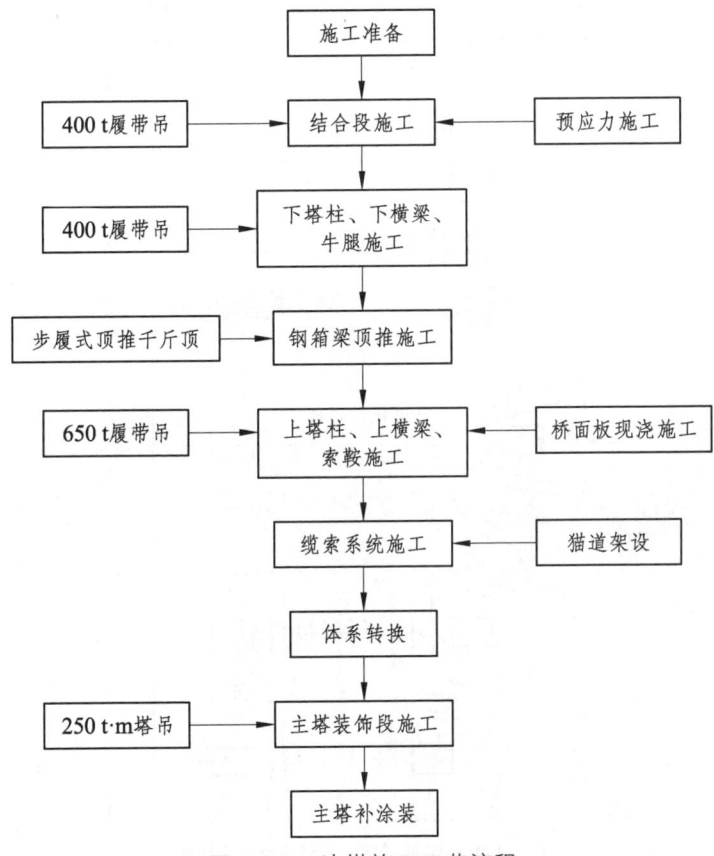

图 4.1-1 边塔施工工艺流程

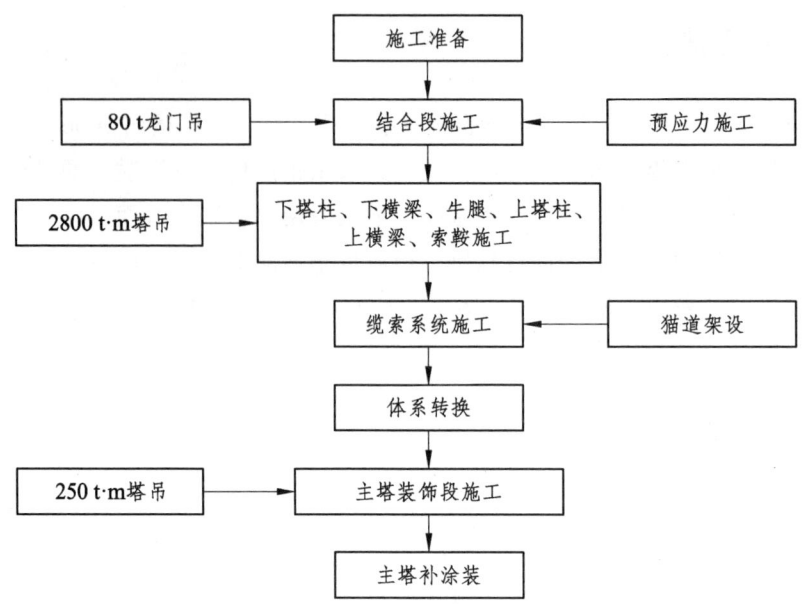

图 4.1-2 中塔施工工艺流程

图 4.1-3 底座定位支墩布置示意图

图 4.1-4　预埋件和千斤顶布置示意图

（2）首节钢结构安装。

首节钢结构整体刚度较小，仅含 1 道承压板，需加设工装，安装时作为整体安装，整体调整底座顶面的空间位置。采用 1 台 4 350 t 履带吊整体吊装，并通过对线初步就位。

在 5 个角上安放双向千斤顶，千斤顶支立于混凝土面上，支承底座定位件支点。双向千斤顶能前后、左右、上下调节底座定位件与底座联合体。经过反复调整使底座顶高程和平面位置满足设计要求并经过验收后，用角钢将定位件与定位埋件点焊固定，再复测无误后方可焊接，并用型钢固定。

2．钢筋施工

（1）劲性骨架。

为确保钢筋定位精确，拟在承台预埋劲性骨架，用于普通钢筋及预应力钢束定位。劲性骨架结构示意图如图 4.1-5 所示。

（2）普通钢筋。

钢结构的壁板及腹板上开有 $\phi 60$ mm 圆孔，穿过钢筋与进入该孔的混凝土一起形成 PBL 剪力键。在壁板及腹板上加劲肋的另一侧焊有剪力钉，与 PBL 剪力键共同承担钢塔柱与混凝土下塔柱间力的传递。为保证锚固箱内外混凝土的整体性，特在锚固箱下半段的壁板及腹板上开有宽 0.25 m、高度不等的长方形孔以便混凝土能内外流动。

主筋间距按钢混结合段主筋间距有意识地布置，防止钢混结合段剪力钢筋与主筋位置冲突。剪力钢筋、水平钢筋分层安放，并要求剪力钢筋钩在水平筋的外侧（图 4.1-6），剪力钢筋安装可采取图 4.1-7 所示绑扎固定方式。

为便于安装，两个方向的剪力钢筋可以断为两截，穿好以后，用套筒连接。剪力键钢筋绑扎顺序为：放出定位角钢的空间位置→焊接固定定位角钢→分节穿 PBL 剪力钢筋并对中→绑扎该层水平钢筋→纵横剪力钢筋间点焊固定→施工下一层。由于钢筋密集，绑扎固定钢筋后，人员无法再进入钢筋笼内，故绑扎前要将层面清理干净。

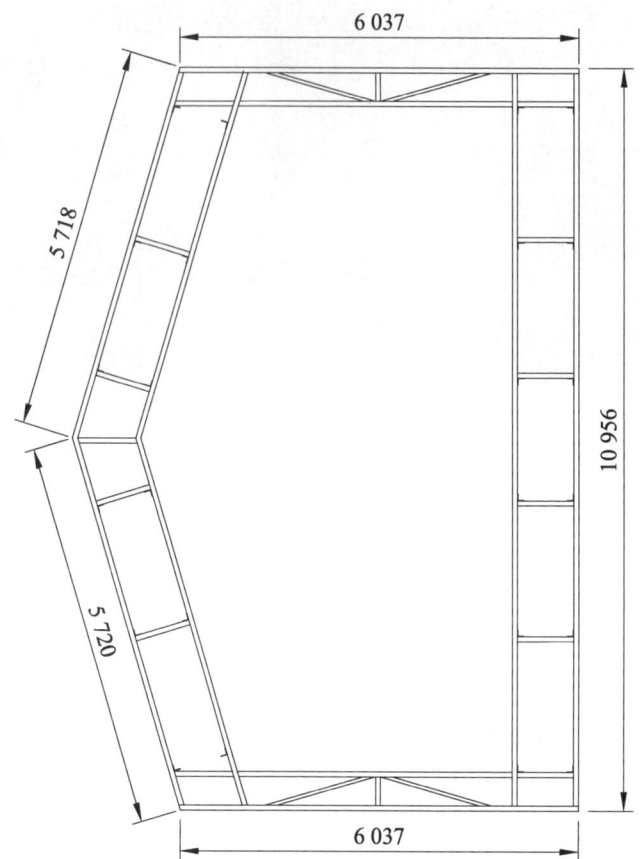

图 4.1-5 劲性骨架结构示意图(单位:mm)

图 4.1-6 剪力钢筋与主筋布置图

图 4.1-7 剪力钢筋安装图

（3）预应力钢筋。

结合段钢束分为长束和短束，采用 $\phi^s15.2$-19 预应力钢绞线，长束共 16 束，顶端锚固与前承压板；短束共 33 束，顶端锚固于中承压板，底端锚固于承台。预应力在承台施工期间进行预埋锚固，并采用劲性骨架进行精确定位。当混凝土强度达到 100%，且龄期不小于 10 d 后方可进行张拉。预应力张拉采用张拉力和伸长量双控，张拉完成后，采用专用灌浆料压浆。

3. 混凝土施工

塔座模板拟采用大面积定型钢模板，由专业厂家加工制作，并张贴透水模板布。混凝土运至施工现场后由拖泵泵送入仓。混凝土沿高度方向分层浇筑，边塔为（0.5+4.8+5.8）m，中塔为（0.5+6.0+4.72+5.8）m，其中结合段下部 0.5 m 范围内混凝土与承台同时浇筑。

4.1.2 钢结构节段组拼

塔柱钢结构典型塔节段组装工艺流程如图 4.1-8 所示。

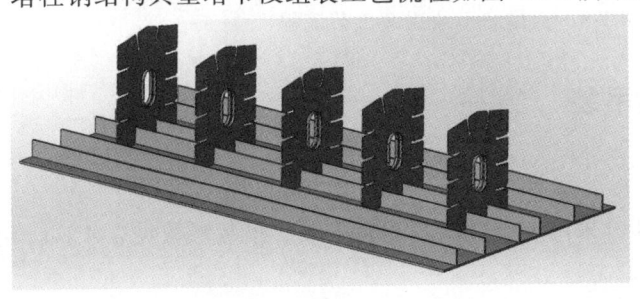

以拼装胎架上的对位基线为基准定位外壁板单元；划出全节段隔板单元和腹板单元组装位置线。按线组装中隔板单元。

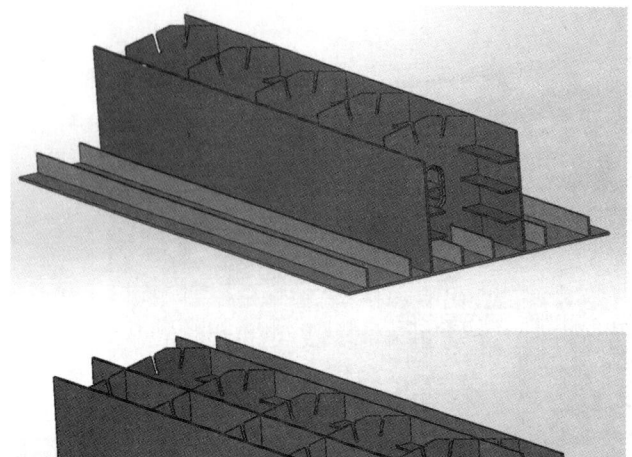

以外壁板上的腹板组装线为基准,将中腹板单元插入中隔板单元槽口内完成组装。

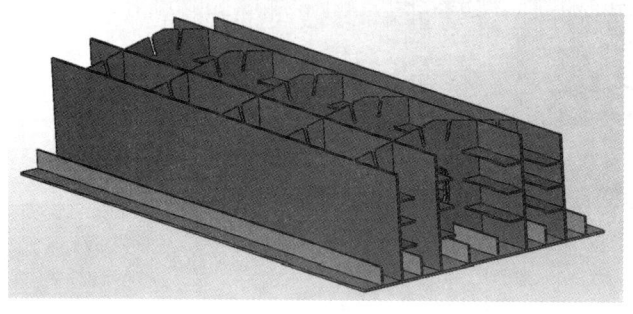

以外壁板上的腹板组装线基准,将边腹板单元插入隔板单元槽口内完成组装。

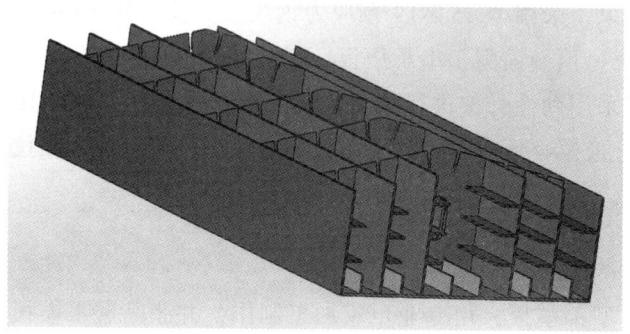

以外壁板两长边以及隔板单元为基准,组装侧壁板单元,注意控制箱口。

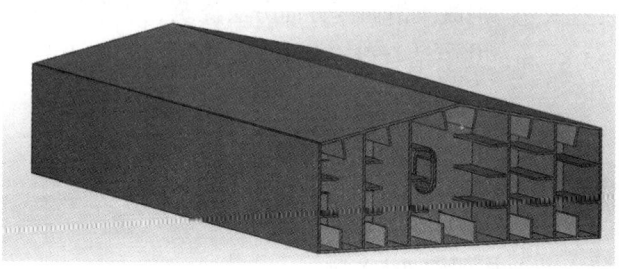

组装内壁板单元,重点控制箱口尺寸。

图 4.1-8 典型塔节段组装工艺流程

4.1.3 中塔钢结构段吊装

1. 组合塔段吊装

中塔塔柱结合段钢结构部分采用 80 t 龙门吊进行安装,吊装参数见表 4.1-1,吊装示意如图 4.1-9。

表 4.1-1　组合塔柱钢结构吊装参数简表

序号	项目	内容	备注
1	部位	上塔柱	最大吊高（地面起净高 102 m）
2	龙门吊	—	80 t
3	其他吊重计算	15 t	吊钩 3.5 t、吊具 7.5 t、钢丝绳 4 t
4	节段质量	60 t	—
5	吊重总质量=15+60=75 t＜80 t，满足要求		

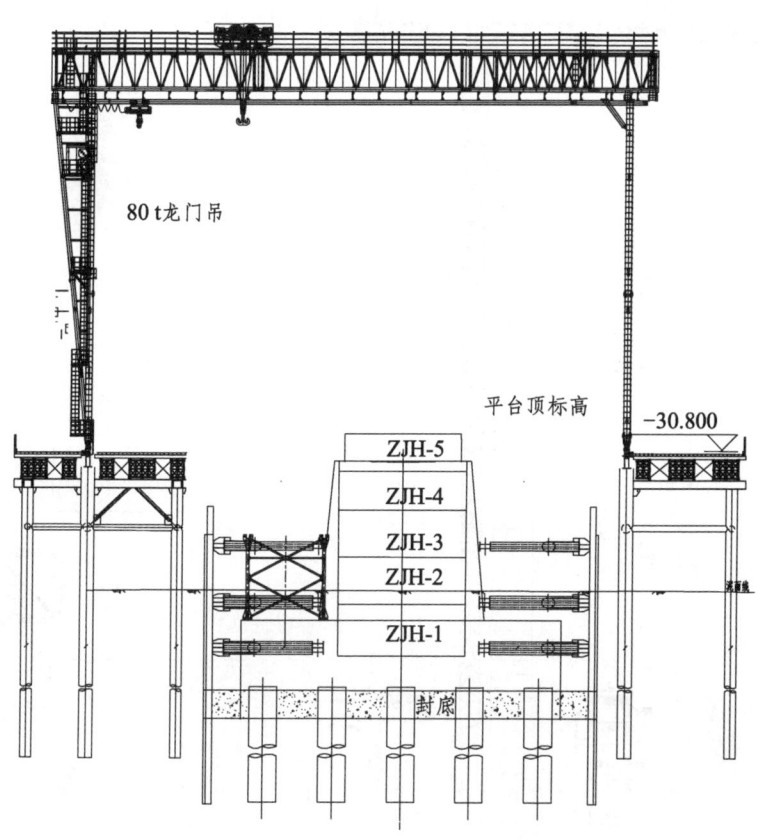

图 4.1-9　中塔塔柱钢结构段吊装模拟示意图（标高单位：m）

2. 钢结构段吊装

中塔塔柱钢结构节段采用 FHTT2800 型塔吊吊装，吊装参数见表 4.1-2，塔吊布置示意见图 4.1-10。

表 4.1-2　组合塔柱钢结构吊装参数简表

序号	项目	内容	备注
1	部位	上塔柱	最大吊高（地面起净高 102 m）
2	塔吊	FHTT2800	22.5 m 吊幅/吊重 125 t
3	其他吊重计算	20.5 t	吊钩 5 t、吊具 7.5 t、钢丝绳 8 t
4	节段质量	90.5 t	—
5	吊重总质量=20.5+90.5=110 t＜125 t，满足要求		

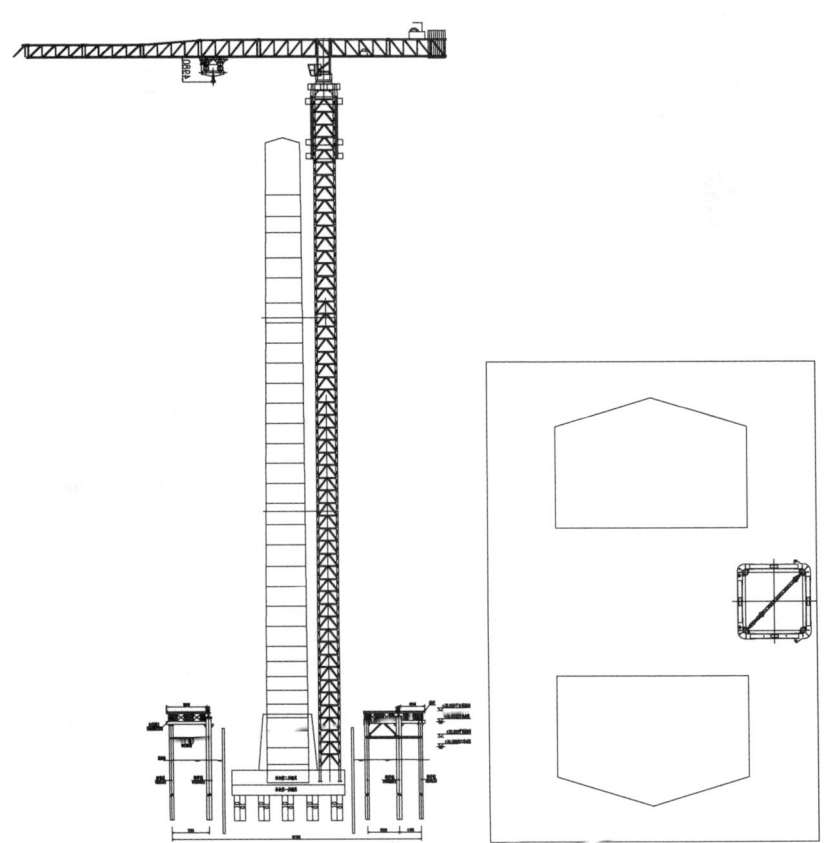

图 4.1-10　中塔塔柱钢结构段吊装模拟示意图（标高单位：m）

3. 钢塔桥位接口匹配

利用钢塔节段间的临时匹配件，作为节段安装定位的导向装置，可对节段进行粗定位；利用连接件上的冲钉，将粗定位后的节段恢复至预拼状态，然后用螺栓通过连接件将已安装的钢塔节段进行临时固定。塔柱节段临时连接见图 4.1-11。

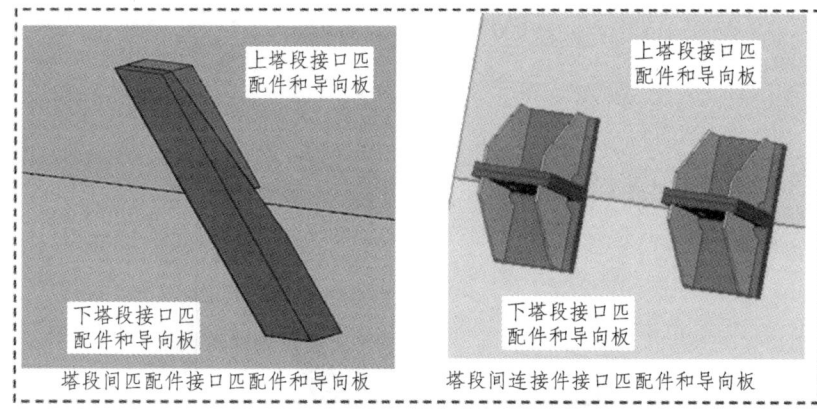

（a）塔段间匹配件接口匹配件和导向板　（b）塔段间连接件接口匹配件和导向板

图 4.1-11　塔柱节段间临时连接

钢塔节段通过临时匹配连接后，对钢塔主要壁板匹配性进行检测，对出现的局部错边量超差部位，采用顶压装置进行接口的调平，保证相邻接口错边量在公差允许范围内。

4.1.4　边塔钢结构段吊装

1. 边塔下塔柱节段吊装

在超起工况重型主臂条件下，下塔柱及钢混结合段采用 54 m 重型主臂吊装，模拟如下：

工况一：承台高度范围内预埋节段吊装，钢围堰未拆除，吊装模拟如表 4.1-3 和图 4.1-12 所示。

表 4.1-3　下塔柱吊装模拟简表

序号	项目	内容	备注
1	部位	下塔柱预埋段	钢板桩围堰未拆除
2	履带吊	QUY350	—
3	超起工况重型主臂	吊幅 28 m/理论最大吊重 121 t	54 m 重型主臂；140 t 转台平衡重+30 t 车身平衡重+120 t 超起平衡重；超起配置半径 15 m
4	其他吊重计算	18 t	吊钩 4.5 t、吊具 7.5 t、钢丝绳 6 t
5	最大节段质量	45 t	
6	负载率	52%	

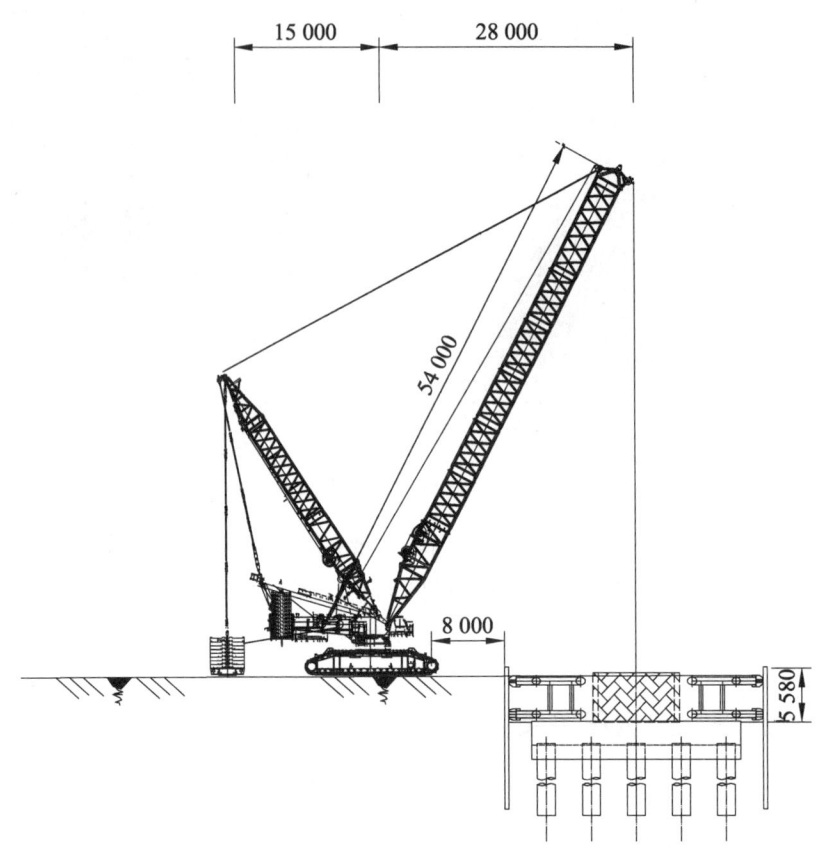

图 4.1-12 下塔柱吊装模拟示意图(单位:mm)

工况二:承台以上范围内塔柱组合阶段+下塔柱吊装,钢围堰已拆除,吊装模拟如表 4.1-4 和图 4.1-13 所示。

表 4.1-4 下塔柱吊装模拟简表

序号	项目	内容	备注
1	部位	下塔柱预埋段	钢板桩围堰已拆除
2	履带吊	QUY350	—
3	超起工况重型主臂	吊幅 20 m/理论最大吊重 178 t	54 m 重型主臂;140 t 转台平衡重+30 t 车身平衡重+120 t 超起平衡重;超起配置半径 15 m
4	其他吊重计算	18 t	吊钩 4.5 t、吊具 7.5 t、钢丝绳 6 t
5	最大节段质量	90.5 t	—
6	负载率	61%	—

第 4 章 三塔自锚式悬索桥上部结构施工方案

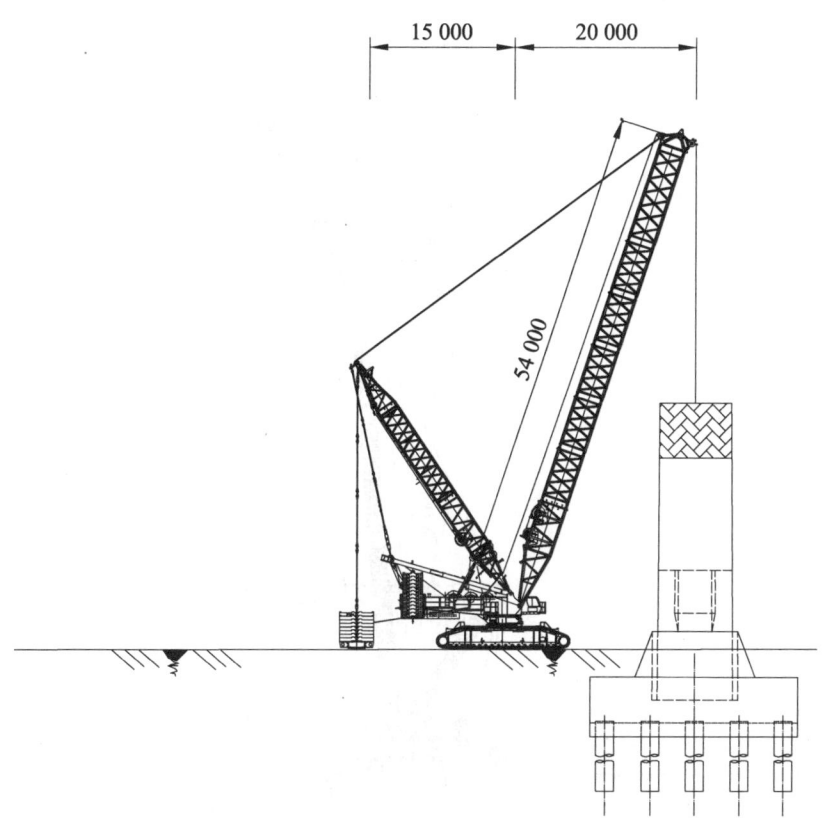

图 4.1-13 下塔柱吊装模拟示意图（单位：mm）

2. 边塔上塔柱节段吊装

针对上塔柱吊装，选取两个最不利工况进行模拟：

工况一：最大吊幅位置，吊装模拟如表 4.1-5 和图 4.1-14 所示。

表 4.1-5 上塔柱吊装模拟简表（最大吊幅位置）

序号	项目	内容	备注
1	部位	上塔柱	最大吊幅
2	履带吊	QUY650	—
3	LJDB 超起工况	吊幅 28 m/理论最大吊重 133 t	78 m 重型主臂+36 m 副臂；主臂角度 85°；210 t 转台平衡重+60 t 车身平衡重+100 t 超起平衡重；超起配置半径 19 m
4	其他吊重计算	18 t	吊钩 4.5 t、吊具 7.5 t、钢丝绳 6 t
5	最大节段质量	85.5 t	—
6	负载率	77.8%	—

注：箱梁开孔 18 m（横桥向）×9 m（纵桥向）。

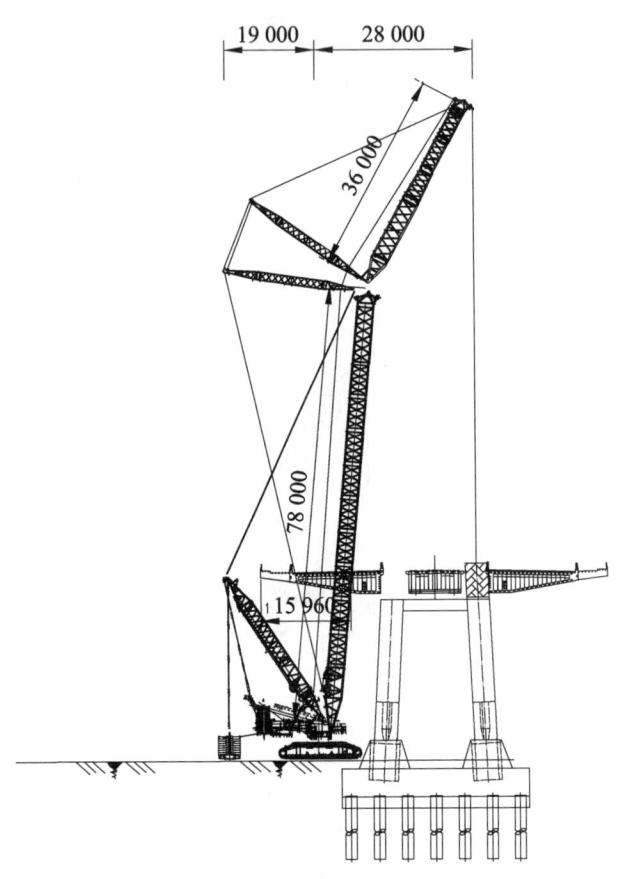

图 4.1-14　上塔柱吊装模拟示意图（最大吊幅位置）（单位：mm）

工况二：最大吊高位置，吊装模拟如表 4.1-6 和图 4.1-15 所示。

表 4.1-6　上塔柱吊装模拟简表（最大吊高位置）

序号	项目	内容	备注
1	部位	上塔柱	最大吊高（地面起净高 102 m）
2	履带吊	QUY650	—
3	LJDB 超起工况	吊幅 26 m/理论最大吊重 138 t	78 m 重型主臂+36 m 副臂；主臂角度 85°；210 t 转台平衡重+60 t 车身平衡重+100 t 超起平衡重；超起配置半径 19 m
4	其他吊重计算	18 t	吊钩 4.5 t、吊具 7.5 t、钢丝绳 6 t
5	节段质量	81.00 t	—
6	负载率	71.0%	—

注：箱梁开孔 18 m（横桥向）×9 m（纵桥向）。

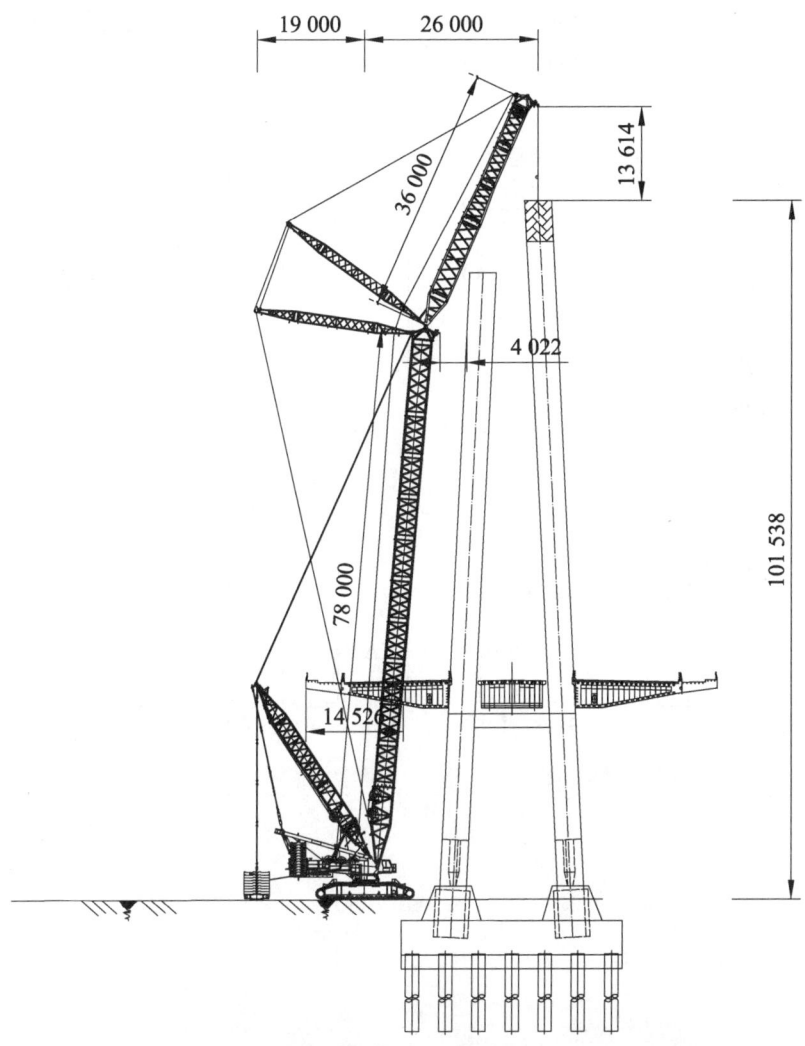

图 4.1-15　上塔柱吊装模拟示意图（最大吊高位置）（单位：mm）

4.1.5　线形控制

1. 线形测量方案

（1）测量时间段选择。

把握温度对塔柱线形影响，可用于指导塔柱节段安装时线形的控制。钢塔柱对温度的变化极为敏感，将每次测量时间段选择在日落 4 h 之后至早上 8 点 30 分这段时间，温度变化梯度较小，使钢塔柱有足够的时间均温。

（2）测点布设。

每个节段桥塔测点布置图如图 4.1-16 所示，其中，A2、A4～A7 为桥塔外轮廓板中点部位，A1、A3 为距离端部 500 mm 位置处。线形测点标记制作要求：标示方法为刻十字丝，并在十字丝交叉处冲点，线形临时测点应定位准确，精度控制在±1 mm 以内，测点在桥塔 Z 方向的布置距节段断口 10 cm 处，每个节段布置两组测点。

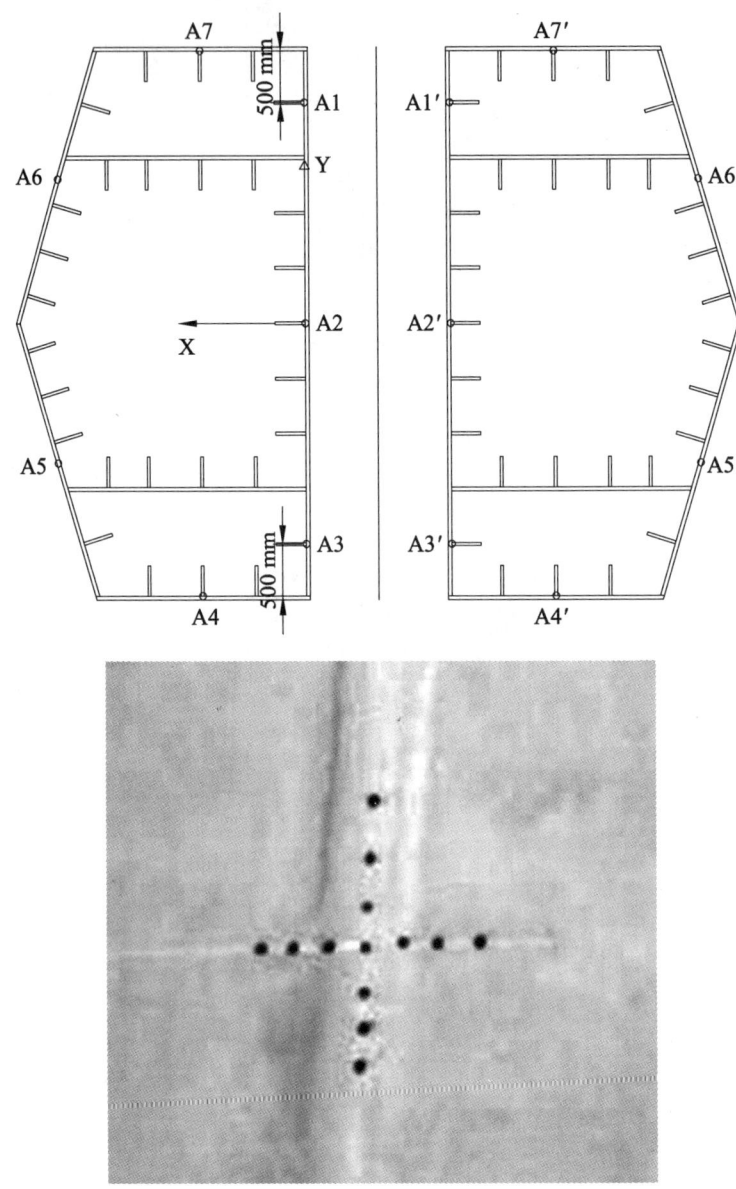

图 4.1-16　钢塔柱测点布设

2. 节段预高制造及标准节段定位与调整

对边塔及中塔塔顶节段 T13 进行预抛高制造，预抛高量为 30 mm。

节段粗定位是通过在匹配件上打入冲钉完成。在节段调整时，由于下端口靠已安装节段近，偏差值一般不会超过设计要求，下端口主要是在节段定位完成后、环缝焊接前,进行错边量的校正。上端口测点坐标值偏差如超出允许范围,则需要进行调整。要采用手动千斤顶进行微调,并且可能在匹配件间隙中垫入 2~3 mm 厚的薄钢片。由于塔柱的高宽比一般比较大,调整效果明显。中面倾斜度和里程方向倾斜度控制,即在偏差分析过程中,应注意上下测点偏差值的方向性。

3. 焊接过程变形控制

(1)在塔柱节段定位和临时固定完成后,要进行环缝焊接。为控制环缝四边焊缝不均匀收缩对塔柱节段安装精度的影响,应制定合理的环缝焊接工艺顺序,并进行焊后节段测量。通过与焊接前测点坐标值进行对比,分析偏差值,来为下一节段定位提供参考。

(2)焊接顺序应遵循先内后外的原则,即:内侧两名焊工同时焊接相对端侧壁板或前后壁板,外侧 4 名焊工按一个循环方向焊接 4 块壁板。

(3)还要通过厚板对接焊缝收缩测试的试验。试验时,塔柱壁板厚度为 24~60 mm,每条对接焊缝收缩量在 2~4 mm。基于上述原因,在钢塔制作时,每一轮次的最上面一节塔柱节段上端口预留 30 mm 预留量,预留量切割根据前一节段的测量数据分析得出,在预拼装前进行切割。

4.2 缆索系统施工

本工程为三塔自锚式空间缆索悬索桥,空间索面主缆的线形控制难度大。自锚式悬索桥的主缆是结构体系中主要的承重构件,且属于小应变大变形结构,具有很强的几何非线性,主缆的空缆线形、成桥状态线形是确保悬索桥结构成桥受力与线形的关键。主桥缆索系统施工工艺流程如图 4.2-1 所示。

4.2.1 猫道架设

猫道由承重索、门架支承索、扶手绳、防护索、猫道面层、锚固体系等组成。上下游各设一幅猫道,猫道中心与主缆中心平行,距主缆中心线距离为 1.3 m,设计净宽为 4 m,扶手索高度 1.4 m。

单侧猫道总长 1 270 m,其中两岸侧边跨长 178 m,两中跨长 454 m;猫道承重索为 6×Φ48 镀锌钢丝绳,扶手索为 2×Φ22 镀锌钢丝绳,防护索采用 Φ16 镀锌钢丝绳,两侧的扶手采用高 1 m 的 100 mm×100 mm 大方眼钢丝网。门架索为 Φ28 镀锌钢丝绳,左右各 1 根。门架支承索距猫道承重索竖向 5 m,扶手索距猫道承重索平行距离 1.4 m。猫道的总体设计及架设流程如图 4.2-2(见书末插页)和图 4.2-3 所示。

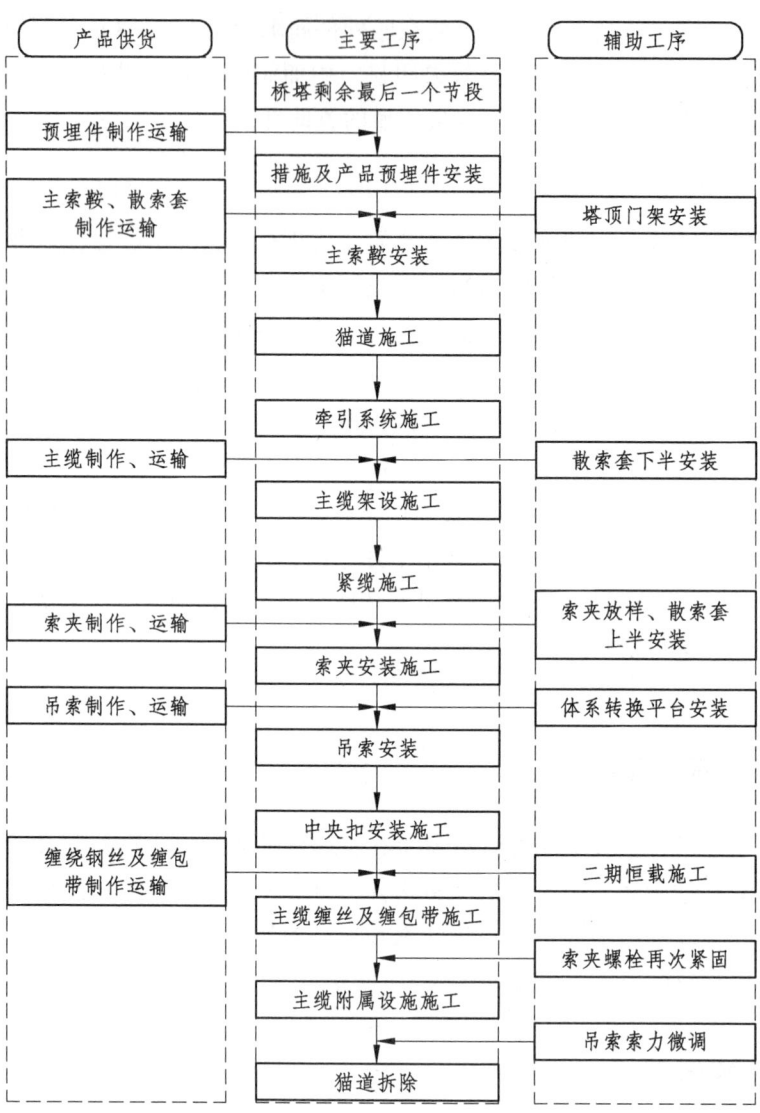

图 4.2-1 主桥缆索系统施工工艺流程

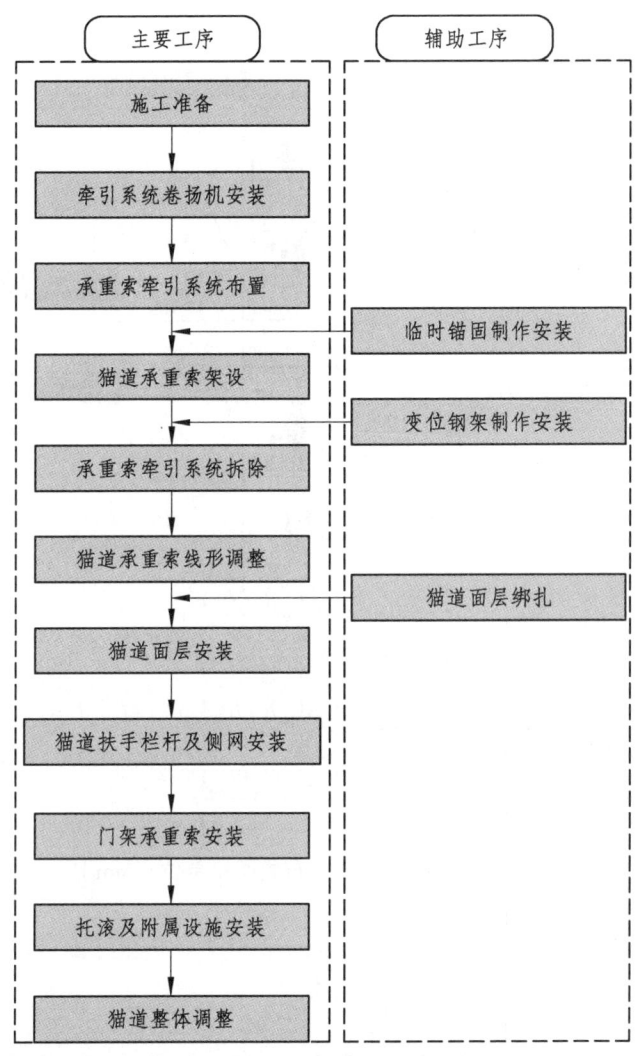

图 4.2-3　猫道架设施工流程

4.2.2　牵引系统安装

牵引系统分别由主、副卷扬机、牵引滑道、转向滑轮组、锚梁和塔顶门架、Φ28 承重索、Φ32 牵引索等组成。在牵引系统方案确定后，结合施工现场场地、索盘运输道路状况等实际因素，将 15 t 主牵引卷扬机布置在北侧 C4 梁段桥面上，放索区布置在南侧 C4 梁段上，对应的 15 t 副卷扬机放置在放索架前方靠 MD 梁段侧。牵引过程采用人工打梢收放牵引绳，形成一套单线往复式牵引系统，将主缆索盘存放区设置在南侧钢梁拼装场地，采用 200 t 履带式起重机提到桥面放索架上，通过轨道滑移到放索位置，牵引布置图如图 4.2-4 和图 4.2-5 所示。

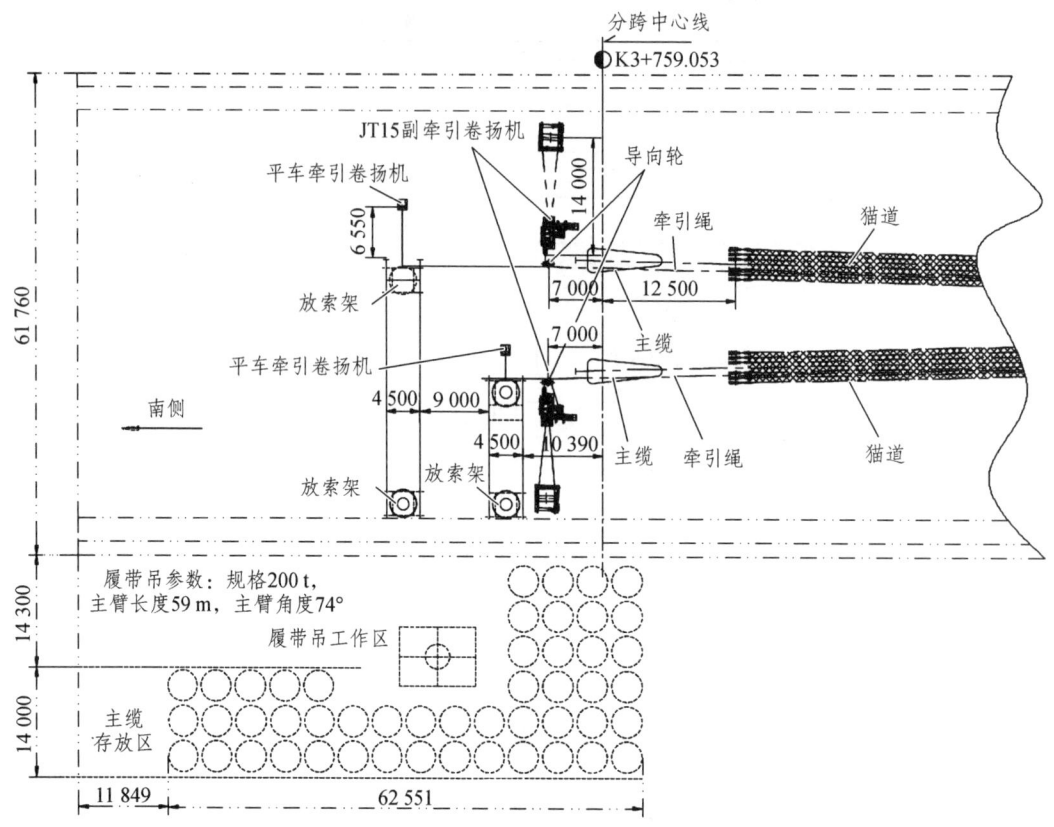

图 4.2-4 南侧桥面牵引布置图（单位：mm）

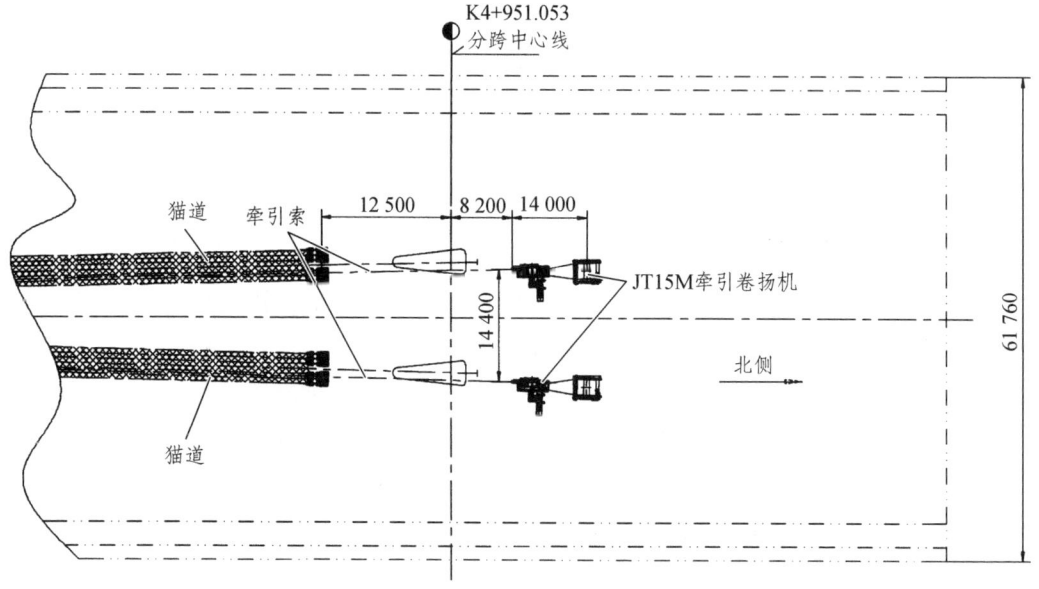

图 4.2-5 北侧桥面牵引布置图（单位：mm）

4.2.3 主缆架设及整形

主缆架设工艺流程如图 4.2-6 所示。

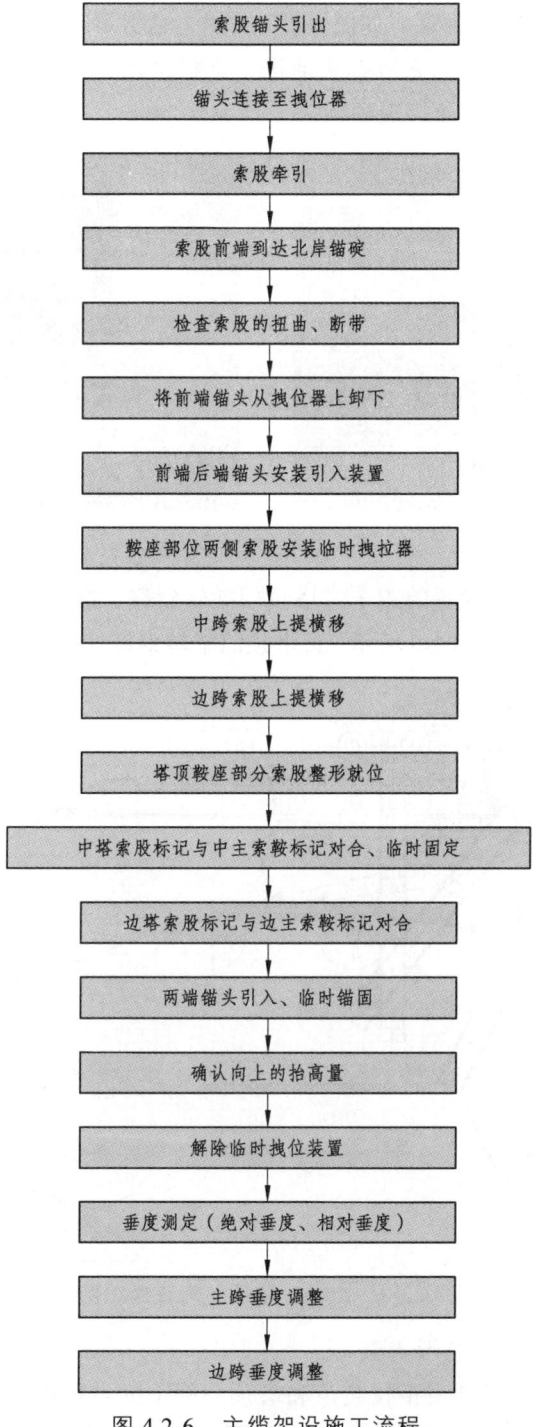

图 4.2-6 主缆架设施工流程

1. 单根索股架设

1）索股牵引

首先通过牵引索携持主缆索股，从南岸放索区出发沿着猫道向另一侧行进，牵引速度以 12～15 m/min 左右为宜，如图 4.2-7 所示。牵引最初几根索股时，要降低牵引速度。在牵引过程中设专人随索股锚头前进，全程跟踪，注意避免主缆索股在受力后出现下挠、扭转以及钢丝鼓丝等现象。

图 4.2-7　索股牵引

主缆通过在每个塔顶设置的跑车过塔顶门架转索鞍，跑车牵引主缆时不设置配重，空载回程时设置配重，如图 4.2-8 所示。过塔顶门架转索鞍时，降低牵引速度，缓慢通过。

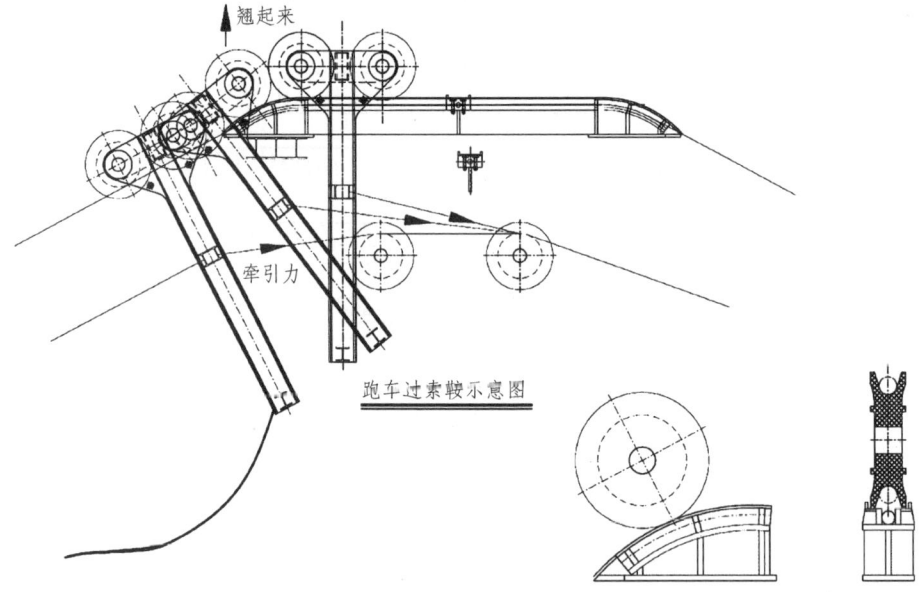

图 4.2-8　跑车过塔顶转索鞍施工图

2）索股提升、横移、整形入鞍

当索股牵拉到位后，利用手拉葫芦和塔顶门架上的卷扬机，进行索股的上提、横移以及整形入鞍工作。

（1）安装索股提升系统。

在塔顶中心前后 20 m、散索套前 5 m 处，安装握索器。安装前，将此处索股整形成标准六边形。分次拧紧握索器上的紧固螺栓，确保主缆索股与握索器不发生相对位移。将塔顶门架、锚碇的卷扬机内钢丝绳与握索器相连组成提升系统。

（2）索股提升横移。

启动各卷扬机，将整条索股提离猫道面滚轮。拽拉量不宜过大，避免索股与钢丝绳摩擦，防止握索器滑移，中、边跨平衡拽拉。在北侧散索套位置设置简易门架，用于主缆横移入散索套；南侧采用汽车吊辅助入散索套。利用塔顶和散索套顶的横移装置将索股横向移动到既定位置，确认全跨径的索股已全部离开猫道滚筒后，才能横移到鞍座正上方。此时，主索鞍前后两握索器之间的索股呈无应力状态。横移时拽拉力不宜过大，任何人不允许站在索股下方。中跨主缆空缆长度约 456.3 m，主缆米重 30 kg/m。中跨质量 13.74 t。中跨侧滑车组拉力约 12.5 t。在塔顶布置两台 5 t 卷扬机，走 4 线，如图 4.2-9 所示。

图 4.2-9　索股提升横移

（3）索股入鞍。

待主索鞍处索股全部整形完毕后，将索股置入主索鞍相应的鞍槽内。整形入鞍工作完成后，应初步调整各跨索股的高程，中跨预抬高 30~40 cm，边跨预抬高 10~20 cm，以免垂压、缠绞其下面的索股，并于夜间进行垂度调整，如图 4.2-10 所示。

索股上的中间标记线须对准主索鞍上的中间线位置。将索股安放于按设计图纸要求的相应鞍槽索号内，拆除握索器。

索股入鞍后，应用多块方木塞进鞍体槽内，并用锤子敲紧，预防在接下来的施工中，槽内的平行钢丝发生位移或表面钢丝变形。

图 4.2-10　索股入鞍

（4）锚头入锚。

完成索股整形入鞍后，利用卷扬机和滑车组分别将两岸锚头向锚碇锚索管方向牵引，穿过相应的锚索管，在后锚面上用螺母临时锚固，如图 4.2-11 所示。在南岸放索侧布置一台 25 t 汽车吊，配合索股锚头入锚。北岸主牵引侧采用 10 t 电动葫芦入锚。安装 32 t 液压千斤顶，利用主缆锚头后端内螺纹调节，用以进行索股线形调整。

图 4.2-11　索股锚头入锚

2. 索股垂度调整

1）基准索股垂度调整

基准索股是其他一般索股垂度调整的基准，是主缆架设最重要的一道工序。为了减小温度和风的影响，垂度测量选在不下雨、不起雾、能见度良好、温度相对稳定、风速较小的夜间进行。基准索调整好后，还要在夜间气温稳定时（通常为 02:00～05:00）进行连续 3 d 的稳定观测，连续 3 d 的测量结果均符合监控指令的要求，则表示基准索股垂度调整成功。

（1）中跨垂度调整。

采用绝对高程法针对基准索股进行调索，利用 3 台全站仪分别从 3 个不同的方向同时观测，进行三角高程测量。在跨中悬挂反光棱镜测出基准索股跨中点水平距离、垂直距离，反算主缆跨中实际高程，并与理论高程进行比较，依据垂度调整图表中调节比（无应力长度变化/跨中标高的变化），计算出索股需移动调整的长度，同时进行跨度与温度修正，通过塔顶卷扬机将索股向所调跨放回所需调整值。该操作分数次进行，直至跨中标高与理论标高误差在 21.4 mm（±L/20 000 mm）以内。

先在中塔主索鞍处将索股固定在鞍槽内，在两侧边塔主索鞍位置采用塔顶门架卷扬机调整中跨垂度，调整至误差内，在边塔主索鞍固定索股，并做好索股固定标志，方便后续索股架设前检查该索股是否有滑移。

（2）边跨垂度调整。

基准索中跨跨中点垂度调整完毕后，开始进行边跨跨中垂度调整。边跨的测量和调整与中跨原理相同。边跨调索通过锚室内用于锚头定位的 2 个 30 t 千斤顶。多次调整直至边跨标高高差控制在 16.8 mm（±L/10 000 mm）以内。

2）一般索股垂度调整

一般索股的调整同样要求在风速较小、温度稳定的夜间进行。考虑到本项目主缆直径大，索股数量多，拟采用相对基准索股法进行主缆一般索股垂度调整。

为了保证一般索股调整时所用的基准索始终处于自由飘浮状态，采用主缆各层外侧一根一般索股作为相对基准索股，其垂度依靠 1#基准索股进行传递，然后利用各层相对基准索股调整其同一排一般索股和上一排相对基准索股的垂度，以达到主缆线形调整的目的。另外为了消除调整误差的积累，避免每根相对基准索的调整误差均进行传递，在调整下一根相对基准索时，它们之间的理论相对垂度值中要减去当前相对索的调整误差值，以确保每一根索相对于 1#索股的调整误差均为 0~5 mm；当索股架设到一定数量时，还要用全站仪对少数相对基准索进行绝对垂度的检测，具体需要测量的索股根据现场情况确定。

监控组计算出各相对基准索股与 1#索股的理论垂度值。测定相对基准索股与待调索股的温度（索股断面上 4 个面温度平均值）并进行温度修正。采用特制的游标卡尺按如图 4.2-12 所示的两种方法测定索股垂度调整量。

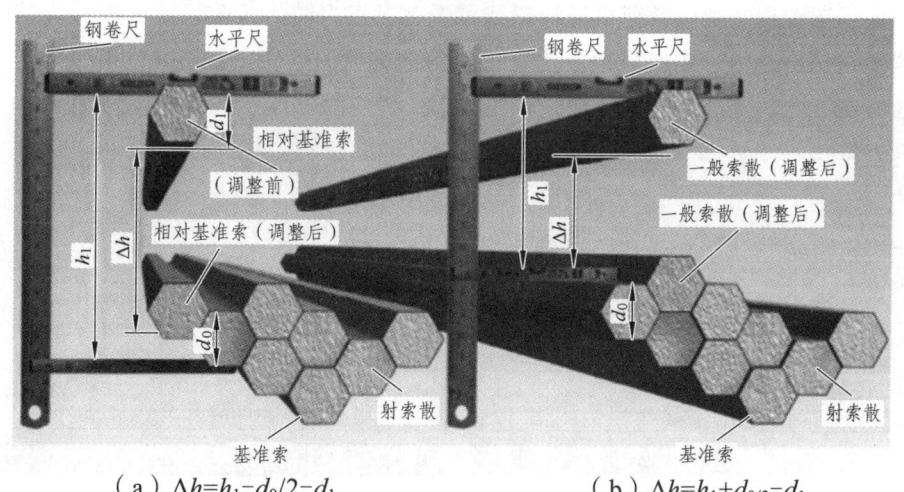

（a）$\Delta h = h_1 - d_0/2 - d_1$ （b）$\Delta h = h_1 + d_0/2 - d_1$

图 4.2-12　一般索股调整测量示意图

已调整好的索股在各鞍槽内必须临时填压，并在鞍槽上部施以木方反压索股进行固定，防止已调整索股在后续索股架设和调整过程中发生滑移，一旦发生此类情况，查明原因，并采用相应的措施处理好后，才能进行后续索股的架设。

3. 紧缆整形

1）预紧缆（初整圆）

主缆架设完后，即使垂度已调整好的索股群，如果索股之间产生温度差，索股的排列也会产生微妙的变化。因此夜间温度均匀，排列整齐的索股，到了白天，受日照的影响也会产生起伏、扭曲等紊乱现象。在夜间温度条件好的情况下，主缆表面温度趋于一致（索股的温度稳定）时，拆除主缆形状保持器后马上进行预紧缆作业。紧缆顺序采用跳跃方式，即各跨自跨中、四分点、八分点、十六分点位置向两边跳紧定形，然后每 5 m 紧缆包带一次，如图 4.2-13 所示。

图 4.2-13　预紧缆施工

2）正式紧缆

完成预紧缆后，利用紧缆机进行正式紧缆。每根主缆由两台紧缆机进行紧缆施工，正式紧缆采用中跨由跨中向塔顶、边跨由锚碇向塔顶的顺序，如图 4.2-14 所示。

图 4.2-14　紧缆施工

4.2.4 索夹及吊索安装

1. 索夹安装

对于可采用吊机安装的索夹吊装，可采用汽车吊和塔式起重机配合安装。先将索夹按序转运至对应位置，再由汽车吊或塔式起重机起吊安装，如图 4.2-15 所示。

图 4.2-15 索夹安装施工

2. 索夹螺栓紧固

索夹安装的关键是螺栓的紧固。一般分三个荷载阶段（即索夹安装时、吊索索张拉过程中、桥面铺装后）对索夹螺栓进行紧固（具体根据监控指令要求进行），如图 4.2-16 所示。同一索夹相对应两侧的螺栓应同步紧固，以保证螺栓受力均匀。

要随时监控、检查，若发现轴力下降值过大，应及时张拉螺栓，使轴力达到图纸规定值，确保施工安全。

图 4.2-16 索夹螺栓紧固施工

3. 吊索安装与张拉

吊索安装施工流程如图 4.2-17 所示。

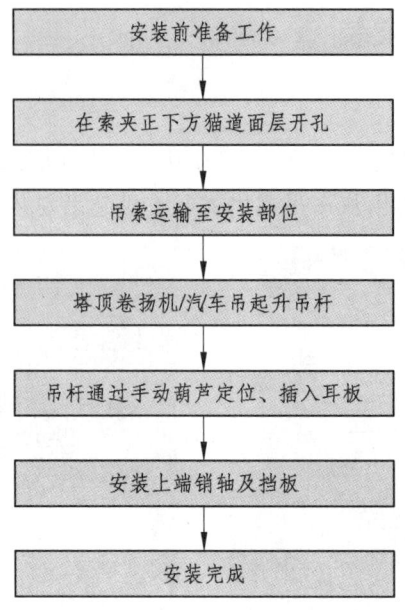

图 4.2-17 吊索安装施工流程

与地锚式悬索桥吊索施工过程相比，自锚式悬索桥的吊索张拉加载是一个复杂的过程，吊索之间的相互影响较大。若吊索张拉程序不当，极易因受力不均导致钢箱梁变形。为了解决这个问题，必须根据主梁和主缆的刚度、自重采用数值模拟的办法，得出最佳加载程序。并在施工过程中，通过观测，对张拉力加以修正。具体的吊索张拉施工工艺方案，均处在施工监控的管理范畴，施工中每一步骤必须严格执行施工监控的施工指令。仔细做好每一次吊索张拉的记录。吊索索力张拉达到设计、监控要求时，应加强对主塔的监测和关注塔顶索鞍偏移量的变化，及时报告。吊索张拉顺序如下：

第一步，从结构安全考虑结合监控指令进行张拉。

第二步，所有吊索循序加载，直至所有吊索锚头拉出锚管拧上锚固螺母。

第三步，在加载过程中，测量主缆线形和钢箱梁线形及每根吊索的拉力。

第四步，根据测量数据对局部吊索进行再次张拉，直至主缆线形和钢箱梁线形符合设计要求。

第五步，二期恒载加载。

第六步，测量主缆线形和钢箱梁线形以及每根吊索的索力。

第七步，根据测量数据对局部吊索进行再次补张，直至主缆线形和钢箱梁线形符合设计要求。最多同时施工作业点12个。如图4.2-18所示，张拉顺序从边塔及中塔开始，对称向远离桥塔方向进行。

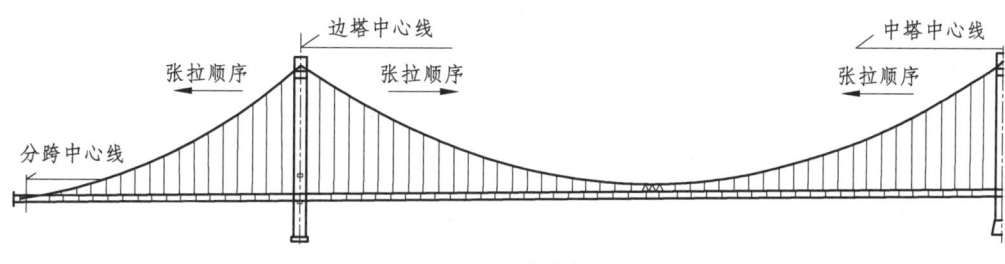

图 4.2-18 吊索张拉顺序

4.2.5 缠丝及缠包带施工

1. 缠丝

采用镀锌钢丝做主缆缠绕钢丝，采用专门的缠丝机进行主缆缠丝作业，工艺流程如图 4.2-19 所示。

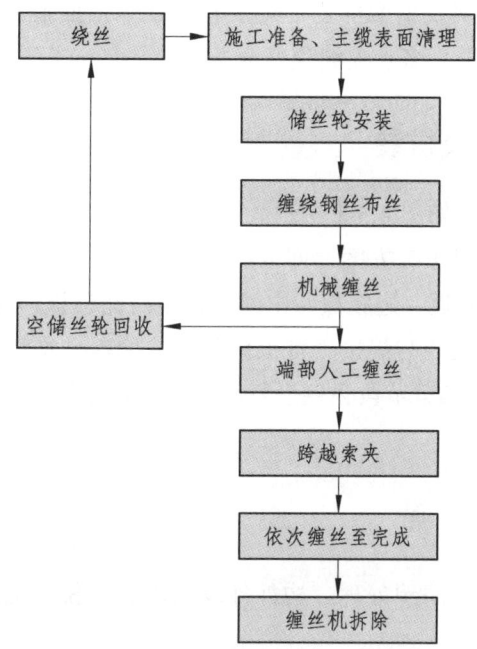

图 4.2-19 主缆缠丝施工工艺流程

2. 缠包带施工

1）缠绕

在缠丝外，首先用手工方式将防护带起头，并推入索夹环缝内；然后安装缠带机，使用缠带机从低位索夹向高位索夹连续缠绕，按层叠 52% 的方式完成斜缠工作，缠绕时需保证每圈间距相等，每两个索夹间缠带的起始处和结尾处缠带方式为手工缠绕。

2）加热

用定制的加热毯加热防护带，每个加热周期 6 min，加热温度不超过 150 ℃。

3）环缝密封

首先打磨清洗密封处，在索夹环缝处打上一圈密封胶，然后在邻近处防护带外圈装上一圈楔形橡胶条，用木槌敲入环缝中，使楔形橡胶条和密封剂咬合，在楔形橡胶条外需加上一层起始带防紫外线。

4）直缝密封

首先密封处打磨清洗，然后以密封条填充至索夹（缆套筒）端面，最后刷涂一层氟碳面漆。

4.3 加劲梁与桥面板施工

凤凰黄河大桥主桥钢箱梁全宽 61.7 m，中心高度 4.0 m，全长 1332 m，总重约 4.6 万吨，质量大、幅面宽、顶推距离长，施工难度大，施工安全风险高。分别于 PF21/PF27#墩处各设置 1 处提升门架及钢梁拼装支架，采用 2 个顶推施工作业面，缩短单侧顶推距离，采用步履式千斤顶，多点连续顶推合龙。

4.3.1 钢箱制作及拼装

钢箱梁制作工艺流程如图 4.3-1 所示。

钢箱梁节段组装采用正装方案，即以胎架为外模，以横隔板为内模，按照"底板→斜底板→纵隔板→横隔板→边腹板→中间顶板→两侧顶板→风嘴构造"的顺序，实现立体阶梯式推进，逐段组装与焊接。各板单元制造检验合格后，在车间内进行多个节段连续匹配制造。下面以典型节段为例进行节段组装顺序说明，拼装工艺流程如表 4.3-1 所示。

4.3.2 钢箱喷砂涂装

钢箱梁涂装包括：车间预处理、构件外表面涂装、桥上油漆补涂、成桥最后一道面漆涂装。

1. 车间预处理

所有钢板均应进行车间预处理，采用预处理车间流水线进行抛丸除锈、喷水性无机富锌底漆预处理涂装施工。

2. 构件外表面涂装

（1）二次表面喷砂处理。

采用压力式喷砂进行喷砂除锈，除去表面全部锈蚀产物和焊渣等溅射物，达到清洁度 Sa2.5 级，表面粗糙度 Rz40~70 μm。喷砂完毕后清除磨料，吹净表面灰尘。

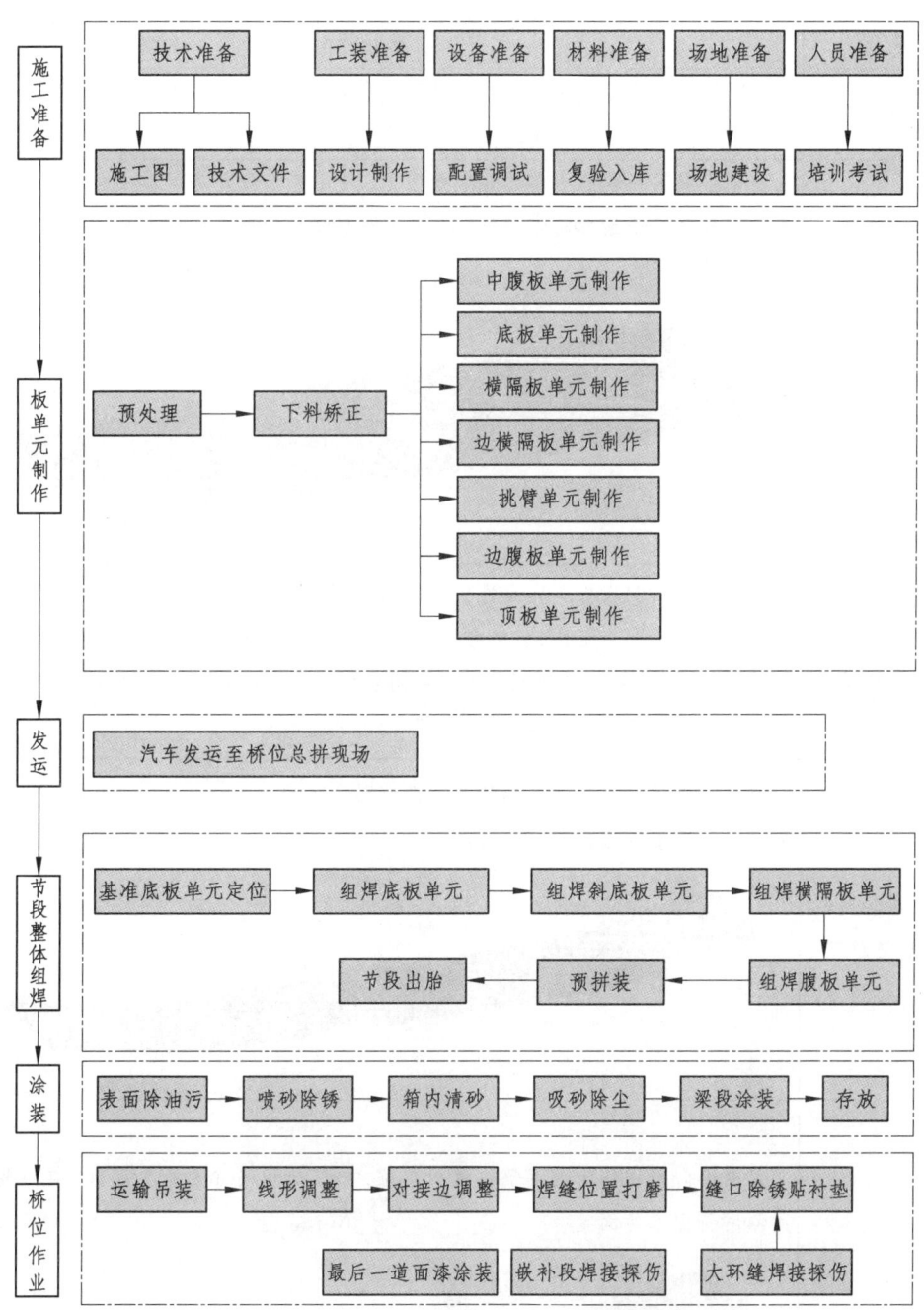

图 4.3-1 钢箱梁制作整体工艺流程

表 4.3-1 钢箱梁拼装流程

流程	具体措施
（1）胎架检验	对节段箱梁成型胎架线形进行检测，并通过业主、监理报验合格方可进入下道工序
（2）组焊中间底板	首先将中间一块底板单元置于胎架上，使用经纬仪精密调整就位，使其纵向基准线与两端测量标志塔共线，并使其横基线与胎架上的横基线精确对正，然后将其点焊固定
（3）依次组装其余底板单元	分别吊装两侧底板单元合件由中间向两侧组装至胎架上，以胎架上的纵、横向基准线进行初步定位，使用经纬仪控制其纵向基准线与中间测量标志塔连线的平行及间距，使其横向基准线与中间底板单元的横向基准线共线，采用"CO_2药芯焊丝打底焊＋埋弧自动焊盖面"的工艺进行焊接
（4）组装两侧斜底板单元	通过测量标志塔配合经纬仪定位两侧斜底板单元合件，使其基准线重叠。组装定位，焊接斜底板间对接焊缝
（5）组装两侧纵隔板单元	以横纵向基准线定位两侧纵隔板单位，检验定位尺寸及垂直度后，在纵隔板两侧用斜撑工装固定

续表

流程	具体措施
（6）组装横隔板及腹杆结构	横隔板及腹杆以散件运输至桥位现场，参与钢箱梁组装。定位安装横隔板及腹杆结构，其中横隔板腹杆采用工艺螺栓暂时连接
（7）组焊顶板单元	由桥中向两侧组焊顶板单元合件，用经纬仪复核顶板纵向基准线与两端标志塔的重合度，同时采用吊铅垂的方法检验顶、底板端口的重合度，并重新确保中心线、高程和端口垂直度准确无误。组装顶板时严格控制顶板各线形控制点的标高，以控制箱体高度及纵面、横面线形
（8）组焊两侧人行道单元	按照纵横向基准线，定位安装两侧人行道及非机动车车道，完成与箱体结构的焊缝

（2）环氧富锌底漆涂装。

检测施工环境合格后，在合适的施工条件下，对已喷砂合格的钢梁杆件外表面、未密封内表面及桥面顶底面外露部分进行涂装环氧富锌底漆。对焊缝、边角、孔隙及所有不易喷涂等部位先进行预涂，较小表面采用刷涂方法进行涂装，大表面采用高压无气喷涂方法喷涂底漆，使涂层干膜厚度达到 80 μm。

（3）环氧云铁中间漆涂装。

检测施工环境合格后，在合适的施工条件下，对前道涂层进行缺陷修补，检查预留焊缝位置防护措施有效后，涂装 1~2 道环氧云铁中间漆。对焊缝、边角、孔隙及所有不易喷涂等部位先进行预涂，较小表面采用刷涂方法进行涂装，大表面采用高压无气喷涂方法喷涂中间漆。施工中按喷漆工艺进行操作，随时用湿膜卡检测湿膜厚度，使涂层干膜厚度达到 150 μm。

（4）氟碳面漆涂装。

检测施工环境合格后，在合适的施工条件下，对前道涂层进行缺陷修补，检查预留焊缝位置防护措施有效后，清除表面污物和灰尘后涂装 2 道氟碳面漆。对焊缝、边角、孔隙及所有不易喷涂等部位先进行预涂，较小表面采用刷涂方法进行涂装，大表面采用高压无气喷涂方法喷涂面漆。施工中按喷漆工艺操作，随时用湿膜卡检测湿膜厚度，干膜厚度应达到 70 μm。

（5）喷漆涂层质量检查。

喷漆图层质量检查方法及标准如表 4.3-2 所示。

表 4.3-2 喷漆涂层质量标准及检验方法

检测项目	检验手段	检验要求	检测数量	检验标准
外观	目测	涂层表面均匀一致，无漏涂、起皮、气孔、鼓泡、大熔滴、松散粒子、裂纹、返锈等缺陷	100%	
干膜厚度	磁性测厚仪	无机硅酸锌车间底漆 25 μm；涂环氧富锌底漆干膜厚度 80 μm；涂环氧云铁中间漆 1~2 道，干膜 150 μm，涂氟碳面漆 2 道，干膜 70 μm	每 10 m² 取 5 个基准面，每个基准面采用 3 点法测量，3 点平均值即为该基准面厚度测值	GB/T4956
结合力	划格法	涂层结合力达到 1 级	涂装结束后监理任意选点测量	GB/T9286
	拉开法	涂层结合力≥3 MPa		GB/T5210

注：漆膜厚度采用"90-10"规则判定。即允许有 10%的读数低于规定值，但每一单独读数不得低于规定值的 90%。

3. 桥上油漆补涂

钢构件运至现场后进行检查，如发现有大面积损伤或损伤至底材的部位，应及时进行修复，以免造成质量隐患。同时在焊缝涂装过程中应进行全面检查，并及时完成修复。对钢构件表面焊缝部分应采用与非焊缝部分相同的防腐蚀方法、检验标准和检验方法进行焊缝处理。破损处修补及焊缝在桥已成型后，喷砂除锈可用机械打磨代替，涂装材质均与原涂装方案一致，以保证钢结构防腐蚀涂层的完整性。

（1）未损伤至底材的部位损伤面修复。

未损伤至底材的部位，应采用机械打磨和砂纸相结合的方式将周边涂层打磨至阶梯形坡状，除尘清洁后，按该部位相应的涂装体系完成各道涂层。每道工序须经自检、互检、专检，检验合格后，进行下一工序。

（2）损伤至底材的部位损伤面修复。

如有损伤至底材且损伤面积较大的损伤面，应采用机械打磨和砂纸相结合的方式打磨至阶梯形坡状，除尘清洁后，按该部位相应的涂装体系完成各道涂层。每道工序须经自检、互检、专检，检验合格后，进行下一工序。

4. 成桥最后一道面漆涂装

为保证大桥建成后整体外观色彩一致、漂亮美观，在全桥安装完成，焊缝、外露摩擦面、磕损处理结束后对整桥涂装最后一道面漆。

4.3.3 钢箱梁顶推施工

1. 钢箱梁拼装平台

南北侧钢箱梁拼装平台分别布置在 PF20#和 PF21#墩、PF27#和 PF28#墩之间，采用钢管桩及型钢搭设大型的钢结构平台，该平台主要用于钢箱梁提升、拼装、顶推。如图 4.3-2 和图 4.3-3 所示，横跨钢箱梁拼装平台布置一个桁架，作为钢箱梁提升吊机，该吊机采用专用吊具，按吊重 350 t 设计。

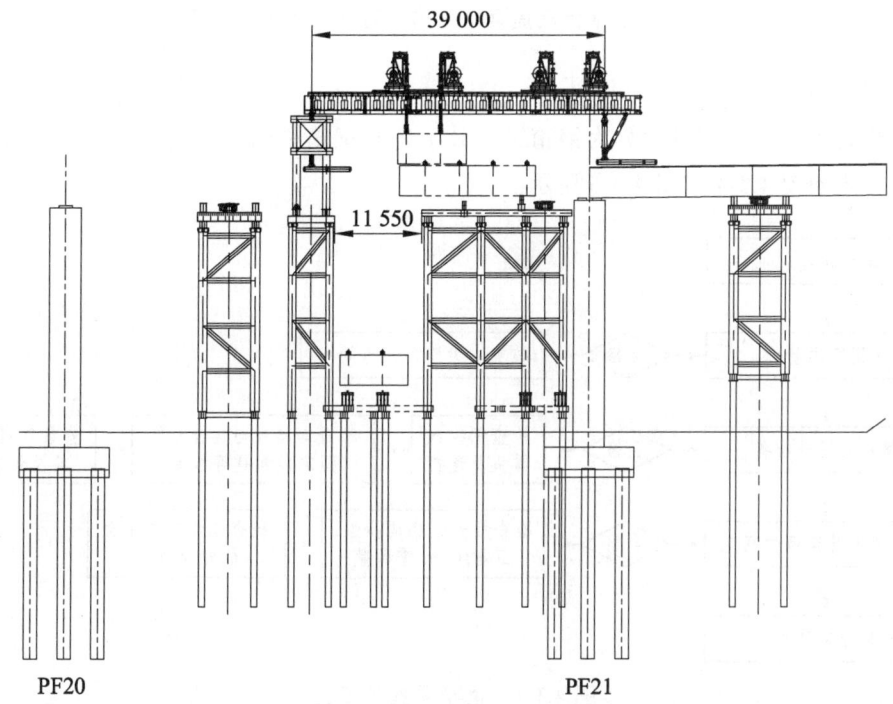

图 4.3-2 顶推拼装平台及提梁站结构布置立面图（单位：mm）

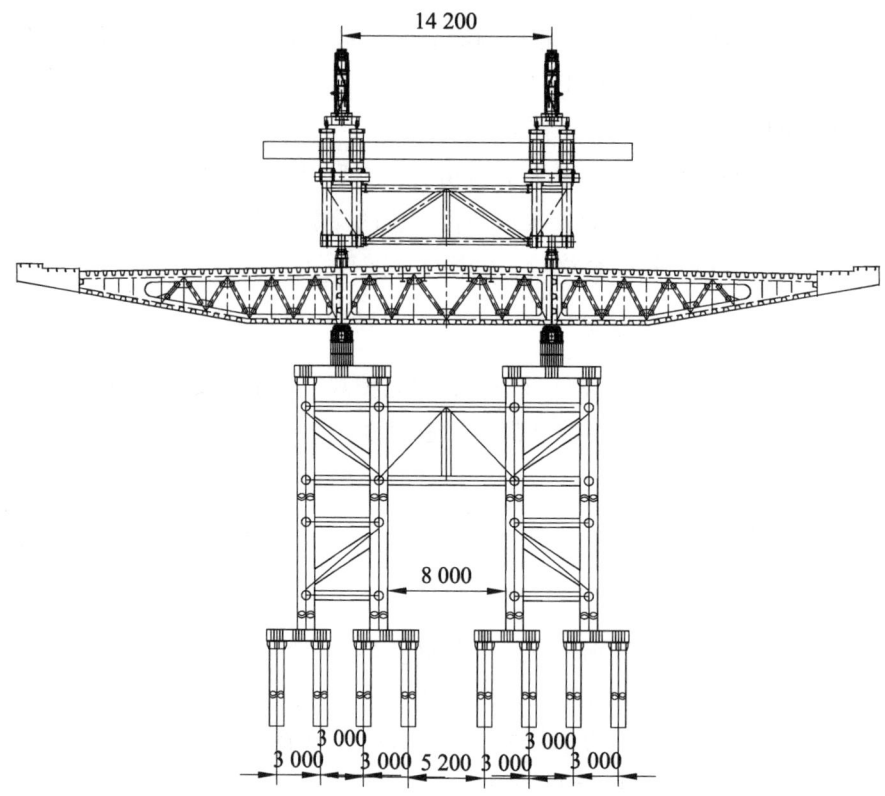

图 4.3-3　顶推拼装平台及提梁站结构布置横断面图（单位：mm）

2. 节段提升及对接

钢箱梁吊装工艺可以细分为钢箱梁提升工艺和钢箱梁调位工艺，钢箱梁提升工艺和调位工艺如图 4.3-4 和图 4.3-5 所示。

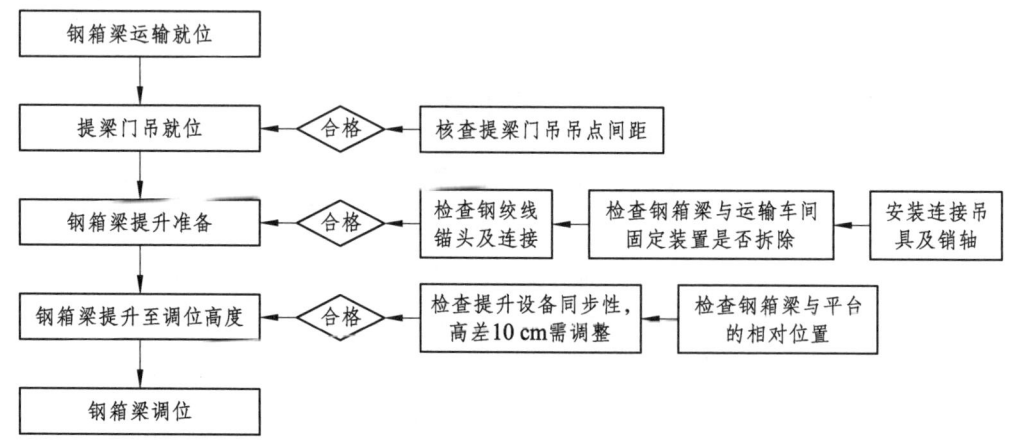

图 4.3-4　钢箱梁提升工艺

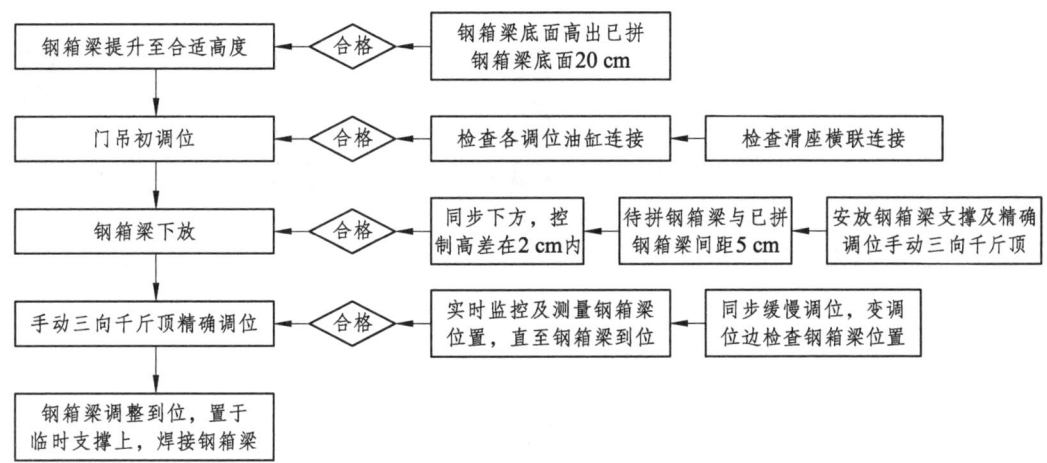

图 4.3-5 钢箱梁调位工艺

3. 钢导梁构造

凤凰黄河大桥主桥顶推控制钢导梁长 48.6 m、高 3.8 m，两片工字形变高度实腹钢板梁通过桁架相连。为增加钢导梁的刚度，将桁架起点处与桥面梁段间焊接。单片钢板梁采用 Q345C 钢板，分为 6 个节段，在工厂制作，现场拼装，逐段拖拉出拼装台座。钢导梁梁高最高处与内侧腹板位置的钢箱梁高度相同，构造见图 4.3-6。

图 4.3-6 钢导梁结构示意图

在专业钢结构加工厂按设计图纸分节加工导梁，然后将导梁主梁运输至桥位区，于拼装平台区利用履带吊分段起吊放于拼装平台上，然后运输和安装横联使其连接成整体。

4. 初始节段顶推

起始段施工工艺如下：

（1）搭设临时墩及拼装平台，吊装步履式千斤顶及反力座，安装导梁，如图 4.3-7 所示。

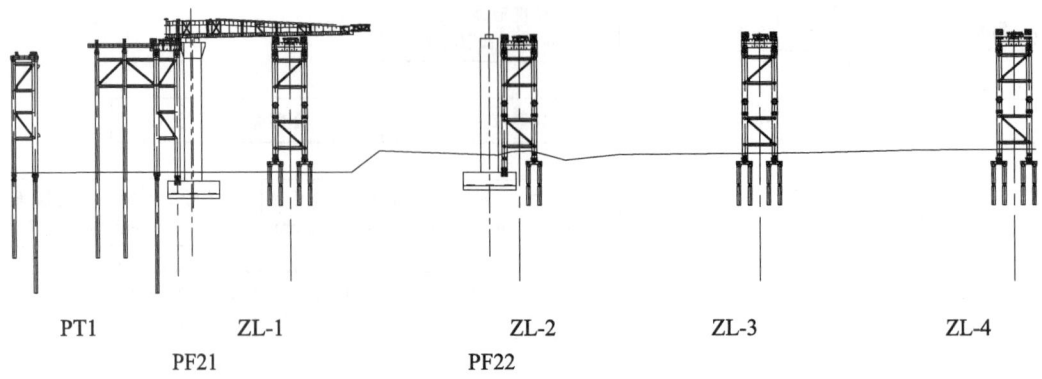

图 4.3-7　起始节段施工 1

（2）安装提梁站、提升系统，吊装步履式千斤顶及反力座，如图 4.3-8 所示。

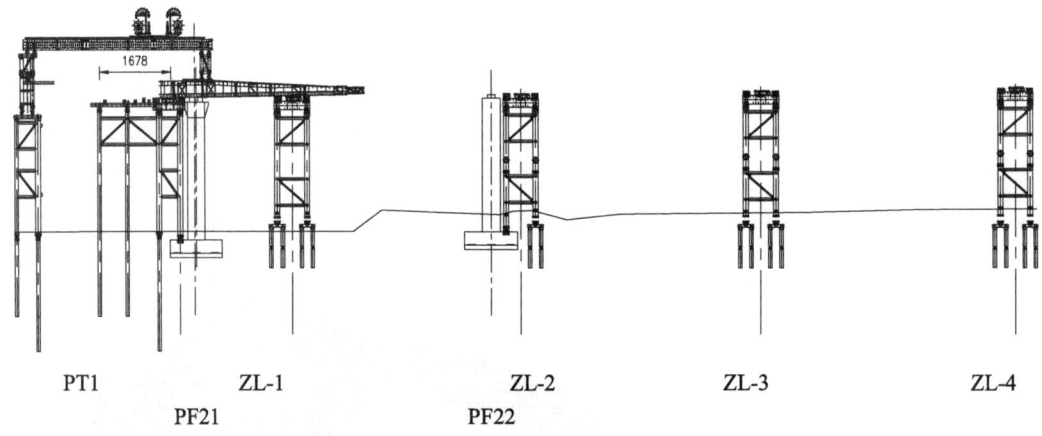

图 4.3-8　起始节段施工 2

（3）拼装起始节段（3.5+3.5）m 并顶推，如图 4.3-9 所示。

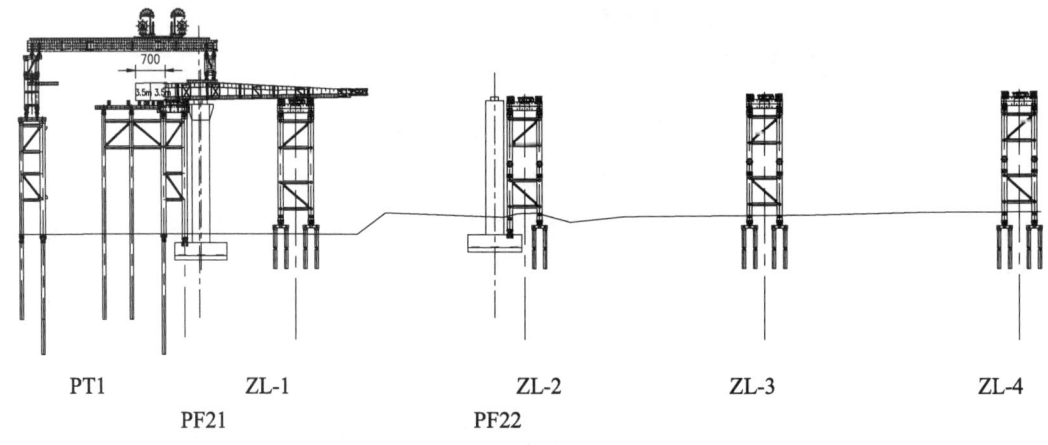

图 4.3-9　起始节段施工 3

第4章 三塔自锚式悬索桥上部结构施工方案

5. 单个顶推循环

如表 4.3-3 所示，以 5 个步骤动作为一个循环，反复循环，就可以实现钢梁的顶推平移就位。

表 4.3-3 一个顶推循环过程示意

步骤	示意图
步骤一	（桥面梁、临时垫梁、桥墩）
步骤二	（起顶）
步骤三	（前移）
步骤四	（搁置）
步骤五	

6. 钢导梁上墩

钢导梁上墩步骤如下：

（1）启动步履式千斤顶，起顶导梁前端上墩段，与其他顶推装置一起继续将主梁向前顶推，前移并卸落支垫。

（2）将钢导梁再次起顶并前移，直至钢导梁前端越过步履式千斤顶的一半距离。

（3）直接起顶钢导梁，与其他顶推装置一起继续将主梁向前顶推，前移并卸落支垫，钢导梁完全上墩。

钢导梁上墩如图 4.3-10 所示。

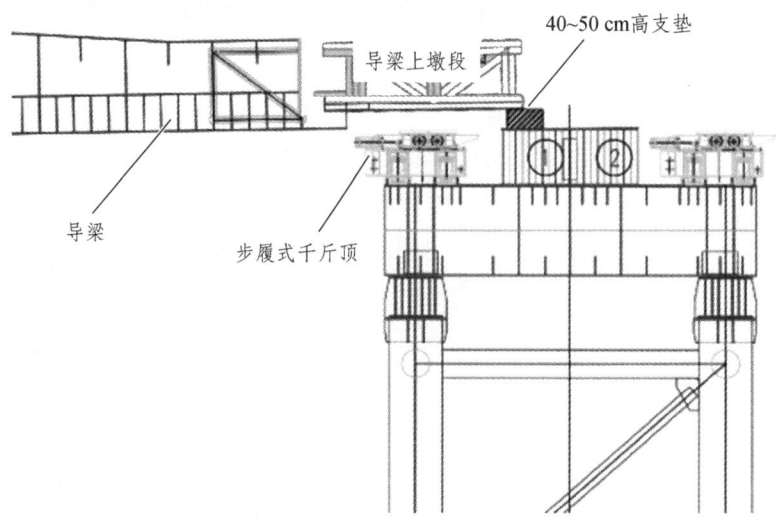

图 4.3-10　钢导梁上墩示意图

7. 合龙施工

（1）主桥钢箱梁在 PF24# 墩身轴线往小里程方向约 3.5 m 处设置合龙口，采用顶推方式合龙。

（2）南北引桥钢箱梁设置合龙段，均为提梁站喂梁区对应的梁段，采用尾端存梁、温度配切合龙，如图 4.3-11 所示。

（3）按监控要求进行主梁标高调整。

（4）合龙前，需对合龙口两侧箱梁顶底分别布置 5 个观测点，对合龙口两侧梁段的空间尺寸、温度、两侧悬臂箱梁顶标高等进行 48 h 观测，观测频度为 2 h，根据观测的结果绘出不同温度不同时间合龙口两侧梁段的空间尺寸，确定合龙时的温度与时间。

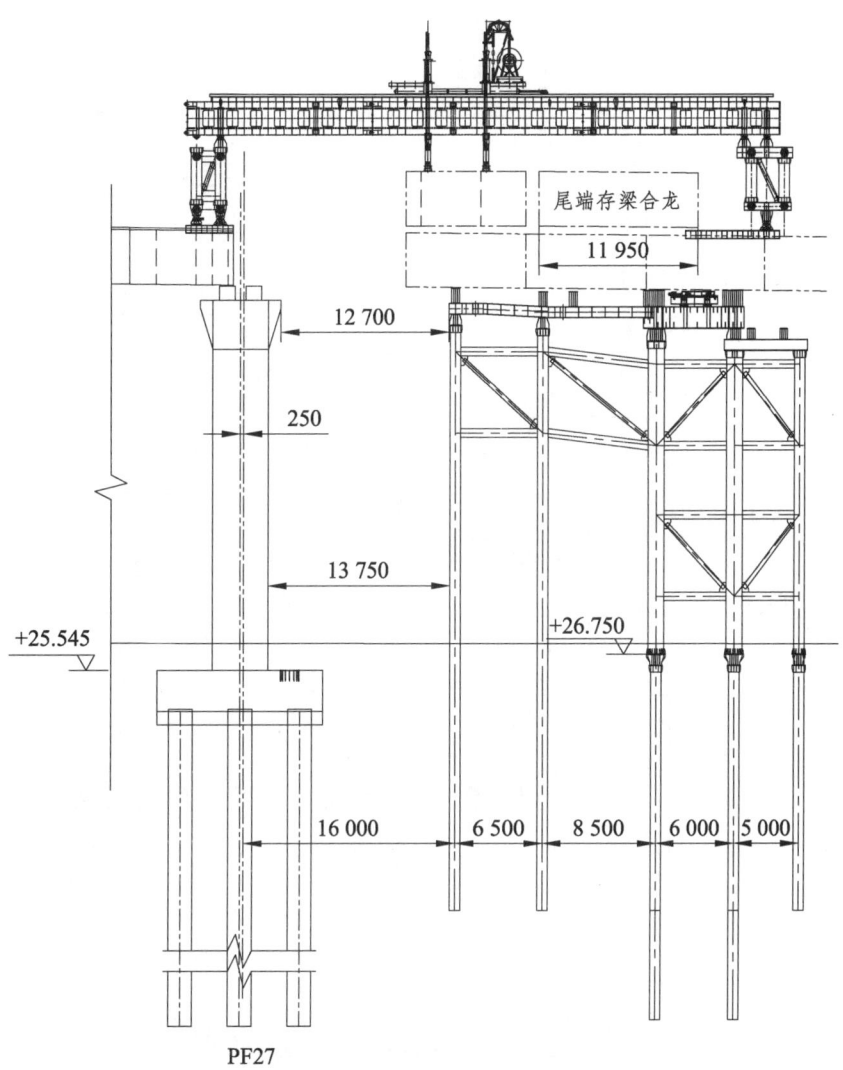

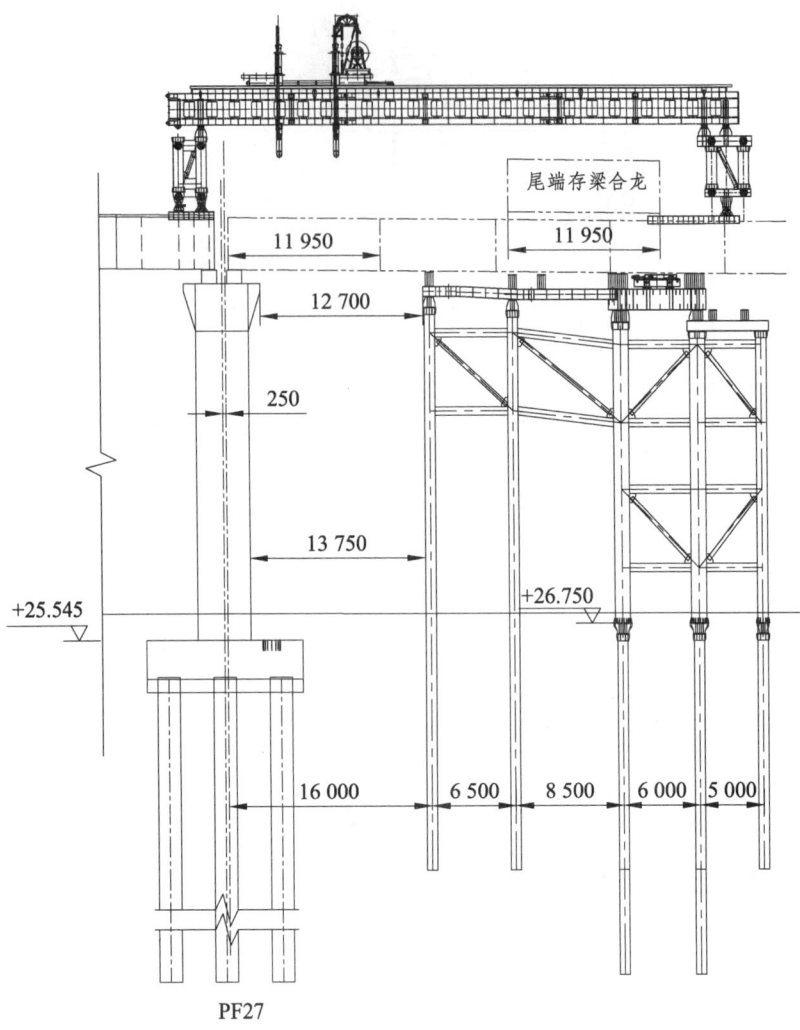

图 4.3-11　引桥合龙示意图

4.3.4　现浇钢纤维面板施工

现浇钢纤维桥面板施工流程见图 4.3-12。

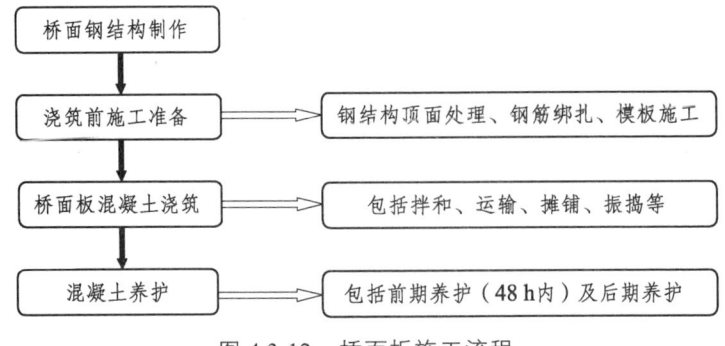

图 4.3-12　桥面板施工流程

1. 剪力钉焊接

按照设计图纸中剪力钉的位置在桥面板上定位，采用墨线示出其位置，保证定位标志清晰、可见和准确。剪力钉尺寸 $\phi 13\ \text{mm} \times 50\ \text{mm}$，剪力钉位置根据纵肋与桥面焊缝的位置精确定位，纵桥向在横隔板处间距为 240 mm，其余区域为 360 mm；横桥向在靠近道路中心线一侧的桥面板边缘处间距为 180 mm，边腹板板间距为 240 mm，其余区域为 360 mm。剪力钉间距允许偏差不大于 5 mm。剪力钉施工完成后，对其表面进行涂抹砂浆处理，防止混凝土浇筑前生锈腐蚀。剪力钉焊接如图 4.3-13 所示。

图 4.3-13　剪力钉焊接

2. 钢筋施工

1）钢筋加工

桥面板钢筋直径为 22 mm 和 16 mm，护栏基座预埋钢筋直径为 10 mm 主筋和 16 mm 箍筋，其中对于 22 mm 直径的钢筋采用机械连接，小于等于 16 mm 直径的钢筋采用焊接或绑扎接头形式。钢筋车丝如图 4.3-14 所示。

图 4.3-14　钢筋车丝

2）钢筋安装

桥面板钢筋紧靠剪力钉布置。其中纵向钢筋均采用 22 mm 直径，双层布置，间距为 120 mm。纵向钢筋之间布置一层横向钢筋，直径 16 mm。根据剪力钉布置情况，采用梅花形间隔布置将剪力钉与钢筋骨架进行固定，固定点间距不大于 600 mm。桥面板顶面钢筋净保护层需大于 30 mm，底面钢筋净保护层需大于 10 mm。钢筋绑扎如图 4.3-15 所示。

图 4.3-15　钢筋绑扎

3. 模板安装施工

施工缝处模板采用密目钢丝网，焊接固定。密目钢丝网可以阻挡现浇混凝土向外流溢（模板作用）；另外，密目钢丝网在混凝土凝固后使其表面粗糙，加强与后浇混凝土桥面板段的连接性。密目钢丝网高度设置为 12 cm，在接头钢筋处预留孔洞。在密目钢丝网外侧使用方钢作为支撑挡板。模板安装如图 4.3-16 所示。

图 4.3-16　模板安装

4. 混凝土施工

1) 混凝土配合比设计

主桥钢箱梁桥面板混凝土采用 C60 高性能钢纤维混凝土，配合比经设计后，通过试验确定。混凝土配制符合下列要求：

（1）桥面板混凝土必须具备良好的和易性及工作性能，浇筑时保持足够大的流动性；同时掺入适量的复合掺合料及外加剂。

（2）桥面板混凝土坍落度为（220±20）mm、扩展度（500±50）mm，2 h后混凝土坍落度损失小于5%。

（3）水泥：采用普通硅酸盐水泥，选择同厂家同品牌的低碱水泥，避免碱集料反应。

（4）细骨料：应选用洁净无杂质、石英含量高、颗粒浑圆、级配良好的中砂，质量稳定，其细度模数控制在2.5~3.0。同时掺入一部分人工石英细砂，且要满足Ⅰ类细集料的要求。

（5）粗骨料：应选用粒型良好、无泥块、连续级配的石灰岩。且料源要固定，材料质量要稳定，确保不出现碱集料反应，含泥量不得超过1%。

（6）为提高混凝土的抗折强度及耐久性，还需要掺加两组规格的镀铜钢纤维及聚丙烯腈纤维。

（7）拌和用水：水中氯离子含量不超过0.3 mg/cm^3。

（8）混凝土初凝时间大于20 h。

依据设计文件及规范要求，设计用于钢箱梁桥面板的C60高性能钢纤维混凝土配合比已经完成，用于配合比的各项原材料试验结果均符合设计及规范要求，混凝土各项性能指标满足设计规范及施工工艺要求。混凝土基准配合比为：胶凝材料（水泥+复合掺合料）：砂：石英砂（粗+细）：碎石：水：外加剂：钢纤维1：钢纤维2：合成纤维=910（525+385）：300：580（400+180）：400：160：32：40：40：0.5（kg/m^3）。

2）混凝土拌制

（1）采用后场1台HZS180型搅拌机进行拌制，搅拌机应湿润且不得留有明水，生产混凝土之前先拌制两方同比例砂浆，对搅拌机和运输车进行浸润，并严格按照试验的投料顺序及搅拌时间进行拌制。

（2）投料顺序：骨料→纤维→粉料→液料。

（3）拌和时，在投放骨料的同时，在振动筛处人工均匀投放钢纤维和合成纤维，此过程在60 s内完成，随后投放粉料及液料，混凝土整体搅拌300 s，均匀后方可出料，拌合物中不得出现粉料和纤维结团现象。

（4）钢纤维投料采用加装振动筛进行分散投料，避免结团现象发生。

（5）搅拌完成后，不得往拌合物中添加任何水或外加剂。

（6）冬期搅拌混凝土时，应严格控制混凝土的配合比和坍落度，集料不得带有冰雪和冻结团块。混凝土拌合物的出机温度宜不低于10 ℃，入模温度宜不低于5 ℃。振动筛分散投料和混凝土出机温度测量如图4.3-17所示，坍落度和扩展度测量如图4.3-18所示。

图 4.3-17　振动筛分散投料和混凝土出机温度测量

图 4.3-18　坍落度和扩展度测量

3）混凝土运输

搅拌好的混凝土拌合物采用 10 m³ 混凝土搅拌运输车运输，实际装载量 6 m³。用搅拌运输车运输途中，搅拌筒以 3~6 r/min 的缓慢速度转动，不断搅拌混凝土拌合物，以防止其产生离析。

混凝土运输至现场后将混凝土放料至 2 m³ 料斗内，用 50 t 汽车吊将料斗提升至桥面（后续桥面板施工时计划采用 25 t 汽车吊将料斗提升至桥面），人工放料摊铺，如图 4.3-19 所示。

图 4.3-19　混凝土泵送和料斗放料

4）混凝土布料摊铺及整平

采用1台宽振动梁结合平板振捣器进行摊铺整平。2台工作桥紧随其后，人工抹面及覆盖塑料薄膜、电热毯、保温棉等工序在工作桥上完成，如图4.3-20所示。

图4.3-20 混凝土摊铺振捣及整平

5）混凝土养护

桥面板首件施工过程中气温低于5 ℃时，应覆盖保温层养护，不得洒水养护。

（1）在混凝土入模振捣、一次收面平整后，覆盖第一层塑料薄膜保湿养护。

（2）覆盖第二层电热毯传递热量。

（3）覆盖第三层棉被加强保温，形成密封的蓄热法，进行现场混凝土的养护。

（4）在浇筑段钢箱梁内采用小太阳进行加热，端头人孔使用棉被封堵保温。

（5）蓄热养护时间不少于48 h。

混凝土养护和测温如图4.3-21～图4.3-24所示。

图4.3-21 混凝土覆盖塑料薄膜、电热毯和棉被

图 4.3-22　钢箱梁内部加热

图 4.3-23　钢箱梁内部温度测量

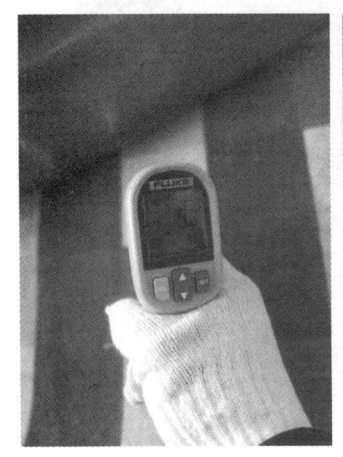
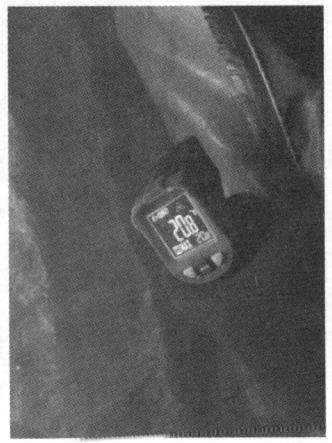
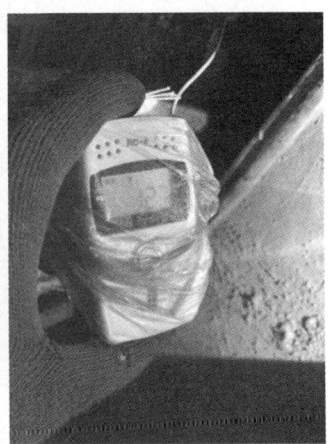

图 4.3-24　棉被下和混凝土内部温度测量

通过测量，钢箱梁内部温度和混凝土表面温度均满足要求，混凝土养护满足要求。

4.4　本章小结

本章主要详细介绍了凤凰黄河大桥主桥的施工方案，分别从其项目特点及施工重难点、桥塔、加劲梁系统与缆索系统四个方面进行阐述。

其中本项目施工重难点主要体现在：① 超宽、超重、大悬臂、长距离钢箱梁顶推施工难度大；②空间索面主缆线形控制难度大。

各部分施工工艺均有不少亮点，具体体现为：

（1）在桥塔施工时，创新地采用大型履带吊及塔吊进行逐节段无支架竖拼的施工工艺，大幅降低了安全风险，大幅优化了施工工期，有效控制了塔柱节段线形。针对桥梁厚板及冬季施工的焊接问题，采取有效措施进行控制。

（2）在缆索系统施工中采用了对位标记架设方法，在不调整基准索股垂度的情况下，对基准索股进行了测量。采用张拉杆及反压梁的组合张拉工装，有效适应了本工程空间索面自锚式悬索桥的大吨位吊索张拉。

（3）在加劲梁系统施工中研发并投入 2 套 UHPC 智能化一体施工设备，研发低收缩高强韧性混凝土，增强了在 UHPC 领域的核心竞争力，实现了无人化顶推施工以及可视化实时顶推监控。

Chapter 5

第 5 章
主桥下部结构施工方案

第 5 章 主桥下部结构施工方案

主桥桩号为 PF21～PF27，其平面布置图见图 5-1。本章将重点介绍主桥辅助墩（PF22、PF26）与边墩（PF21、PF27）的施工，具体则将以 PF26#墩和 PF27#墩为例。

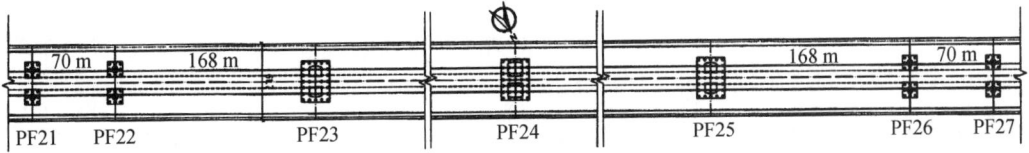

图 5-1 主桥桩位平面布置图

5.1 钻孔桩施工

本节以主桥水中钻孔灌注桩为例，其施工工艺流程如图 5.1-1 所示。

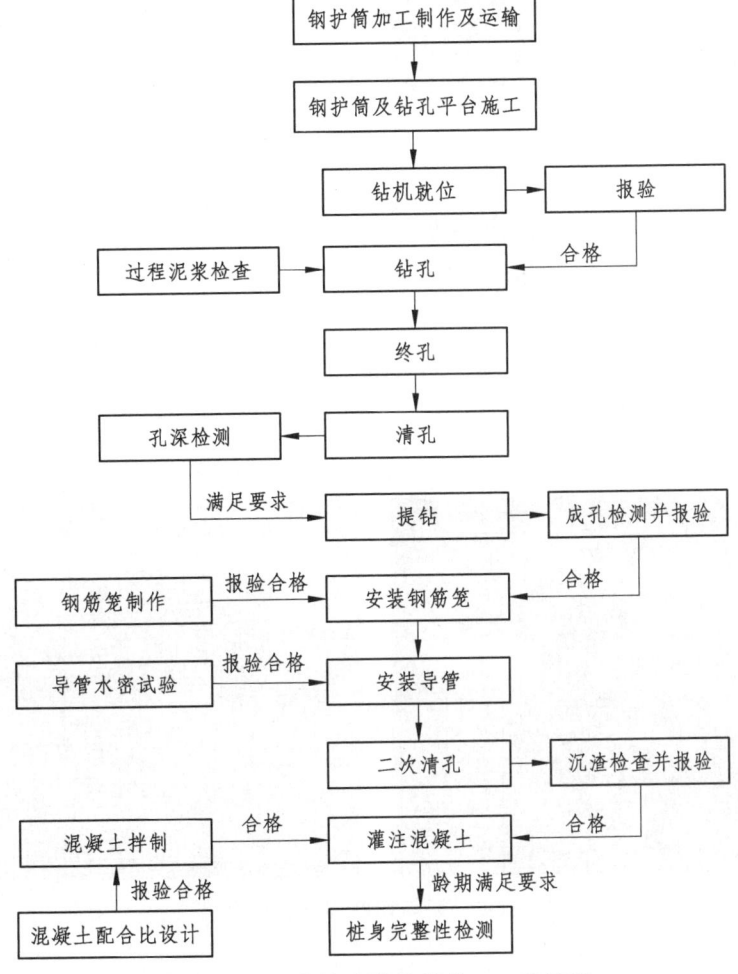

图 5.1-1 水中钻孔灌注桩施工工艺流程

5.1.1 钢筋笼制备

1）原材料进场

钢筋进场后按不同种类、等级、牌号、规格及生产厂家分批验收。验收合格钢筋堆放在设有型钢的钢筋堆放区,如图 5.1-2 所示。

图 5.1-2　原材料堆放照片

2）半成品加工

在材料加工区将桩基钢筋笼钢筋根据钢筋尺寸规格进行生产加工,加工机械设备主要有切断机、车丝机、弯曲机。

（1）钢筋加工。

首先是钢筋端部的处理,对端部弯曲或者有马蹄形切口的钢筋采用锯床进行端部切除处理;然后对钢筋进行套丝;最后一道工序是将套筒拧在加工好的丝头上,用塑料保护帽保护没有拧套筒的一端。钢筋切割锯床、车丝机如图 5.1-3 所示。

图 5.1-3　钢筋切割锯床、车丝机

（2）加强筋加工。

加强箍通过弯曲机进行弯曲并焊接,搭接长度 40 cm,采用单面焊,如图 5.1-4 所示。

图 5.1-4　加强筋加工

3) 钢筋笼制作

钻孔桩钢筋笼加工制作在后场的钢筋加工车间进行，采用长线胎膜法的施工工艺。

(1) 胎膜施工。

长线胎膜由按钢筋位置开槽口的半圆型钢板以及支撑型钢组成，钢筋定位架的轴线在同一条线上，在台座的一端设置挡板，确保钢筋笼制作时上下断面齐平。

(2) 钢筋笼加工。

首先将主筋按照胎架上的槽口位置摆放好。主筋安装时应将其在接头套筒处拧到位。再将加强箍按照图纸位置摆放并与已经安放的主筋进行焊接。待现场钢筋笼接头对接完毕，再进行绑扎。在加强箍上按照施工图中的间距将剩余主筋焊接固定。主筋安装完成后进行外螺旋箍筋的焊接及分节盘绕。每节钢筋笼接头断面两端各 2.0 m 的范围内暂不布置螺旋筋。分节钢筋笼螺旋箍筋盘绕完成后安装声测管及保护层垫块，将分节钢筋笼吊放至钢筋笼存放台架上存放。钢筋笼胎架和螺旋筋制作如图 5.1-5 所示。

图 5.1-5　钢筋笼胎架和螺旋筋制作

(3) 钢筋笼运输及施工现场存放。

钢筋笼采用专用框架运输，在整个运输过程中钢筋笼未发生变形。钢筋笼运输至现场存放至钢筋笼存放台架上，如图 5.1-6 所示。

图 5.1-6 钢筋笼存放

5.1.2 成孔施工

1）开钻前准备工作

（1）泥浆池设置。

泥浆池设置在 PF26# ~ PF27# 墩之间，包含 1 个 9 m×11 m 的沉淀池和 1 个 34 m×15 m 的储浆池，泥浆池表面采用砂浆抹面，施工完成后，四周采用 1.2 m 装配式护栏作为临边防护，并设置安全警示标志，如图 5.1-7 所示。

图 5.1-7 泥浆池施工

（2）泥浆配置。

现场选用优质膨润土造浆，实测泥浆密度 1.06，含砂率 1.5%，黏度 17.7 s。泥浆池周围进行围护，新制泥浆指标如表 5.1-1。泥浆配置如图 5.1-8 所示。

表 5.1-1 新制泥浆指标

序号	检测项目	质量指标	实测值
1	密度	1.03 ~ 1.10 g/cm³	1.06 g/cm³
2	砂率	≤4%	1.5%
3	黏度	16 ~ 22 s	17.7 s

图 5.1-8 泥浆配置

（3）钢护筒埋设。

PF27-15#钻孔桩的桩径由 2.1 m 变至 1.8 m，护筒直径为 2.3 m，护筒长 3.0 m。护筒采用 10 mm 厚的 Q235 钢板卷制成型，埋置深度为 2.53 m，露出地面 47 cm。测量采用 GPS 定位系统准确测量出桩位中心点，中心桩位纵、横轴线方向设置 4 个十字护桩。埋设护筒前，先用挖机清表，护筒采用旋挖钻机进行埋设。钢护筒放样及验收如图 5.1-9 所示。

图 5.1-9 钢护筒放样及验收

2）钻孔作业

采用直径 2.1 m 钻头钻进至-45.7 m 标高，更换直径 1.8 m 钻头继续钻进至孔底。钻进过程中，钻机操作人员每隔 2 h 检测一次泥浆指标并记入钻孔记录表中，每班技术员至少抽检两次泥浆指标。提完钻头，移机后，现场技术员通知质检部，安排检孔。

5.1.3 钢筋笼、导管下放及二次清孔

1）钢筋笼安装和下放

现场采用 80 t 履带吊按顺序分节下放钢筋笼。起吊前，先检查吊具、钢丝绳，无破损，结构完好。钢筋笼下放前，所有套筒对位前退扭到位，施工间隙注意检查套筒

情况，若有个别套筒没退拧到位应及时更正。上一节骨架入孔接近护筒口时，采用 2 根工字钢将骨架临时固定在钢筋笼下放平台上，吊起下一节骨架，找到标记钢筋，对齐主筋并靠紧，旋动直螺纹套筒直至拧紧到位。钢筋连接过程中需抽查扭矩值，$\phi 32$ 钢筋扭矩值不小于 320 N·m。

采用 $\phi 73$ mm×6.0 mm 套管连接作声测管，声测管与套管之间采用焊接形式，每节声测管焊接完成后向声测管内注入清水，观察声测管内水头是否保持稳定。若水头下降，则表明声测管接头漏水，需提起钢筋笼检查漏水位置并进行补焊。

钢筋笼安装和检测如图 5.1-10～图 5.1-12 所示。

图 5.1-10 钢筋笼对接、下放

图 5.1-11 钢筋笼连接套筒扭矩检测（左）和声测管注水（右）

图 5.1-12 钢筋笼固定

2）导管下放

（1）水密性试验。

导管下放前需进行水密试验（图 5.1-13），计算所需水压力为 2.3 MPa，现场试验压力为 2.3 MPa，经试验，导管满足施工要求。

图 5.1-13　水密试验

（2）导管下放。

PF27-15#桩护筒顶标高+27.58 m，成孔孔深 75.14 m，导管长 75 m。按成孔孔深考虑，首灌时导管底距孔底 40 cm。导管安装配置为 4 m+3 m×23+1 m×2=75 m。每节导管对接时安放密封圈，导管法兰盘都拧紧到位。

3）二次清理

导管下放完成后，安装泥浆泵，进行二次清孔。二次清孔采用正循环工艺。二清后泥浆指标为：泥浆密度 1.04 g/cm³，黏度 17 s，含砂率 1.5%。导管下放如图 5.1-14 所示。

图 5.1-14　导管下放

5.1.4　混凝土灌注施工

清孔完成，报验通过后，现场技术员通知试验室、搅拌站准备混凝土拌制。现场立即拆除泥浆泵，准备混凝土灌注。试验室在搅拌站根据混凝土实际情况对配合比进行微调，配合比如表5.1-2。

表5.1-2 混凝土配合比对照表

混凝土配合比	水灰比	每立方米混凝土中各项材料用量（kg/m³）							坍落度/mm
		水泥	粉煤灰	砂	碎石（5~10 mm）	碎石（10~20 mm）	水	外加剂	
设计配合比	0.38	375	75	771	205	818	171	4.5	180~220
施工配合比	0.38	375	75	820	205	818	122	4.5	220

（1）首封施工。

PF27-15#钻孔桩首封混凝土所需方量为6.5 m³。首封使用大料斗方量为14 m³，小料斗为1.5 m³。待首封小料斗和大料斗混凝土都放满后，采用80 t履带吊拔塞，同时1台泵车往大料斗集料，完成首封。

（2）正常浇筑。

在整个浇筑过程中，现场技术人员随时测量混凝土面深度，并结合灌注混凝土方量相互复核，填写水下混凝土灌注记录，及时拆除导管，控制导管埋深在2~6 m。

设计方量218.8 m³，实际方量229 m³，超灌1 m。扩孔系数1.05。灌注过程中随机抽取混凝土强度试件5组（项目部3组、监理2组）。混凝土超灌1 m后拔出导管，对钻孔桩孔口进行防护，如图5.1-15所示。

图5.1-15 混凝土灌注

5.2 承台施工

水中承台深基坑施工工艺流程如图5.2-1所示。

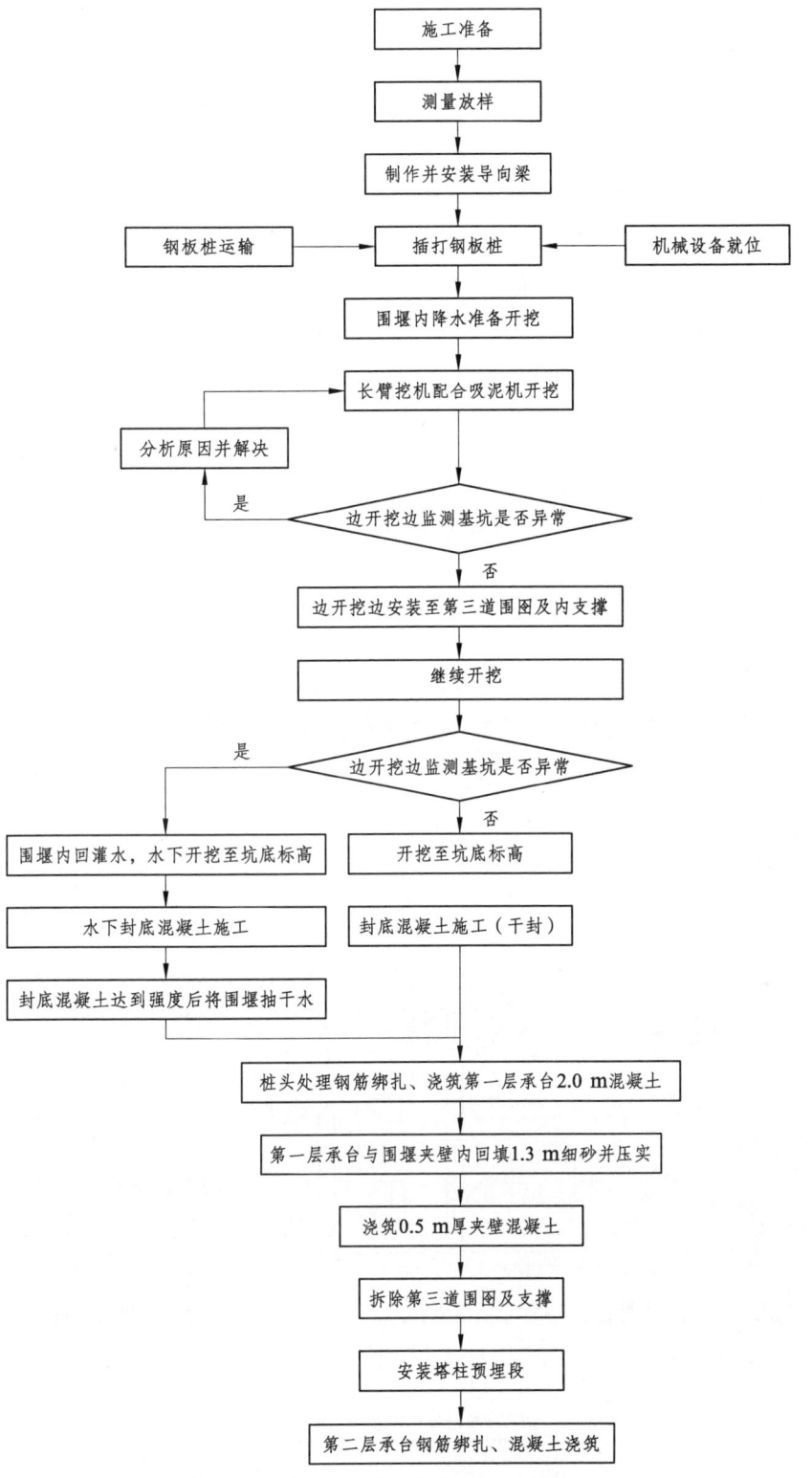

图 5.2-1 水中承台深基坑施工工艺流程

5.2.1 钢板桩围堰设计

钢板桩围堰（以 PF24#承台为例）采用拉森 SP-IVw 钢板桩，长 21 m。采用三层围囹，围囹高程分别为+24.200 m、+20.200 m 与+17.000 m，第一层围囹截面形式为 2HN700×300，二、三层围囹截面形式为 3HN700×300。对撑及斜撑采用与本层围囹同型号型钢，对撑间水平及竖向杆件采用 ϕ426×6 钢管，钢护筒直径为 2.3 m，封底/垫层混凝土厚度为 2.0 m，支撑体系构造及位置详见图 5.2-2~图 5.2-4。

5.2.2 钢板桩围堰施工

1）导向梁安装

在钢板桩施工中，为保证沉桩轴线位置的正确和桩的竖直，控制桩的打入精度，防止板桩的屈曲变形和提高桩的贯入能力，一般都设置具有一定刚度的、坚固的定位导向架系统，其主要由定位桩和导向梁组成。

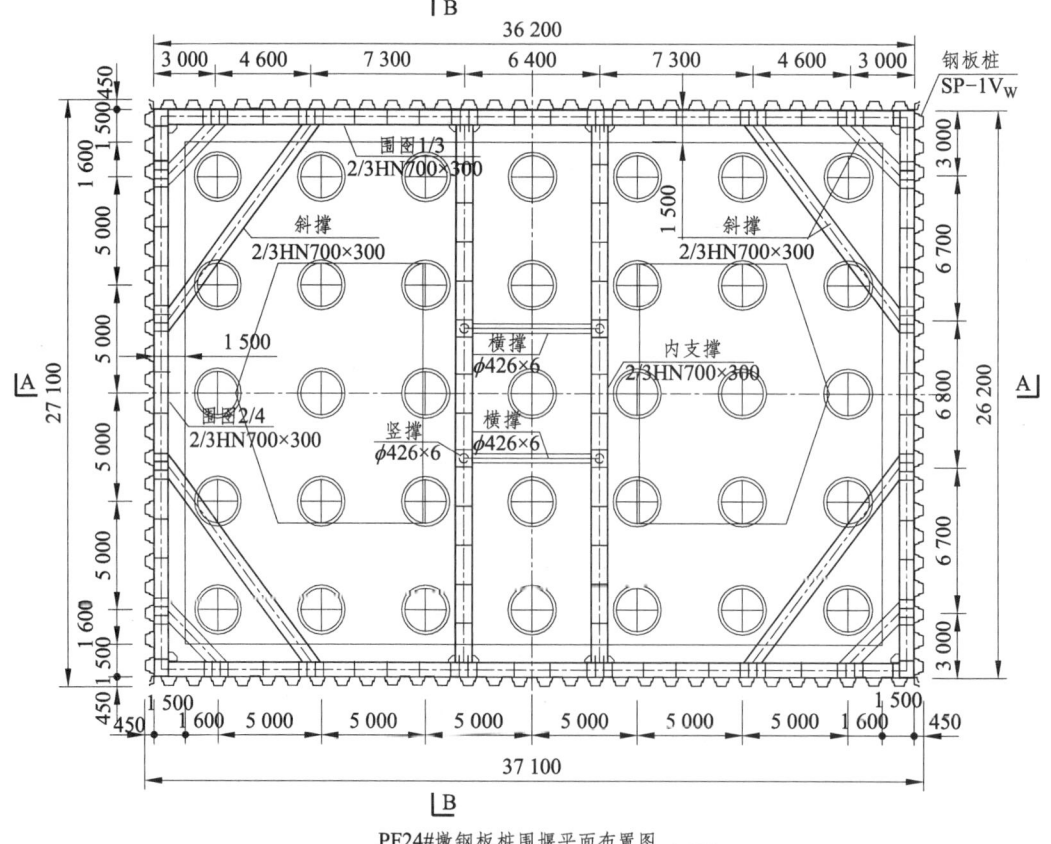

图 5.2-2 PF24#墩钢板桩围堰平面布置图（单位：mm）

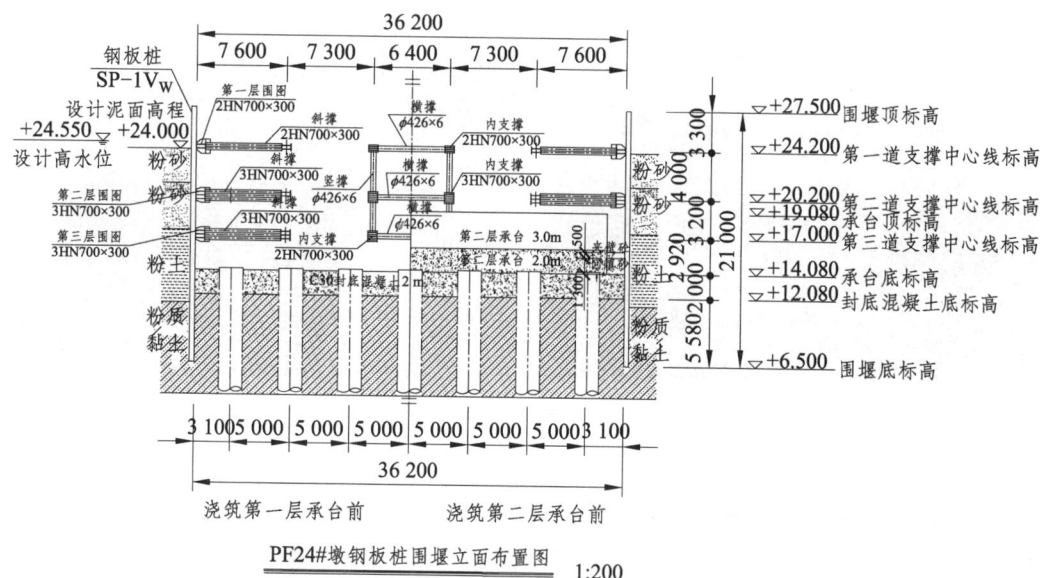

图 5.2-3　PF24#墩钢板桩围堰立面布置图（一）（标高单位：m；尺寸单位：mm）

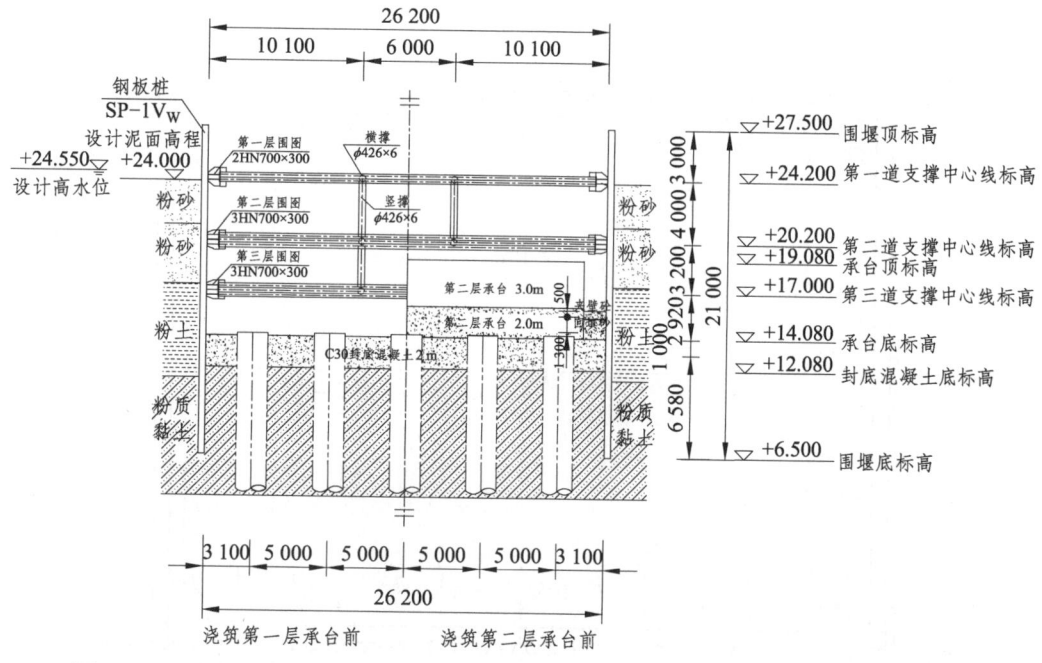

图 5.2-4　PF24#墩钢板桩围堰立面布置图（二）（标高单位：m；尺寸单位：mm）

定位桩可利用钻孔桩施工平台四周的钢管桩及最外侧的钢护筒，在护筒和钢管桩之间采用 HN400×200 型钢搭设定位导向梁的支撑梁，采用第一层围囹作为导向梁。定位导向梁沿承台四周按钢板桩设计位置布设在支撑梁上。导向梁采用单层双面形式，双面导向梁之间的间距不宜过大，一般略比钢板桩墙厚度大 8～15 mm。导向梁安装和定位如图 5.2-5 所示。

图 5.2-5　导向梁安装和定位

2）钢板桩插打

考虑 PF24 墩位于河道中心，局部受水流影响，同时结合履带吊作业对平台拆除顺序的要求，钢板桩采取从上游向下游的顺序插打（图 5.2-6），在下游侧支栈桥合龙（下游侧板桩由履带吊在支栈桥上施打，并在围堰下游面进行合龙）。

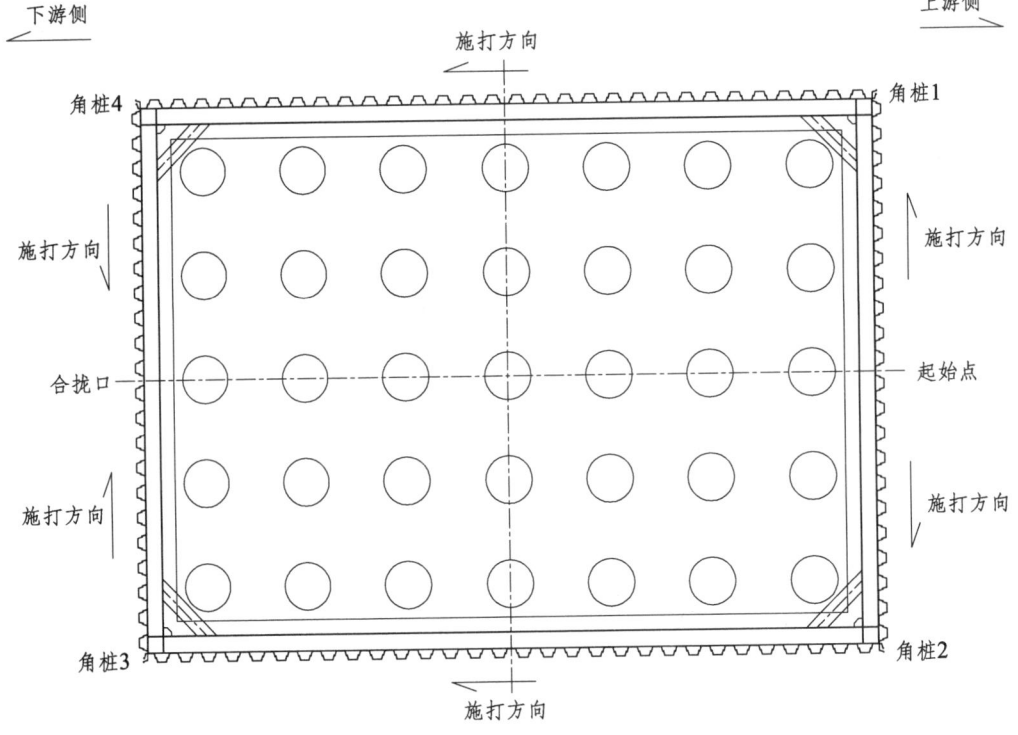

图 5.2-6　钢板桩插打顺序

3）围堰内降水

在钢板桩围堰外围一圈设置降水井，进行深井降水，为围堰内基坑开挖创造干施工条件，降水井之间间距按 6 m 控制，距离钢板桩围堰外侧 1 m，围堰内设置观测井，对降水效果进行实时监测。降水管外设置直径 80 cm 的钢护筒，钢护筒穿过粉砂层后进入粉土层 1 m 左右，降水管内径 30 cm，降水管穿过粉质黏土层后进入粉砂层 1 m 左右。降水井平立面布置如图 5.2-7 和图 5.2-8 所示。

4）基坑开挖与围囹及内撑安装

围堰围囹及内支撑的安装施工与围堰内泥面的下降按"先安装支撑后开挖，分层支撑分层开挖"的原则进行，当开挖至围囹安装高度以下 1 m 时，开始安装围堰围囹及内支撑。利用 80 t 龙门吊和 250 t·m 塔吊起吊安装围囹桁架，根据龙门吊和塔吊起重能力，桁架在后场分片、分段加工后运达现场，龙门吊/塔吊吊装到位后原位拼装成为整体。

围囹安装前首先在安装位置下方焊接承受围囹自重的临时短型钢，然后起吊围囹桁架就位并焊接成为整体。围囹型钢安装完成后将钢板桩与围囹弦杆之间的孔隙采用型钢、钢板填塞固定，尤其注意钢板桩围堰四个角与围囹型钢的固定。

钢板桩插打完毕后采用挖机配合吸泥机进行开挖取土施工，边开挖边安装围囹，如图 5.2-9 所示。其具体过程如下：

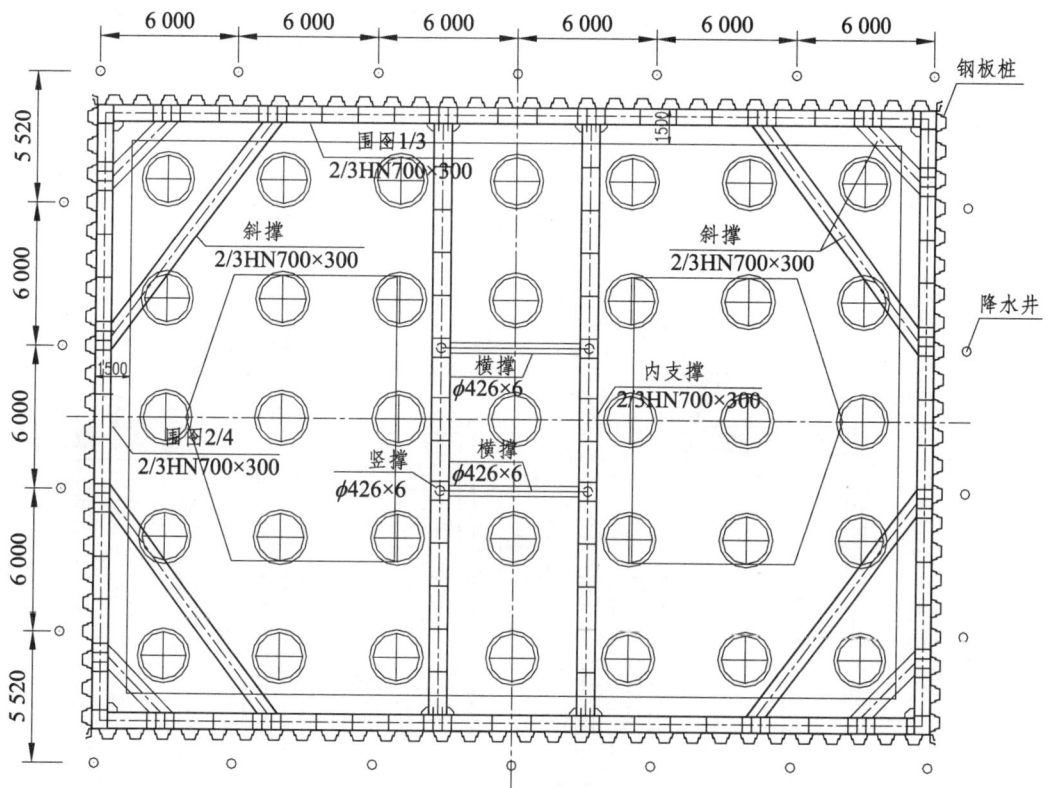

图 5.2-7　降水井平面布置图（单位：mm）

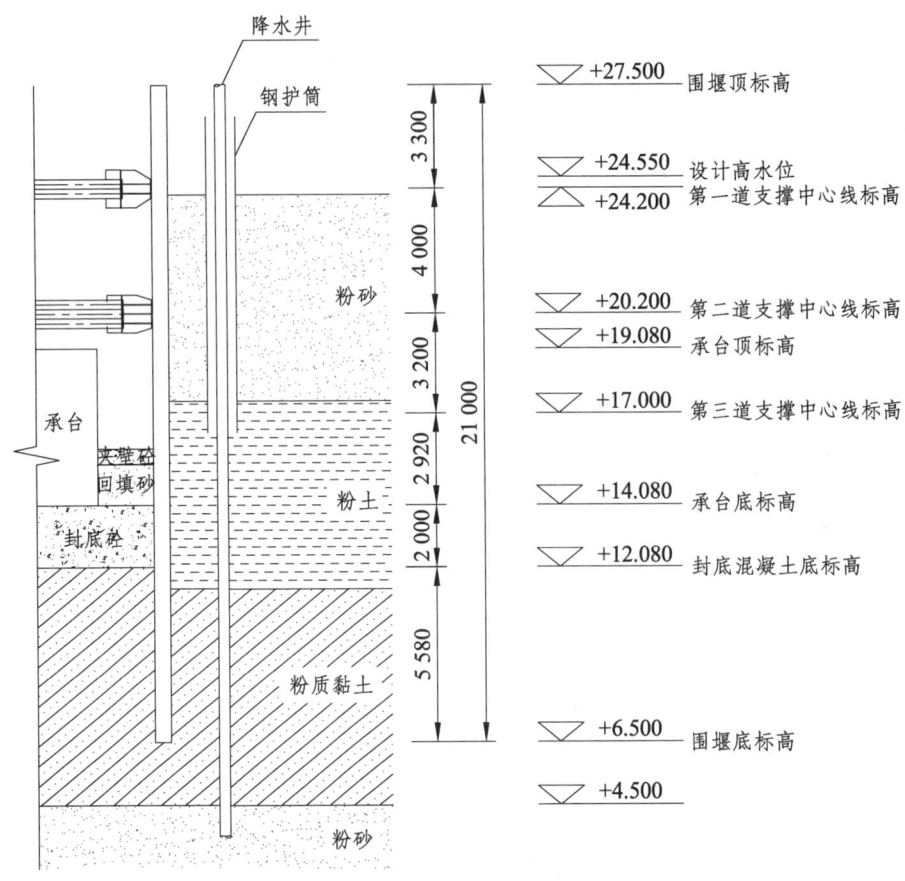

图 5.2-8　降水井立面布置图（标高单位：m；尺寸单位：mm）

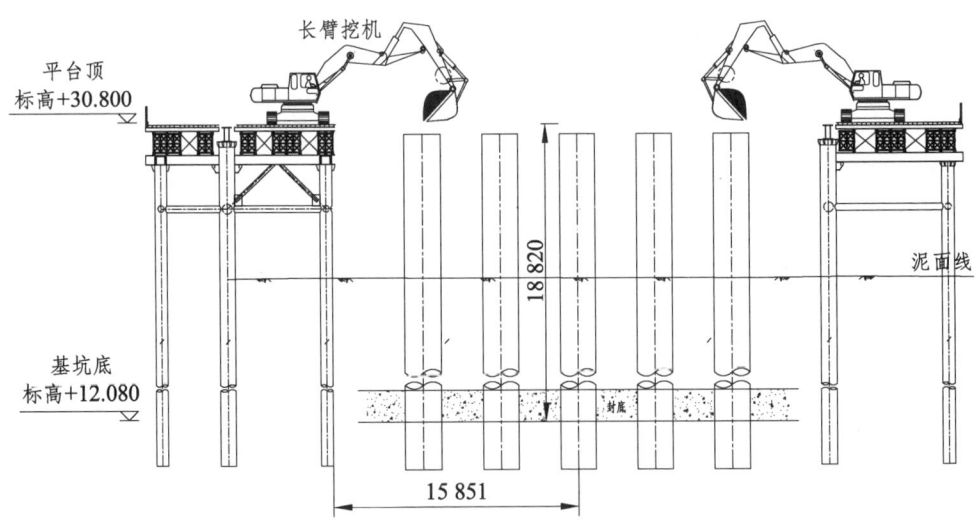

图 5.2-9　基坑开挖示意图（标高单位：m；尺寸单位：mm）

（1）钢板桩插打完毕后安装第一层围囹及内支撑。

（2）基坑开挖至标高+19.200 m，安装第二道围囹及内支撑。

（3）基坑开挖至标高+16.000 m，安装第三道围囹及内支撑。

5.2.3　封底混凝土施工

在基坑开挖的同时进行降水施工，基坑开挖的过程中随时对基坑进行监测，当第三道围囹及内支撑安装完毕后继续开挖过程中监测指标未超标，坑底渗水量小，继续开挖直至基坑底部，然后进行封底混凝土施工（干封）。

基坑开挖完毕后，封底混凝土采用 2 台 180 m³/h 的陆地搅拌站生产，配备 6 台 12 m³ 输送车运送，在平台两侧支栈桥上布置 2 台 37 m 汽车泵进行供料。

5.2.4　桩头凿除施工

桩头凿除采用七步环切法，可以概括为：放样画线→环切→开槽→剥离钢筋→切断桩头→吊离桩头→修整。

（1）标高抄平。

基坑开挖后，将场地整平，进行垫层施工，测量放样出桩顶标高，并用红油漆沿桩基周围标出切割线。

（2）环向切缝。

切割前测定钢筋位置及保护层厚度，操作手根据测定的钢筋保护层数据进行控制调整，采用无齿锯绕桩头环向一周切割，切缝深度 3～5 cm（根据实际保护层厚度适当调整），环切时不得损伤主筋。

（3）钢筋剥离。

用风镐沿桩头自上至下、由外向内进行，凿出 V 形槽剥离混凝土，保证逐根声测管和钢筋剥离，但不得损坏钢筋。

（4）桩头切断及吊离。

钢筋剥离后，在切缝线以上 1～2 cm，沿桩头四周，每根桩均匀布置 12～18 个孔位，采用风镐打孔，打孔深度为桩径的 1/5。打入时尽量对称水平打入，以保证断裂面保持在同一水平面上。钻孔完成后，插入楔形钢钎，加钻顶断桩头，钢钎水平或稍向上，然后采用大锤反复敲击钢钎，使混凝土在环形断桩孔处断开。每个钢钎配置两个夹片，在桩头顶断后，便于钢钎的取出。起吊前确保桩头和桩身完全分离，然后进行起吊，起吊时尽量轻起以免对钢筋造成损坏。吊装过程中人员应远离操作范围，以防止桩头掉落发生事故。桩头凿除施工如图 5.2-10 所示。

图 5.2-10 桩头凿除施工

（5）桩头修整。

桩头拔掉后在断裂面会有部分地方凸凹不平需人工凿除处理，将桩头残余混凝土进行凿除打磨，确保桩顶面平整、密实。

（6）钢筋调整及基底整平。

待桩顶处理完后，用 F 形扳手将桩顶钢筋调整顺直，按照设计图纸要求将桩顶钢筋向外沿桩径方向弯折 15°，使其呈"喇叭"形。整个基坑桩头钢筋调直完成后，对桩头浮渣等附着物进行冲洗，待冲洗完后将积水及时排除。

5.2.5 承台钢筋施工

直径大于等于 25 mm 钢筋的连接采用辊轧直螺纹机械连接接头。27#承台钢筋底层钢筋直径为 32 mm、顶层钢筋直径为 25 mm，使用辊轧直螺纹机械连接头。其他钢筋可采用焊接或绑扎接头形式。焊接长度满足施工规范要求，保证连接强度与母材等强。钢筋接头设置在承受应力较小处，并分散布置。

"同一连接区段（35d）"内有接头的受力钢筋截面面积占受力钢筋总截面面积的百分率不大于 50%。钢筋应在其交叉点处，用直径 0.7~2.0 mm 的铁丝绑扎。

钢筋绑扎要求位置准确，绑扎点牢固不松动，间距正确。承台钢筋若与桩顶伸出钢筋及墩身预埋钢筋相碰时，适当移动承台钢筋。钢筋绑扎如图 5.2-11 所示。

图 5.2-11 钢筋绑扎

5.2.6 承台大体积混凝土施工

1. 施工工艺

混凝土在后场搅拌站集中拌制,由混凝土输送车运至现场,经混凝土泵车泵送或采用溜槽浇筑至承台模板内,分层浇筑承台混凝土。在混凝土浇筑之前,通过测量水泥、粉煤灰、砂、石、水的温度,估算浇筑温度。若浇筑温度不在控制要求范围内,则应采取相措施。降低混凝土入仓温度措施如下(备注:制冷水及碎冰拌和为高温季节补充控制措施):

(1)水泥使用前应充分冷却,确保施工时水泥温度≤60 ℃。

(2)搭设遮阳棚、堆高骨料、底层取料、用水喷淋骨料。

(3)当气温高于入仓温度时,应加快运输和入仓速度,减少混凝土在运输和浇筑过程中的温度回升。混凝土输送管外用草袋遮阳,并经常洒水。

(4)合理选择混凝土浇筑时间,避免在温度超过30 ℃的条件下浇筑混凝土。

(5)制冷水拌和,在水箱中加入碎冰,控制拌和水温不大于10 ℃。

(6)高温季节采用碎冰拌和,加冰量依据环境温度和浇筑温度要求变化,估算高温季节加冰量30 kg/m^3,每月根据月平均温度预估加冰量,用以制订生产供应计划。

2. 混凝土浇筑温度的控制

混凝土的浇筑温度对混凝土的内部最高温度和温峰到达时间都有很大影响,相同混凝土,入模温度高的温升值要比入模温度低的大许多。控制混凝土的入模温度是混凝土裂缝控制工作非常重要的一个环节。由于引桥承台在高温季节施工(实测环境温度大于28 ℃),混凝土浇筑温度难以控制。温控组根据现场情况提出了骨料遮阳、罐车包裹、降低模板温度等措施,并在特别炎热时段,提出采取拌合水加冰降温的措施。对于部分塔座结合段的冬季施工,环境温度已经较低,不需要特殊措施就可满足浇筑温度的要求,因此只对水泥提出了避免使用新出厂水泥的要求。

3. 管冷智能循环控制系统

1)系统组成

本项目采用管冷智能循环控制系统,对冷却水管进行智能化、自动化的管理。管冷自动控制系统主要由无线控制阀门、无线流量计、无线接收发送装置等组成,可根据现场需要选择在进水水箱上安装加热装置,控制进水温度。其系统流程和控制逻辑如图5.2-12和图5.2-13所示。

管冷循环控制系统主要是通过对支管水管的阀门挡位进行调整,根据实体构件的内部温度监控结果对不同支管流量进行定制化、精确化的调整,通过调整在温峰前能有效压制温峰,温峰后通过水管调整,控制混凝土的降温速率不高于2 ℃/d。

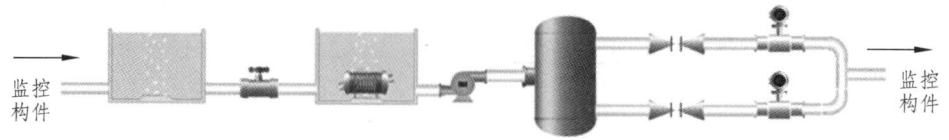

图 5.2-12 混凝土智能循环控制系统流程

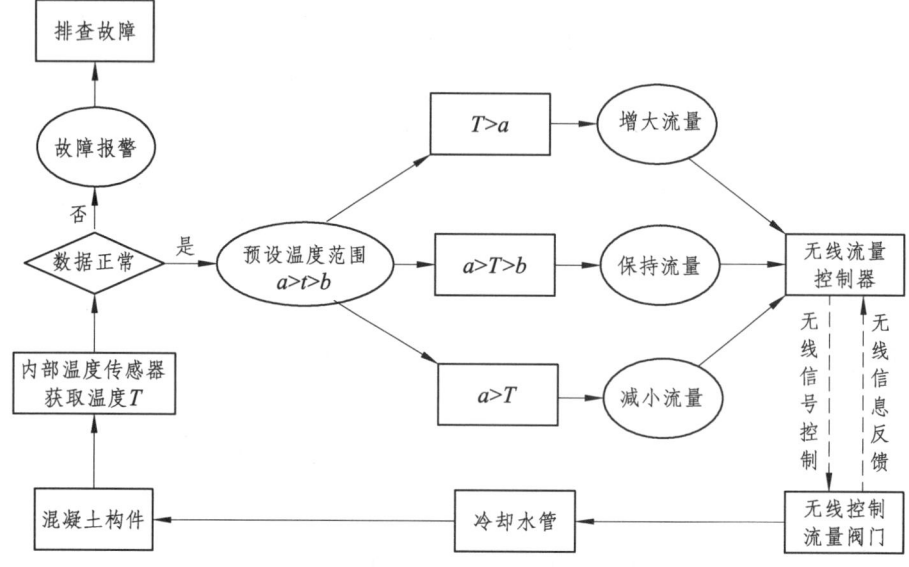

图 5.2-13 混凝土智能循环控制系统控制逻辑

2）冷却水管布置

依据混凝土内部温度场仿真计算结果，承台混凝土每浇筑层各布置 $\phi 33.5$ mm 的无缝钢质冷却水管，水平管间距为 1.0 m。在施工现场放置容积大于等于 20 m^3 的水箱，将自来水储于水箱中，用水泵泵入分水器，冷却出水回收至水箱循环使用，以避免冷却水的温度与混凝土内部温度之差超过 20 ℃。冷却水管采用 $\phi 33.5$ mm×3.25 mm、具有一定强度、导热性能好的铁管制作，弯管部分采用冷弯工艺。管与管之间通过黑色橡胶管紧密连接，如图 5.2-14 所示。

图 5.2-14 冷却水管布置

3）混凝土温度监控

本项目采用中交武港院自主研发的大体积混凝土智能监控系统进行大体积混凝土温度监控，该系统具有优化设计、实时监控、用户管理及自动化装备控制等功能，由监控设备及元件、数据传输设备及软件系统平台组成。

（1）监测仪器及元件。

仪器选择依据使用可靠和经济的原则，在满足监测要求的前提下，选择操作方便、价格适宜的仪器。温度检测仪采用 HWDAC 无线数据采集仪，温度传感器为热敏电子传感器，如图 5.2-15 所示。

温度传感器的主要技术性能：① 测温范围：-50 ~ +150 ℃；② 工作误差：±0.5 ℃；③ 分辨率：0.1 ℃；④ 平均灵敏度：-2.1 mV/℃。

（a）HWDAC 无线数据采集仪

（b）DTU

（c）无线接收装置

图 5.2-15　混凝土智能监控系统设备

（2）监测元件的埋设。

参照《混凝土坝安全监测技术规范》（SL 601—2013），并根据桥梁大体积混凝土的特点加以改进，由具有埋设技术和经验的专业人员操作。为保护导线和测点不受混凝土振捣的影响，用等边角钢 36 mm×4 mm 进行保护。监测元件埋设示意图见图 5.2-16。

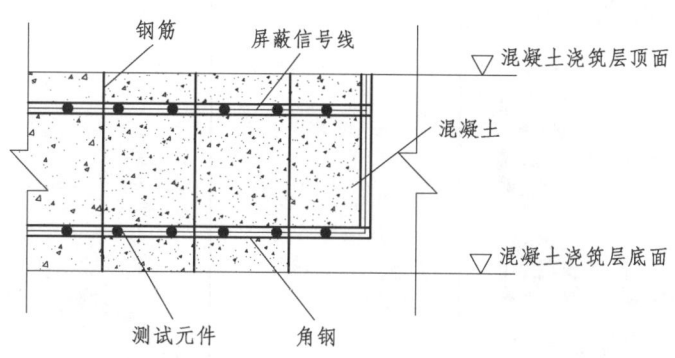

图 5.2-16　监测元件埋设示意图

温度测点布置原则：

① 选取承台混凝土垂直中位面的 1/4 块布置测点。

② 根据温度场的分布规律，对测点间距作适当调整。

③充分考虑温控指标的测评。温度测点布设包括表面温度测点（在构件中心部位短边长边中心线表面以下 5 cm 布置）、内部测温点（布置在构件中心处）。

（3）监控页面及功能。

混凝土智能监控平台实时在线监控主要是在微信公众号及 PC 段网站进行展示。用户可通过微信公众号在线实时接收现场的监控数据。同时系统还设计了温差查询功能，可实时查询混凝土内表温差、最高温度的实时数据及变化曲线（备注：数据的采集间隔可根据项目需求进行设定，系统默认采集间隔为 0.5 h）。监控页面如图 5.2-17 所示。

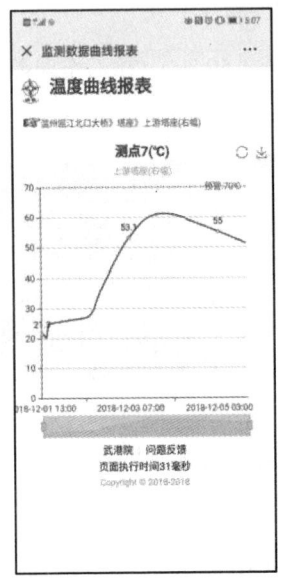

（a）设备查询

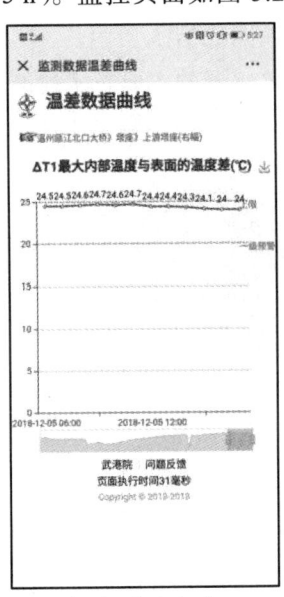

（b）项目实况

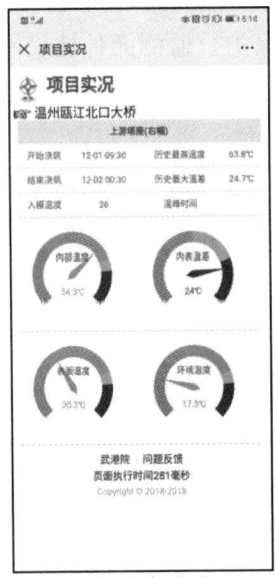

（c）温度曲线

（d）温差曲线

图 5.2-17　监控页面

系统还设置了温控文件的上传、下载及后台留言反馈等功能，用户可根据需要在线下载查询温控方案及温控简报等相关文件，同时还可通过留言反馈功能给后台留言，并对现场相关人员进行指导。

5.2.7 保温、保湿养护

混凝土养护包括湿度和温度两个方面，结构表层混凝土的抗裂性和耐久性在很大程度上取决于施工养护过程中的温度和湿度养护，因为水泥只有水化到一定程度才能形成有利于混凝土强度和耐久性的微结构。为保证养护质量，对混凝土表面进行潮湿养护，养护措施如表 5.2-1 所示。

表 5.2-1 混凝土养护控制措施

结构部位	主要养护对策
混凝土上表面	常温季节混凝土初凝后采取蓄水养护，养护用水可采用冷却水管出水，蓄水深度大于 17 cm，蓄水养护时间不少于 7 d
混凝土侧面	采用带模养护，养护时间不低于 14 d

5.3 墩柱施工

墩柱施工工艺流程见图 5.3-1。

5.3.1 施工支架

1. 内支架

钢筋采用现场绑扎工艺，为满足墩柱施工需要，在空心墩内腔设置内支架，作为墩身内排竖向主筋、水平箍筋绑扎及内模安装、拆除作业平台。内支架立柱采用 6 根 I14 工字钢，总高度 15 m，每隔 2 m 设置一道操作平台，操作平台铺设钢板网。支架底部设置 2 根 I25 工字钢水平梁，焊接搁置于墩身内腔侧壁预埋件上，支架与墩身内腔侧壁采用顶托顶紧。墩身钢筋施工内支架如图 5.3-2 所示。

2. 外支架

在模板顶口操作平台上沿墩身一圈设置外支架，作为墩身外排竖向主筋、水平箍筋绑扎作业平台。上一节墩身混凝土浇筑完毕后将外支架整体吊装放置于在模板顶口操作平台上，待本节墩身钢筋绑扎完毕后将外支架整体吊出存放至地面待用。外支架立柱采用 6 m 长∟75×6 mm 角钢，顶口和底口设置[10 平联，每隔 2 m 设置一道操作平台，操作平台铺设钢板网。墩身钢筋施工外支架如图 5.3-3 所示。

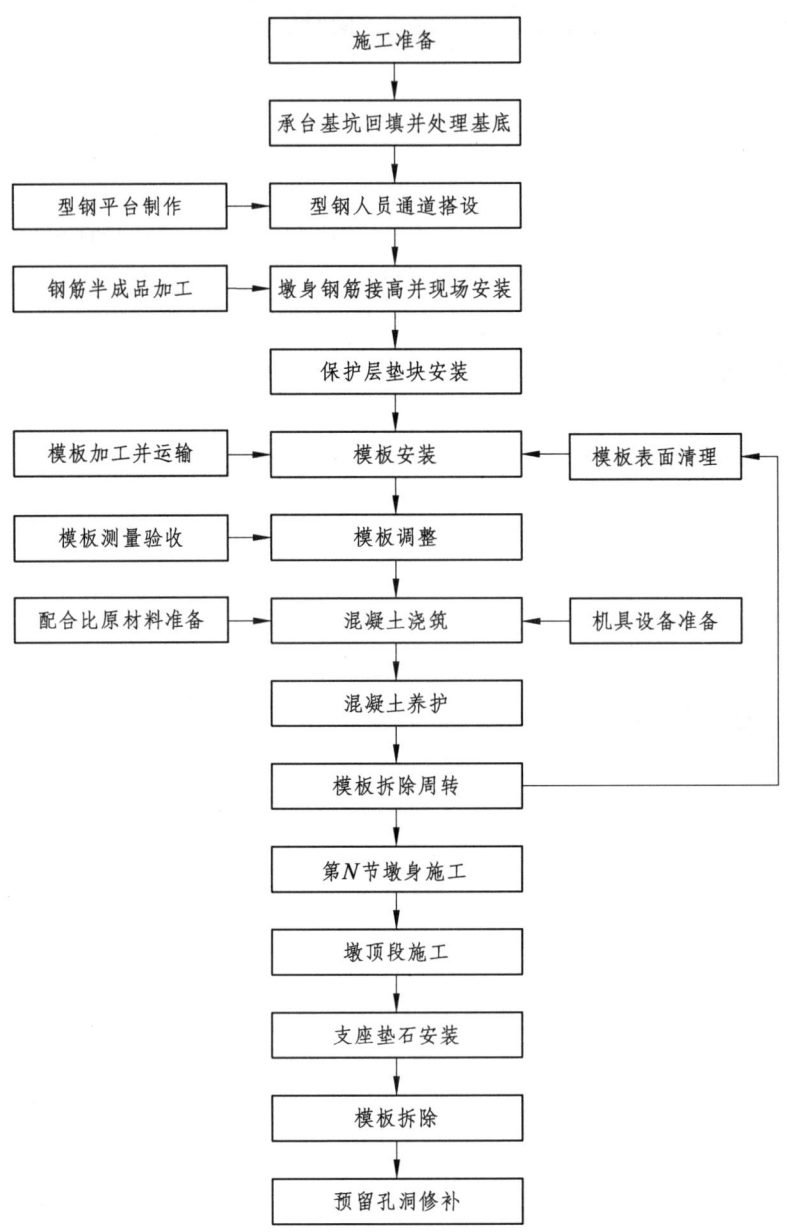

图 5.3-1 翻模法施工工艺流程

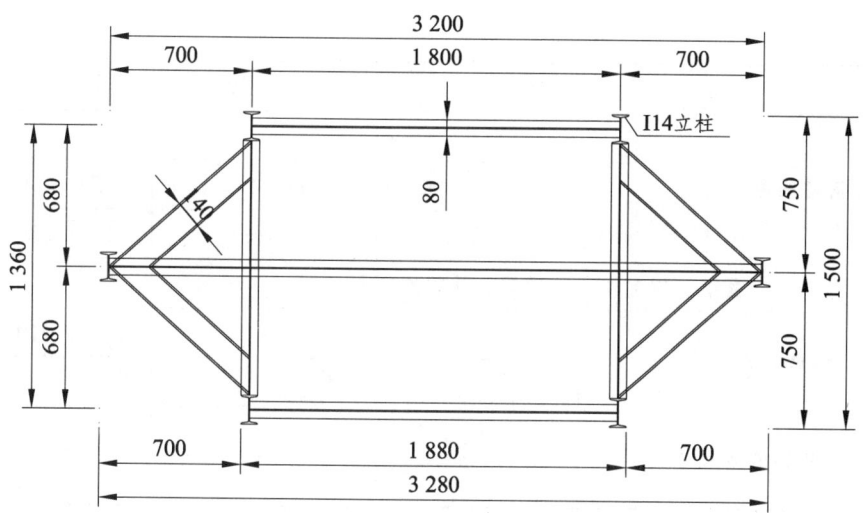

图 5.3-2 墩身钢筋施工内支架（单位：mm）

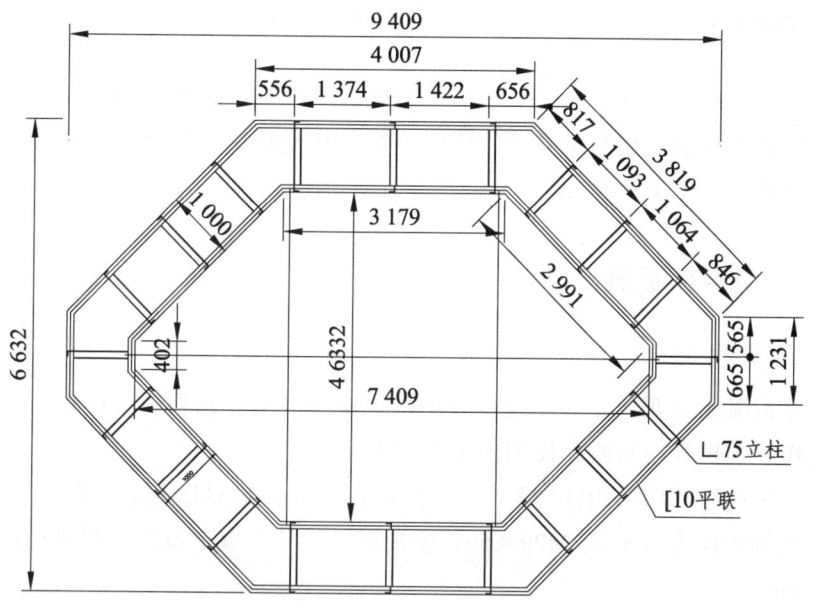

图 5.3-3 墩身钢筋施工外支架（单位：mm）

5.3.2 标准段钢筋施工

钢筋绑扎按《公路桥涵施工技术规范》（JTG/T F50—2011）的规定：同一断面钢筋接头数量不超过断面钢筋数量的50%，钢筋相邻接头错开距离不小于35d。必须要注意外保护层间距，避免保护层间距过大或过小。绑扎钢筋的扎丝多余部分应向构件内弯折，以免外露形成锈斑，影响混凝土观感质量。钢筋绑扎质量要求如表5.3-1所示。

表 5.3-1 墩身钢筋安装质量标准

项目		允许偏差/mm
受力钢筋间距	两排以上排距	±5
	同排 梁、板、拱肋	±10
	同排 基础、锚碇、墩台、柱	±20
箍筋、横向水平筋间距、螺旋筋间距		±10
钢筋骨架尺寸	长	±10
	宽、高或直径	±5
绑扎钢筋网尺寸	长、宽	±10
	网眼尺寸	±20
弯起钢筋位置		±20
保护层厚度	柱、梁、拱肋	±5
	基础、锚碇、墩台	±10
	板	±3

钢筋保护层垫块采用与墩身等强度的预制混凝土垫块，错开、分散布置在水平箍筋上，布设数量不少于 4 个/m²。

5.3.3 墩身模板施工

1. 墩身模板设计制作

为确保混凝土外观质量，墩身模板采用大块定型组合钢模板，模板在专业钢结构加工厂制作、预拼装与验收，使用前运至施工现场。

墩身模板设计背肋采用[10 槽钢、面板采用 6 mm 的 Q235 钢板、背楞采用][22a 槽钢制作，连接螺栓为 4.8 级 M20×60；模板拼缝法兰设置定位销；配对拉杆，面板开孔为 ϕ42 mm。

27#墩墩身直线段高度为 23.612 m，墩帽高度为 3.6 m，总高度为 27.212 m。首节墩身混凝土浇筑高度为 8.05 m（含 5 cm 砂浆调平层），标准节段混凝土浇筑高度为 6.0 m（2 节），调节段混凝土浇筑高度为 3.062m，墩顶段混凝土浇筑高度为 4.1 m（墩帽高度+0.5 m 直线段）。标准段墩身模板平立面图如图 5.3-4 和图 5.3-5 所示。

2. 模板安装与加固

模板加固采用四角拉杆与穿心拉杆相结合的方式，模板上开设 ϕ42 拉杆孔，预埋 ϕ40 PVC 管，拉杆采用 M25 精轧螺纹钢。

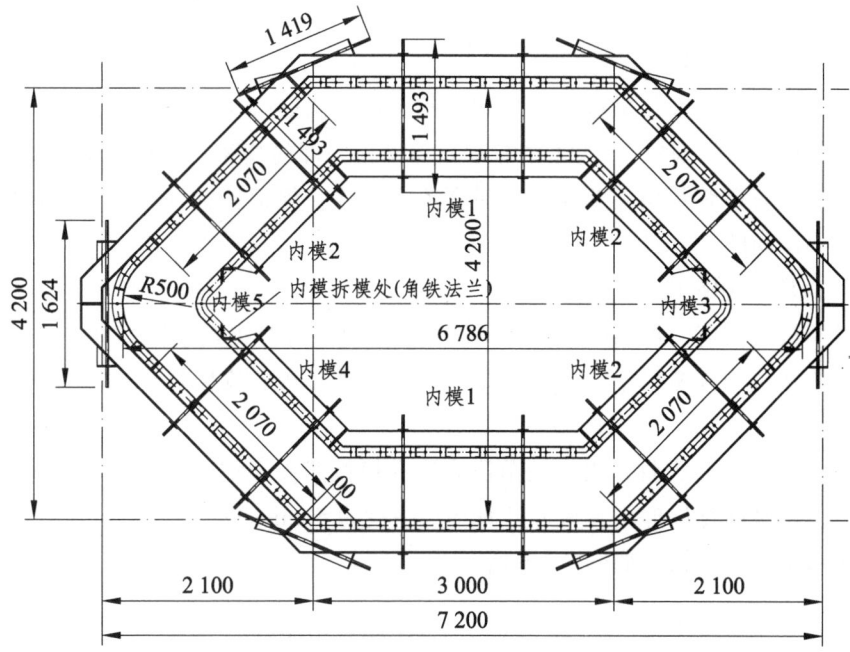

图 5.3-4 标准段墩身模板平面图（单位：mm）

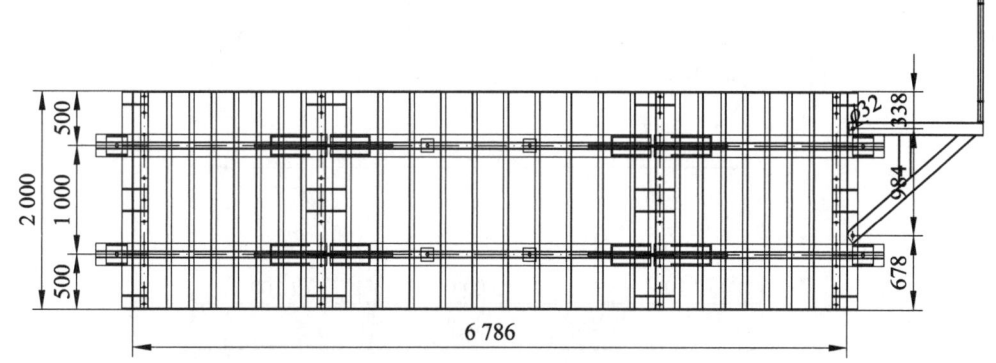

图 5.3-5 标准段墩身模板立面图（单位：mm）

为保证墩柱的外观质量，防止裂缝的产生和增强混凝土抗腐蚀能力，在模板内侧粘贴一层透水模板布。透水模板布的主要作用是能把刚刚浇好的混凝土表面多余的空气和水排出，降低混凝土表面水灰比，从而提高混凝土强度、耐磨性及防腐能力，还可以减少混凝土表面气泡、砂线等，从而增强其抗裂能力和保证外观质量。

在粘贴模板布之前，必须对模板表面除锈打磨并用干布清除表面灰尘和油迹。然后均匀喷涂胶水，在模板布接头处应两面喷涂胶水，粘贴时羊毛状的一面朝向模板，要求舒展、平整无皱纹，模板布紧贴模板表面及四周，确保混凝土浇筑后初凝前模板布通过毛细现象泌水的通道畅通。对于重复使用的模板布，要观察透水模板布颜色的变化和水泥浆是否堵塞了排水层，对不能再用的模板布予以废弃。

3. 模板烂根、拼缝防漏浆处理措施

（1）烂根处理措施。

由于墩柱体量较大，墩柱模板底部与承台面无法贴合密实，在浇筑混凝土时会产生漏浆，出现"烂根现象"。为了消除承台与模板底部的缝隙，防止漏浆，在墩柱与承台结合部位设置砂浆垫层。为防止浇筑混凝土漏浆，模板调整好后用水泥砂浆封堵模板底口与垫层间隙。

（2）砂浆垫层施工。

墩身模板安装前，根据配置模板高度及墩身高度计算出调节段高度。

将砂浆垫层内模板沿墩身边线安装，再安装外模板，安装过程中保证砂浆垫层的宽度一致。

垫层模板安装完成后，根据调节段高度在模板四周标记砂浆高度，涂抹砂浆至要求高度。待砂浆硬化后拆除模板。砂浆垫层高度为 5 cm。

砂浆垫层模板结构图如图 5.3-6 所示。

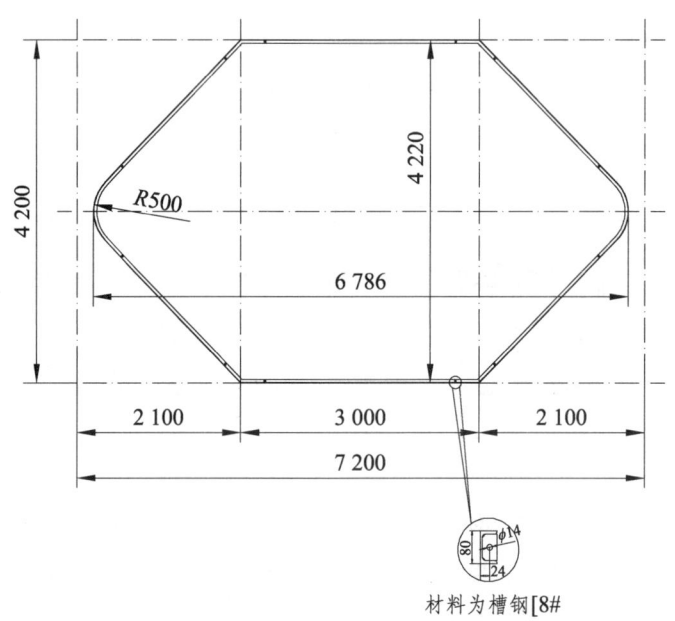

图 5.3-6　砂浆垫层模板结构（单位：mm）

（3）模板拼缝防漏浆措施。

对于墩柱模板竖缝，在模板拼装前，先检测拼缝大小。安装前，在拼缝位置贴 3 mm 厚双面胶，确保模板对接完成后不发生漏浆；同时模板安装时，先施打定位销，然后再安装连接螺栓。螺栓安装时，需多次循环对螺栓紧固到位，一次直接紧固到位后，容易产生漏浆。在对拉杆穿出位置用胶带封堵严密。

5.3.4 墩身混凝土施工

泵送至浇筑面的混凝土通过软管进行布料,采取对称布料。软管与布置在模板内腔的串筒对应,确保混凝土的自由下落高度不大于 2 m,如图 5.3-7 所示。墩柱每一个面各布置 1 个串筒。

图 5.3-7　制作的铁皮串筒和泵车软管相连

1. 混凝土浇筑施工要点

(1)混凝土采取分层布料、分层振捣,分层高度控制在 30 cm 左右。为保证混凝土自由落体高度不大于 2 m,浇筑时悬挂串筒布料。

(2)混凝土振捣时分区定块、定员作业,混凝土振捣应密实,无漏振、欠振、过振等现象。

(3)振捣采取快插慢拔方式,严格控制棒头插入混凝土的间距、深度与作用时间,并密切观察振捣情况,应快插慢拔,以混凝土停止下沉、不出现气泡、表面呈现浮浆为度,防止混凝土表面出现蜂窝、麻面,甚至空洞等缺陷。

(4)插入式振动器的移位间距应不超过振动器作用半径的 1.5 倍,与侧模应保持 50~100 mm 的距离,且插入下层混凝土中的深度宜为 50~100 mm。每一振点的振捣延续时间宜为 20~30 s。

(5)在振捣过程中,振捣棒严禁接触模板,并于混凝土浇筑期间,派专人检查模板的固定情况,防止出现爆模、漏浆等现象;由专人检查预埋钢筋和其他预埋件的稳固情况,对松动、变形、移位等情况,及时进行处理。

2. 收面

为控制表面收缩裂纹,确保外观质量,墩身混凝土应进行两次收面。在混凝土浇筑完成后立即进行一次收面。一次收面主要是控制墩身混凝土面的平整度，确保墩身施工缝平整。待混凝土快要初凝时进行二次收面，人工用铁抹子沿模板四周将接缝位置模板边混凝土压实，保证混凝土拆模后且在后期养护过程中，接缝位置混凝土不出现开裂。

3. 混凝土凿毛

凿除混凝土表面的水泥砂浆和松弱层时，混凝土必须达到一定强度，用人工凿除时须达到 2.5 MPa，用风动机凿毛时须达到 10 MPa，凿毛后露出的新鲜混凝土面积不低于总面积的 75%，混凝土表面应用压力水冲洗干净。为保证施工缝处线形，靠近混凝土边线 3 cm 范围内混凝土严禁凿除，以避免破坏边线混凝土。

4. 混凝土养护及施工缝处理

1）混凝土养护

为保证混凝土质量，防止或减少混凝土表面开裂，浇筑完成的混凝土必须及时进行养护。混凝土养护应由专人负责。

混凝土采用洒水养护的方式，现场配备 1 个 2 m^3 的水箱。养护用水要洁净，洒水要及时，每天洒水次数以能保持混凝土表面经常处于湿润状态为度。

2）施工缝处理

为使拆模后混凝土表面接缝美观，两层混凝土间的外露接缝线一定要平整顺直。在施工中，应采取以下措施进行预控：

（1）在第一层混凝土浇筑完毕后，以模板顶口线为基准，对靠近模板、宽约 1.5 cm 的混凝土顶面内外接缝作修正、压实、抹平处理，在进行施工缝凿毛时，严禁破坏这条接缝，以确保上下层混凝土接缝顺直。凿毛由人工完成，当处理层混凝土强度达到 2.5 MPa 时，由人工开始凿除混凝土表面的水泥砂浆和松软层，经凿毛处理的混凝土面用压缩空气或高压水清理干净。

（2）混凝土浇筑前，再次对接缝表面进行检查清理（若有杂物，应清理干净，以防夹渣）；接缝两侧的混凝土应充分振捣，以使缝线饱满密实。

3）混凝土外观修饰和成品保护

拆模后，应及时取出锥形螺母及套头，修补留下的螺栓孔。修补可分两次进行，即先用水泥砂浆填充，待凝固干缩后用调好色泽的白水泥浆填补、抹面（必要时，可用角磨机打磨），水泥砂浆和水泥浆中应掺一定量的粘胶。

施工用的螺栓埋件在使用期间应进行防锈处理；当使用完成后，先对其螺栓孔洞进行清洗，然后按照修补螺栓孔的方法处理。螺栓孔修补完成后，及时养护，并加强保护。

5.4 本章小结

本章主要介绍了济南凤凰黄河大桥主桥部分下部结构的施工方案，主要从钻孔桩、承台以及墩柱三方面进行了详细介绍。各部分施工方案与施工技术中均有不少亮点，具体表现为：

（1）采用黑旋风泥浆分离器。这种分离器抗干扰能力强，维护、维修方便，完全满足旋挖钻机正常的掘进能力，提高了生产效率。处理后的泥浆质量高，含砂率＜5%。由于经过处理后土砂的含水率低于30%，排放量大大减少，运输方便，节省了运输费用，保证了打桩工程的顺利进行，避免了打桩泥浆排放问题造成的环境污染。

（2）采用桩底注浆工艺，经荷载试验分析，各种桩径比非注浆工艺桩基承载力增加10%以上。

（3）主塔承台采用21 m长拉森Ⅳw钢板桩施工，大幅减小了土方开挖量，有效降低了对黄河的干扰，并2次安全度汛，钢板桩围堰实施效果良好。本项目采用研发的智能温控系统，实时监测及调整。温度检测仪采用智能化无线传输温度巡检仪，温度传感器为带芯片的数字温度传感器。且温控采用的智能化无线温度巡检仪可在电脑、手机、平板等多种设备上接收温度信息。

（4）采用一体化大块定型组合钢模板，自带作业平台，大幅提高翻模法施工的安全性，改变了历来翻模法施工安全痼疾。同时，有效提高了钢筋绑扎及混凝土施工效率。

（5）采用了大面积钢模粘贴透水模板布。透水模板布的使用，使混凝土表面的水灰比减小，提高了混凝土强度，防止化学细菌的侵蚀，提高了结构物的使用寿命；混凝土表面密实，没有麻面出现。

Chapter 6

第 6 章
钢箱梁智能化-实时化顶推关键技术

新时代，中国智能化技术已经普遍存在于人们生活中的每个角落，同时智能化施工技术也为建筑交通工程的发展带来了便捷条件，提高了施工的精准性与安全性。建筑交通智能化工程将智能化先进技术作为入手点，进行智能化工程建设，最终的建筑也可以理解为智能建筑。站在项目管理的视角，进行智能化工程项目施工管理，可提高施工管理效果，规避工程项目施工中潜在的安全风险，可以更多地保障智能化工程施工管理的有效性。

济南凤凰黄河大桥在钢箱梁施工过程中采用了多项智能化建造技术，其中包括钢箱梁双向顶推提梁站、智能化全自动顶推施工技术以及信息化钢箱梁顶推实时监控。下文将逐点介绍这三项技术的应用与创新。

6.1 钢箱梁双向顶推提梁站

在传统钢箱梁顶推施工中，提梁站的换向和变宽工艺，往往需要现场进行反复拆装，烦琐的过程增加了现场安装的难度。尤其是面临起重高度、起重量和作业空间限制的高空作业，传统的提梁站往往难以适应其快速安全的施工要求。

而立足于专业化，将传统提梁站结构设计成可变宽度和双向顶推的结构，通过对提梁站原位转换，不需要对提梁站结构进行反复拆装，即可实现提梁站双向顶推的功能，不仅能提高施工转换效率，且施工过程安全可靠，可广泛应用于桥梁施工领域。济南凤凰黄河大桥在钢箱梁的顶推过程中采用了本部自主研发的这一新型专利技术。双向提梁站设计图和实物图如图 6.1-1 和图 6.1-2 所示。

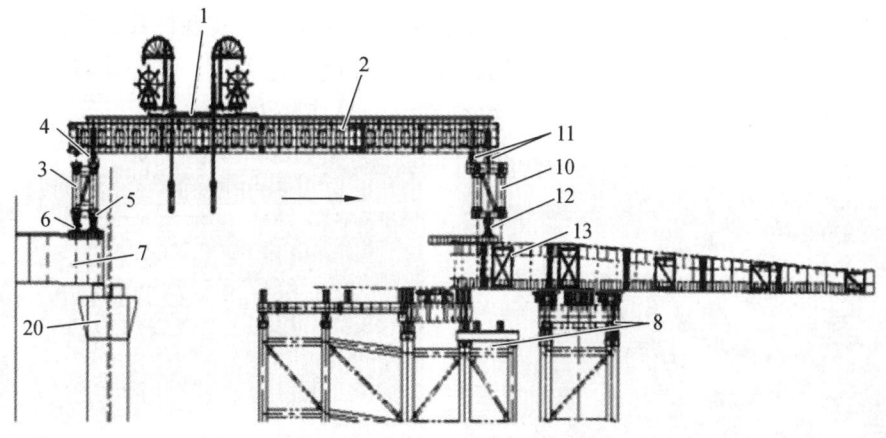

图 6.1-1 双向提梁站设计图

图 6.1-2 双向提梁站现场实际照片

6.2 智能化全自动顶推施工技术

加劲梁顶推法是指在顶推平台上逐段将梁体拼接,再利用顶推平台和桥墩上的千斤顶拖着梁体在滑道上滑移。该方法由梁体安装、牵引和控制、滑移和导向三大系统组成,其要求结构设计时梁体的底面必须连续,不可出现阶梯状,且位于同一直线段或同一圆曲线内。该方法具有对桥下通航与交通干扰小、成本低、占用场地小等优点,因而在国内被广泛应用于桥梁的建设施工中。在大跨径桥梁中,采用顶推法施工,即将各种形式主梁连同其协作结构体系一并顶推到位,可以最大限度地发挥顶推施工方法的优势,但是由于顶推重量大、顶推墩反力大、施工中不确定因素多,导致施工难度极大。

济南凤凰黄河大桥的加劲梁施工过程采用了自主研发的智能化无人值守自动顶推施工系统(图 6.2-1)。通过优化同步程序、增加预顶受力、实现位移升降同步、增加每个动作到位信号显示与自动判断识别,实现顶推过程无人化,高峰期减少施工人员 36 人,单轮次顶推施工时间由 12 h 压缩至 6.5 h,且质量安全更可控。

图 6.2-1 无人值守自动顶推系统

6.3 信息化钢箱梁顶推实时监控

如今施工监控成了桥梁建设过程中不可或缺的一环，尤其是针对体量大或施工难度大的桥梁，施工监控显得更为重要。传统的施工监控方法通常采用传感器对桥梁监测点的挠度、顶升力以及应力应变等数据进行采集，然后对这些数据进行人工分析，从而确定桥梁顶推过程是否存在差异。这种传统方法不仅时效性较差，且存在人为误差，对施工进度以及施工安全性不利。

济南凤凰黄河大桥采用了依托局技术中心及长大桥梁重点实验室研发的信息化钢箱梁顶推实时监控系统（图6.3-1），现场安装应力应变传感器、倾角仪及无线摄像头，对钢箱梁顶推全过程进行监测；设置多级预警，在Web端进行实时展示和预警，提供直观的顶推数据监测界面，确保位移及应力应变安全可控。

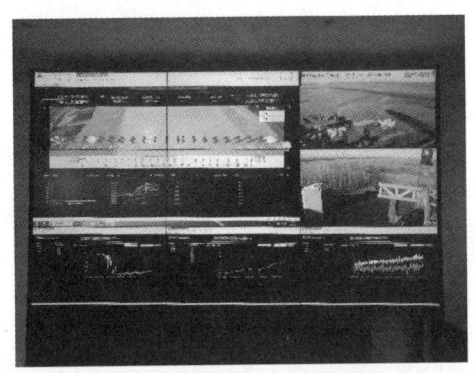

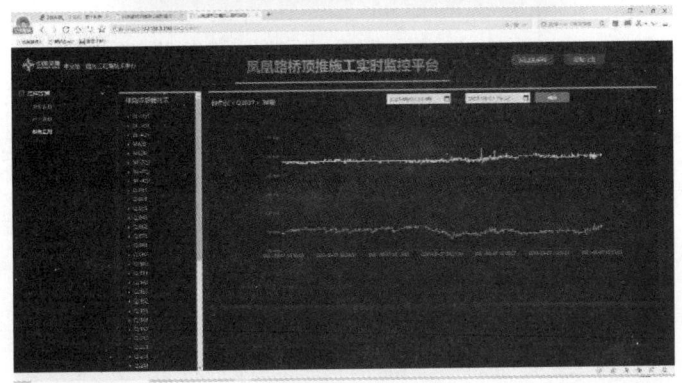

图 6.3-1　顶推实时监控系统

6.4 本章小结

济南凤凰黄河大桥在施工过程中遇到了非通航水域、超大体量钢结构施工等诸多施工难点，通过采用多项先进工艺技术，一一攻克难题，确保了项目顺利建成通车。这些先进的工艺技术标志着我国已经成为世界前列的桥梁大国。

在加劲梁顶推过程中，主要采用了钢箱梁双向顶推提梁站、智能化全自动顶推施工技术与信息化钢箱梁顶推实时监控三项先进技术工艺。

（1）钢箱梁双向顶推提梁站不仅能提高施工转换效率，且施工过程安全可靠。

（2）智能化无人值守自动顶推施工系统节约了施工人员的配置，同时还能提升顶推效率，缩短了施工工期。

（3）信息化钢箱梁顶推实时监控能够及时向工作人员反馈钢箱梁顶推过程。

Chapter 7

第 7 章
三塔自锚式悬索桥上部结构施工监控技术

7.1 总体概况

悬索桥能充分发挥材料强度，是最具竞争能力的桥型之一。对桥梁结构的施工过程进行合理的施工控制是使桥梁施工结果与设计要求尽可能接近的重要保障。

桥梁施工监控的目的是桥梁结构成桥时桥梁结构受力合理，线形平顺，同时施工过程中各工况结构均处于符合规范和设计要求的受力状态下，即施工过程安全可靠，万无一失；并对施工过程进行必要的优化论证分析，方便施工，高效、快捷地完成施工任务。

要实现以上施工监控目标，就必须对桥梁的施工全过程进行仿真分析，对桥梁主要结构的空间坐标、主要结构截面的应变或应力、吊杆、主缆的张力、温度及其影响进行现场监测与控制，对误差进行分析与控制，以确保施工监控最终目标的实现。

本桥主桥为三塔四跨钢箱梁的自锚式悬索桥，结构复杂，影响因素众多。与地锚式悬索桥相比，本桥施工过程中主缆丝股的锚固点将会发生水平运动，吊索必须进行张拉调整方可达到设计状态；与斜拉桥相比，必须对主缆线形进行严格控制，并且由于主缆的柔性大，柔性体系的拉索调整更加复杂；塔顶索鞍的预偏量较大，施工中如何保证索鞍的正确位置和顶推速度，也是一个需要控制的问题；三塔悬索桥中间桥塔的纵向约束刚度较小，两主跨不平衡的吊索张拉，有可能使中塔顶变形大，施工中主缆在鞍槽中有可能滑移，监控中必须有可靠的措施防止这一问题的发生。所以，本桥施工控制须综合运用悬索桥、斜拉桥结构连续梁等桥型的施工监控技术。

7.1.1 三塔自锚式悬索桥上部结构施工控制重难点

作为世界上目前最大跨度的三塔自锚式悬索桥，济南凤凰黄河大桥具有多项特点。

1. 多跨自锚式悬索桥

自锚式悬索桥属于多次超静定结构体系，而悬索桥又有强烈的几何非线性，工程规模较大、技术难度大、项目创新点多，对此结构来说其架设方案和施工控制技术的研究是大桥成功修建的关键。

2. 国内罕见超宽钢箱加劲梁

本桥加劲梁宽度标准段为 61.7 m，双向 8 车道+轨道交通+人行及自行车道。在加劲梁顶推施工阶段和体系转换阶段的应力及位移有可能超限，应对加劲梁结构进行精确的局部分析以及施工过程中的稳定分析（抗风稳定及抗倾覆稳定）。

3. 吊杆倾斜的空间缆体系

本桥为吊杆带有一定倾斜角度的空间缆体系。对空间缆结构，如何精确计算出主缆及吊杆的无应力长度是监控的难点也是重点；同时，通过结构分析计算，明确各个施工阶段结构线形状态，为达到合理的成桥目标状态，对各个施工阶段都要进行详细分析。在体系转换阶段，对斜吊杆张拉，张拉设备及角度的选择都要考虑吊杆实际位置状况及其受力后的变化形态。

4. 混凝土与钢结构相结合的桥塔结构

混凝土与钢结构相结合的桥塔结构，下塔柱主要为混凝土结构，上塔柱为钢结构，中间部位为钢混结合段，桥塔的结构及施工方法都为本项目监控带来了诸多不确定性。

5. 钢梁多向顶推施工方案

本桥钢梁初步拟定采用多向连续顶推施工，此方案有助于加快施工进度，避免了单向顶推（直线+曲线+直线）的支点高程调整，但多个顶推操作面会导致存在多个合龙区。对本桥主梁，除应该对顶推过程中各个墩反力进行控制外，还应充分考虑顶推到合龙区域导梁拆除方案及合龙区域线形控制。同时本桥自身主梁梁体较宽，且在顶推施工过程中，所有支撑点位于靠近主梁中部的横隔板处，这导致主梁重心在上，有梁体倾覆风险。

6. 中间钢桥塔控制

桥塔在日照和风力作用下，横断面上各点可能会产生温差，尤其是中塔，由于是钢结构，对温度变化会更加敏感。在断面非均匀温度场作用下，桥塔会发生偏位和扭转。因此有必要对桥塔建立详细的实体分析模型，在实测温度场的作用下，计算桥塔的三维几何状态变化情况，为桥塔的实际施工位置、荷载影响的实际偏位提供识别参数。

7. 体系转换方案

本桥吊索采用销接式且相对钢梁带有一定倾斜角度。对自锚式悬索桥来说，结构的体系转换也是控制的重点与难点。对本结构，销接式吊索的张拉方案及允许张拉的条件将确定最终的体系转换方案。

8. 梁体宽，顶推难

本桥主梁宽度达到 61.7 m，顶推过程中横向支撑点的设置方式可能影响到主梁顶推安全和施工精度。在顶推过程中，悬空的长翼缘板的安全性也是施工中必须考虑的因素。宽幅梁的顶推横向控制难度大，必须采取有力措施保证横向精度，以及配备相应的横向纠偏装置。在顶推过程中，主梁每个截面均必须经历正负弯矩交替变化，这与主梁在成桥状态下的受力完全不同。因此在施工过程中，必须严密监测主梁关键截面处的应力和线形。

9. 临时墩多

由于本桥主梁结构自重大，不能可采用太大的跨度顶推，临时墩在顶推过程中的安全性和标高调整是关系到整个施工安全和结构安全的关键要素之一，临时墩的设置方式也必须纳入主桥成桥状态的结构受力整体考虑，不能孤立设置。

10. 导梁安全性

本桥主梁自重大且宽度大,导梁的设计必须考虑主梁在顶推过程中的整体受力,避免给主体结构安全带来隐患。

本桥具有如此之多项特点,显然其施工也是极具挑战性的。为了满足成桥后桥梁的结构受力合理,在施工过程中应该配合精细的施工监控。

7.1.2 上部结构施工控制总体目标

为了确保设计图纸上的悬索桥能够安全而经济地在工地上得到实现,保证桥梁顺利修建,消除各类施工误差的影响,严格避免主缆锚跨索力不均匀、吊索索力不均匀、主缆线形误差较大等问题的出现,在施工过程中必须采用合理的施工控制方法。通过对设计图纸和设计意图的深入理解,对全桥进行系统的理论分析,在充分了解其受力性能和施工工艺的基础上,获取全桥的理论设计数据,建立上部结构计算机施工监控仿真系统。通过现场监控测试和监控测量,修正设计数据并反馈到计算机施工监控仿真系统,计算机施工监控仿真系统将以成桥线形和内力状态为期望,计算出后续施工阶段的施工参数。对于本桥,施工监控总体目标是:

(1)成桥后桥梁的线形平顺,结构应力分布合理,达到设计要求。

(2)成桥后主缆丝股张力和吊索力满足设计要求。

(3)成桥后主缆跨中标高满足设计要求。

(4)成桥状态桥塔位置满足设计要求。

(5)在主梁顶推拼装过程中保证主梁拼装线形,以及在顶推施工过程中保证主梁及各支撑结构安全。

(6)在架设阶段确保主缆和主梁线形、桥塔偏位等与理论计算相近,保证施工过程中各结构构件的安全;施工过程中和竣工后结构内力状况满足设计要求,结构的整体变形、线形、位移达到设计文件规定的状态。

(7)控制及监测精度达到施工控制技术要求的规定。

(8)精度控制和误差调整的措施不对施工工期产生实质性的不利影响。

(9)对主梁的顶推施工及桥面铺装提供技术建议。

7.2 上部结构施工监控方案

7.2.1 施工控制参数

为了实现架设中结构的安全和精度控制,本项目选取表7.2-1中的参数作为施工控制的主要控制指标。

表 7.2-1　施工控制参数

序号	参数	过程
1	主梁线形（变形）	通过调整梁在临时墩上的安装线形、张拉吊索索力等手段来确保主梁线形满足要求
2	吊索索力和长度	通过建立完善的误差调整与参数识别体系并采用多种方式对索力进行监测来保证吊索力误差满足要求
3	主缆线形	通过严格控制基准丝股线形、普通丝股相对标高、锚跨张力及建立完善的误差调整与参数识别体系来保证主缆线形
4	主缆丝股锚跨索力	通过严格控制丝股架设阶段的锚跨张力及建立完善的误差调整与参数识别体系来保证主缆锚跨索力
5	索塔应力、偏位	利用索塔偏位的控制、合理的索鞍顶推方案确保索塔的应力满足要求
6	边墩应力	主梁对边墩具有很大的压力，此压力会对支座产生较大的摩擦力，滑动支座在温度变化作用下或者在受主梁压缩时可能会无法滑动而在边墩中产生较大的应力，因此应对边墩的应力进行监控
7	猫道线形	猫道是悬索桥主缆施工的临时便道，对悬索桥自身的控制精度不会产生影响，但其线形将直接影响主缆架设的安全和方便性，对主缆架设过程中的索塔偏位也有影响。本桥的猫道与主缆一样，为平行索面
8	梁端水平位移	主梁在温度、主缆轴向压力的作用下会发生轴向压缩，从而导致水平位移，水平位移的监控可以反映主梁实际的轴向刚度；对于自锚式悬索桥，水平位移也影响主缆线形
9	主梁应力及变形	由于本桥主梁施工采用顶推安装方式，主梁在施工过程中的应力及变形不仅影响结构本身的安全性，也会影响施工机具及人身的安全，主梁应力及变形的监控可确保主梁施工过程中的安全

主缆线形、主梁拼装线形和吊索的下料长度是决定成桥主梁线形的重要指标，这三个控制参数是为控制结构架设精度而设；成缆线形又是由基准丝股线形决定的，因为主缆中的普通丝股是基于基准丝股架设的；主缆锚跨张力是锚跨丝股线形和内力的决定因素，成桥锚跨各根丝股张力差是锚跨施工质量的考察指标；塔顶偏位是控制桥塔安全的重要指标，通过塔底的允许内力可以换算出塔顶的允许偏位，桥塔施工过程的安全可以通过控制其最大偏位实现，同时该指标也是影响主缆线形的重要因素；钢梁应力分布是考察结构实际施工内力的重要指标。本项目施工控制针对多参数多元目标进行，施工过程中内力与变形的监测是大跨度桥梁施工控制系统中获取反馈的必要组成部分，施工监测系统完善与否将直接影响控制系统的精度及安全。本项目的施工

监测所包含的内容及其重要等级见表 7.2-2。

表 7.2-2　现场监测内容及其重要等级

序号	监测内容	重要等级	频率等级
1	吊索索力	1	1
2	主梁线形	1	1
3	主缆线形	1	1
4	主缆锚跨张力	1	3
5	索塔偏位	2	1
6	索塔、边墩应力	2	3
7	梁端位移	2	3
8	边墩水平位移	2	3
9	钢主梁应力	2	2
10	环境温度	1	1
11	主缆温度	2	2
12	索塔温度	2	2
13	混凝土板徐变、收缩	2	3

显然，吊索索力、主梁线形、主缆线形及主缆锚跨张力作为施工控制最重要的指标，其重要性等级是最高的，因此其重要等级为第一级。

索塔偏位作为线形控制的辅助判读参数，同时也是索塔应力的重要反映；索塔、边墩应力是安全预警的重要指标；应力控制是钢主梁顶推施工控制的重要参数；主缆温度、索塔温度由于几乎始终存在温差所以也应该进行监测。上述内容的监测将有助于提高控制精度及安全，因此其重要等级为第二级。

7.2.2　施工控制内容

1. 线形监测

线形的测试内容包括主梁标高，主梁轴线偏位、主缆线形、主梁梁端位移和塔顶的三维坐标。

1) 主梁、导梁标高测量

（1）测试方法。

用精密水准仪测量主梁、导梁标高，高程控制基准点设在主塔柱两侧的墙上，由塔墩基点引测其高程。为防止点位移动或破坏，要定期对高程基准点及塔墩水准点进行复核。

（2）测点布置。

为了便于测量，测点布置在主梁上相应于每个吊杆及临时支墩、塔中心线、边墩支承线所处位置的断面处，同时保证每节顶推梁段上有一组测点。所有测点在钢梁制作过程中在上面作出，并用红油漆做好标记。每根导梁上顺桥向均匀布置 4 个测点。

（3）测试状态和频率。

① 在主梁顶推过程中，每一梁段顶推对已安装梁段测点进行测量，对每一安装梁段测点进行测量。

② 主梁线形调整、落梁过程中对所有测点进行测量。

③ 吊杆张拉过程中，对全桥标高测点进行测量。

④ 体系转换完成，支架卸落过程中对全桥标高测点进行测量。

⑤ 二期恒载施工完成，对全桥标高测点进行测量。

⑥ 吊杆调整完成，对全桥标高测点进行测量。

2）主梁轴线测量

（1）测试方法。

根据架设梁段标志，采用测小角法直接以全站仪测量其偏角。具体做法是：仪器架设在测点对应的梁轴线平行线上，后视该平行线上另一点，以视线为基准线，然后观测各已架设段端标志相对于基准线的偏角 α_i，则偏移值为

$$L_i = \alpha_i S_i / \rho$$

式中：ρ 为一弧度换算到秒的系数，其值为 206 264.8″；

S_i 为测点到测端的距离（mm）。

（2）测点布置。

测点布置为标高测点中单幅钢主梁段中横桥向与中腹板对应的两排测点。

（3）测试状态和频率。

① 在钢箱梁每一梁段顶推过程中，对顶推梁段轴线进行跟踪测量，及时进行纠偏，避免大的偏移发生。

② 钢箱梁安装完后，对其轴线进行集中测量。

3）主梁梁端位移、塔顶偏移测量

（1）测试方法。

采用坐标法测量。仪器架设在已知坐标点上，后视基准控制点，再瞄准梁端、桥塔上的反光膜贴片，测出主梁梁端、塔顶测点的三维坐标。每一测试工况下的变位即为测试值与初始值的差值。

参与施工单位测定索塔倾斜度、索塔轴线偏位误差、索塔高程偏差、主索鞍下平板安装坐标、主索鞍安装定位坐标等数据。

（2）测点布置。

每塔塔顶布置测点 2 个，全桥共计 6 个。主梁每梁端顺桥向侧布置测点 2 个，全桥共计 4 个，将反光膜贴片直接贴于梁端顶板上。

（3）测试状态和频率。

① 猫道架设完后，对主梁梁端位移、主塔偏位进行测量。

② 主缆架设过程中，对主塔偏位进行测量。

③ 索夹安装完后，对主塔偏位进行测量。

④ 吊杆张拉完后，对主梁梁端位移、主塔偏位进行测量。

⑤ 体系转换完成，支架卸落过程中，对主梁梁端位移、主塔偏位进行测量。

⑥ 二期恒载施工完成，对主梁梁端位移、主塔偏位进行测量。

⑦ 吊杆调整完成，对主梁梁端位移、主塔偏位进行测量。

4）主缆线形测量

（1）测试方法。

应用全站仪采用三角高程法测量三维坐标。

（2）测点布置。

① 基准索股选取 7 个测点，即两塔顶索鞍中心处、中跨跨中和边跨跨中、散索套中心处。

② 成缆后主缆测点加密布置，除塔顶和散索套中心处外，两边跨布置在跨距的 1/4、1/2、3/4 处，中跨布置在两主塔的 1/8、1/4、1/2、3/4 和 7/8 处。

③ 张拉过程中及张拉完成后，中跨主缆线形测点布置于每一索夹指定标记点上，习惯做法是取吊杆与索夹连接销轴的中心。边跨测点不变。

（3）测试状态和频率。

① 基准索股架设线形连续测量。

② 一般索股架设线形跟踪测量。

③ 紧缆后主缆线形反复测量。

④ 吊杆每一次张拉过程中，对正在张拉吊杆处主缆坐标进行测量。

⑤ 吊杆每一次张拉完成后，对主缆线形进行测量。

⑥ 体系转换完成，支架卸落后，对主缆线形进行测量。

⑦ 二期恒载施工完成，对主缆线形进行测量。

⑧ 吊杆调整完成，对主缆线形进行测量。

5）考察大气温度对桥梁主缆、主梁线形、主塔偏位的影响

钢箱主梁、主缆线形、主塔偏位受温度影响较大。因此，考察大气温度对主梁、主缆线形、主塔偏位的影响是非常必要的，需要选定几个工况，对主塔偏位、主梁、主缆线形进行 24 h 连续测量，每隔 1 h 测量 1 次，找出大气温度的影响规律。

2. 吊杆张力测试

自锚式悬索桥吊杆张拉采用双控方式,即在控制吊杆张力的同时,还需控制主梁标高。吊杆张力控制是体系转换的主要环节,施工阶段吊杆张力状况及误差分布状况是评价、判断施工阶段结构内力状况及施工质量的重要依据。因此,吊杆张力测试是一项非常重要的工作。

1)测试方法

吊索索力是悬索桥施工过程中最重要的监测指标之一。目前平行钢丝吊索索力的测量方法主要有穿心式传感器与弦振式索力仪两种。穿心式传感器具有精度高、测试速度快且受环境干扰小等优点,但价格相对较高,安装及拆卸均较为复杂。弦振式索力仪测试速度慢、精度较低、受环境干扰大,但其价格低廉且安装及拆除均较为方便,因此在诸多悬索桥和斜拉桥的施工监测中获得了广泛使用。

从重要性上来讲,吊索张拉阶段的索力控制是最关键的,而张拉千斤顶不具备足够的精度,因此在吊索的张拉阶段考虑用弦振式索力仪进行张拉吊索张拉力(包括本阶段张拉的索)的测试,并且对本阶段张拉的索用弦振式索力仪频率-索力公式进行修正(经过张拉阶段的修正后索力测试精度能够达到2%),以备张拉后的测试需要。张拉后的吊索测试也是索力测试的必要组成部分,这个测试可以为误差分析及参数调整提供反馈数据。张拉后的测试主要采用弦振式索力仪。

2)测点布置

全桥共设置1套双通道的弦振式索力仪,同时可以对2根拉索进行索力测试,在吊索张拉工况依次对张拉索附近5对拉索进行测试(不必同时)。图 7.2-1 示出了吊索张拉工况的测点布置,图 7.2-2 给出了全桥吊索通测工况的测点布置。

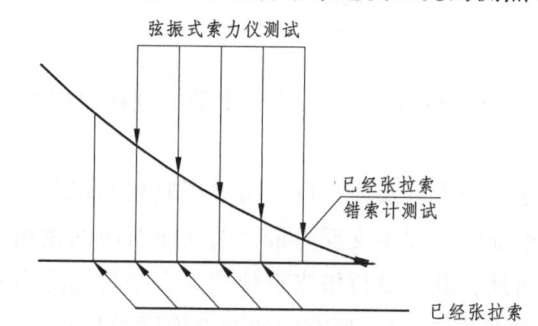

图 7.2-1 吊索张拉阶段索力测点布置图

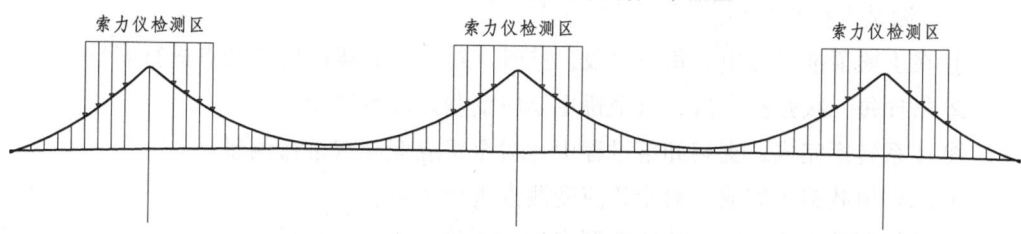

图 7.2-2 全桥吊索索力通测测点布置图

3）测试状态和频率

① 在吊杆张拉过程中，每次张拉工况下对正在张拉吊杆进行标定，张拉完成后对已张拉吊杆进行索力测试。

② 体系转换完成，支架卸落后，对全桥吊杆张力进行测试。

③ 二期恒载施工完成，对全桥吊杆张力进行测试。

④ 吊杆调整完成，对全桥吊杆张力进行测试。

3. 监控应力测试

1）主塔关键截面应力（应变）测试

（1）测试方法。

采用记忆温度型埋入式应变计，测量主塔关键截面应力（应变）。

（2）测点布置。

在索塔中埋设的应变计本着"少而精"的原则，选取在索塔根部位置距主塔变截面（由实心截面变为空心截面）处以上 2 m 位置及横梁以上 2 m 位置布置应变计，每塔柱布置 16 个应变传感器，全桥共计 32 个。主塔应变测点布置位置示意图如图 7.2-3 所示。

（3）测试状态和频率。

① 吊杆每一次张拉完后，对主塔应变测点进行测量。

② 体系转换完成，支架卸落过程中，对主塔应变测点进行测量。

③ 二期恒载施工完成，对主塔应变测点进行测量。

④ 吊杆调整完成，对主塔应变测点进行测量。

2）主梁关键截面应力（应变）测试

（1）测试方法。

采用记忆温度型钢结构表面应变计，测量主梁关键截面应力（应变）。

（2）测点布置。

根据本桥主梁的施工特点以及便于以后与健康监测系统的连接，主梁的应力测点布置：其一是主梁顶推施工过程中支反力最大的支座对应的钢箱梁截面位置，其二是边跨、中跨的跨中截面处，其三是桥塔支点位置处。全桥测点布置立面图、平面图见图 7.2-4，断面测点布置见图 7.2-5。所有应变测点均同时具有温度传感器。

（3）测试方法和频率。

① 在主梁顶推过程中，每一梁段顶推时，对已安装梁段应变测点进行测量。

② 吊杆每一次张拉完后，对全桥主梁应变测点进行测量。

③ 体系转换完成，支架卸落过程中，对全桥应变测点进行测量。

④ 二期恒载施工完成，对全桥应变测点进行测量。

⑤ 吊杆调整完成，对全桥应变测点进行测量。

钢结构表面应变计埋于钢箱梁内,安装时应注意以下几点:① 对要使用的传感器进行标定,选择质量可靠、性能稳定的传感器安装;② 安装时要选择好合适的初频;③ 不论何种传感器,引出导线都应编号并制作专门的硬套管与保护盒,以利于保护导线和后期测量。

(4)具体实施。

传感器的安装结合工程实际进度,由监控技术人员现场实施,在安装位置梁段下胎架之前安装,并对传感器进行读测,做好原始记录。

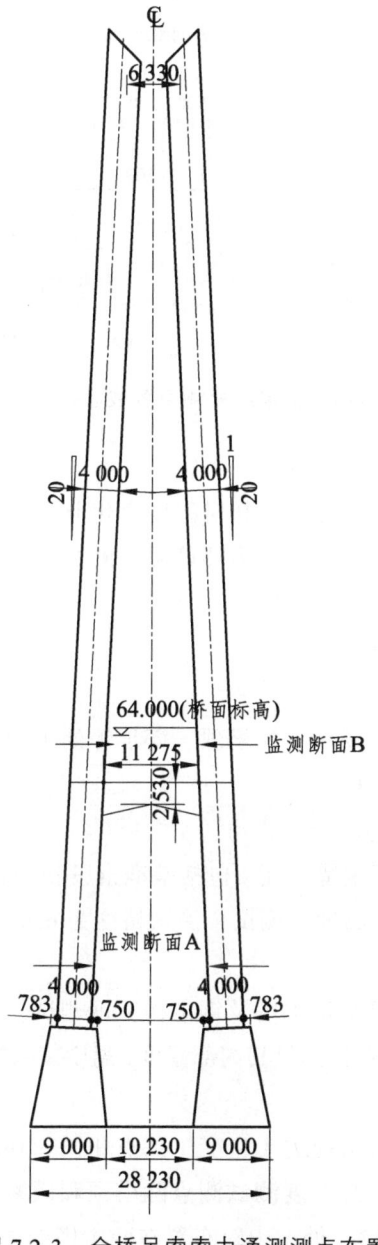

图 7.2-3　全桥吊索索力通测测点布置

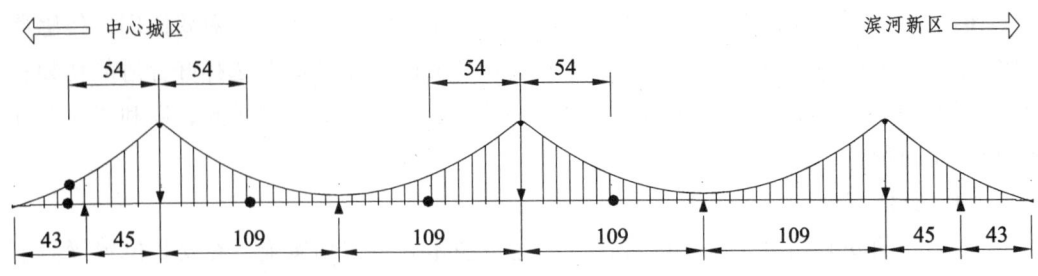

图 7.2-4 主梁应变测点立面位置示意图

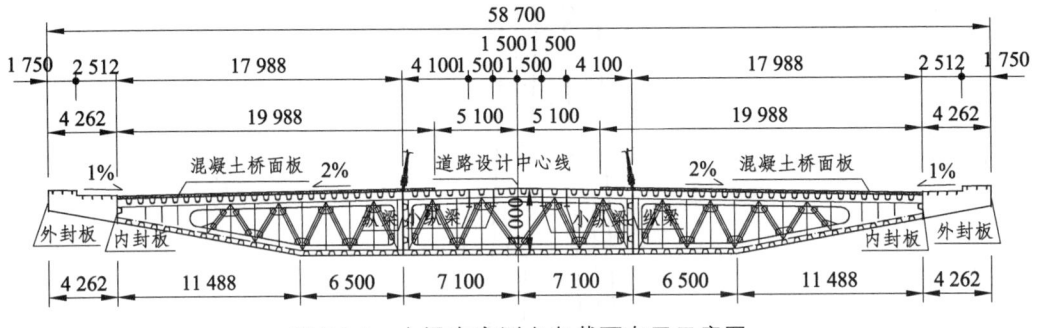

图 7.2-5 主梁应变测点各截面布置示意图

4. 温度场测试

大跨径自锚式悬索桥结构几何形状对温度变化非常敏感，因此，温度测试将始终伴随施工监控的全过程。温度测试分为环境温度测试、构件表面温度测试和结构内部温度测试。

1）测试方法

（1）环境温度测试。

环境温度测试是指施工场地（如梁顶、塔顶等处）的大气温度测试，使用普通温度计测量，测量精度为 0.1 ℃。

（2）构件表面温度测试。

构件表面温度测试包括主缆表面（包括基准索股和一般索股）、桥塔表面和主梁表面的温度测试，应用点接触温度计测试，测试精度为 0.1 ℃。

（3）结构内部温度测试。

结构内部温度测试主要是指主塔及钢结构温度测试。本桥桥塔及钢梁内部设置的应变计均自带温度弦，可以直接测量其内部温度，温度读数精确至 0.1 ℃可以满足要求。

2）测点布置

内部温度测试测点布置与应力（应变）测点相同。环境温度测试选取两塔顶、中跨跨中、两边跨锚固区。主缆温度测试测点除塔顶和散索套布置在其中心处外，两边跨布置在跨距的 1/4、1/2、3/4 处，中跨布置在两主塔的 1/8、1/4、1/2、3/4 和 7/8 处。

3）测试时间

在主梁施工期间，选择有代表性的天气进行温度测试，例如每个季节选择一个晴天、多云天和阴雨天，进行连续 24 h 观测，并在位移、应变测试的同时选择性地进行观测。

4）温度对结构变形和受力影响的测量

测试内容：主梁、主缆线形、吊杆张力、塔顶偏位以及相关截面应力应变。

测试时间：与温度场观测同步进行。

7.3 施工监控方案计算

7.3.1 监控计算内容

由于悬索桥各构件一旦被架设，其误差调整范围较小。为了使最终成桥状态与设计目标状态接近，只能通过一系列的监控参数，严格控制施工过程。因此，在收集已经安装构件的施工误差和后续待施工构件的设计参数的基础上进行监控计算是悬索桥监控最重要的手段。监控计算的作用是：校核设计参数，提供施工各阶段理想状态线形及内力数据，对比分析施工各阶段的实测值与理论值，对结构参数进行识别与调整，对成桥状态进行预测、反馈，提供必要的控制数据。

1. 设计复核、确定监控目标状态

设计单位着重于桥梁的成桥状态设计，从结构施工到最终成桥状态的跟踪计算与误差调整主要由监控单位来完成。监控单位在接手设计图纸之后，必须对设计图纸进行必要的复核，目的是深入理解设计图纸，领会设计单位的意图，收集设计单位的设计参数；在与设计单位的计算参数一致的情况下进行计算分析，与设计单位的结果进行比较，看两者是否一致，因为监控单位的目标是设计单位设计的成桥状态，如果目标成桥状态不一致，那么监控是偏离方向的。监控复核内容如下：

（1）理论成桥状态复核。

① 各构件的理论重量、几何特性计算；

② 理论吊索张力计算；

③ 主缆成桥线形计算；

④ 成桥状态各索鞍在桥塔上的相对位置计算。

（2）理论空缆线形复核。

① 理论空缆线形计算；

② 理论预偏量计算；

③ 理论锚跨张力计算。

(3) 理论无应力尺寸复核。
① 吊索理论无应力长度计算;
② 主缆理论无应力长度计算;
③ 钢梁无应力制造长度计算;
④ 桥塔预抬高量计算。

2. 上部结构理想施工全过程的仿真分析

以设计复核中建立的原始数据为基础,根据设计拟定的施工过程,建立上部结构施工过程计算机仿真分析系统,拟订吊索的张拉调整方案,对结构进行倒拆、顺装计算,分析结构在理论施工状态(无施工误差)下各阶段的施工参数,对主梁顶推施工过程进行计算分析,以理论参数计算各施工阶段的内力、变形、监控参数理论值并提出相应的施工建议、安全措施,预测结构在各个阶段的形状。应提交的计算分析结果如下:

① 主梁顶推阶段主梁的应力、变形;
② 主梁顶推阶段临时结构的应力、变形分析;
③ 主缆各个施工阶段的线形(两主跨各 1/8、1/4、1/2 点的标高,边跨 1/4、1/2 的标高);
④ 各个吊索张拉阶段的主梁线形(吊点标高);
⑤ 各个施工阶段的桥塔偏位;
⑥ 各个阶段的主缆锚跨张力;
⑦ 各个阶段的桥塔内力、应力;
⑧ 恒载状态下主梁的内力、应力;
⑨ 恒载状态下的吊索力;
⑩ 恒载作用下桥塔的收缩、徐变与弹性压缩量。

3. 确定主梁理论制造线形

主梁制造线形也即现场拼装线形,以上部结构理想施工全过程的仿真分析计算为基础,以成桥状态为目标,经过计算反复迭代,对结构进行顺装、倒拆模拟,确定主梁的理论制造线形。

4. 确定初步的吊索张拉调整方案

在上部结构理想施工全过程仿真分析的基础上,拟订多个吊索调整方案,对各方案进行模拟计算分析,对施工过程中吊索合理的张拉力和张拉顺序进行优化,初步确定吊索张拉方案。

5. 确定桥塔的控制指标

对桥塔建立详细的实体分析模型,计算桥塔的抗推刚度、塔顶预留下沉量和允许纵向位移、允许扭转变形，确定后期施工时桥塔的安全指标，以便于吊索张拉过程中对桥塔实施有效的安全监控。

6. 确定桥塔施工方案

对钢塔施工，首先确定施工方案，根据桥塔施工方案确定监控控制指标。

7. 确定初步的鞍座顶推方案

在保证桥塔安全的前提下，确定鞍座的顶推阶段，各顶推阶段的顶推量、最大顶推力。

8. 临时墩结构刚度分析

建立临时墩空间分析模型，计算结构在指定荷载下的变形，对施工单位的临时墩试验数据进行分析，修正临时墩结构的刚度；建立临时墩和主桥的统一计算模型，以便于吊索张拉过程中对加劲梁脱离临时墩的过程进行监控。

9. 钢梁顶推过程的内力及变形分析

建立钢梁顶推过程的实时分析模型（钢梁-临时墩统一计算模型），计算钢梁在顶推过程中主梁、临时墩结构的内力、变形及最不利值，以及每一轮顶推过程中各支撑点的标高变化及支反力控制值，验算主梁和临时墩在顶推过程中的安全性与稳定性、板的局部稳定性。

10. 主缆影响参数及误差分析

考虑恒载重量误差、主缆的弹性模量误差、面积误差、制作长度误差等因素，对主缆进行影响参数分析和误差分析，验算主缆锚固可调节长度是否足够。

11. 上部结构施工前施工监控数据的准备

设计图纸上给出的参数与实际采用材料的参数往往有差别，如丝股弹性模量和实际面积、钢梁面积和重量、桥塔位置与标高、材料热膨胀系数等，监控单位在前述设计参数与理论分析的基础上，向设计、施工（加工）、监理等单位收集有关计算的实际参数，引入施工和制造误差并反馈给计算机施工控制仿真分析系统，对分析模型进行修正，以便于模型更加符合实际。收集资料如下：

① 构件实测基本特性数据；
② 缆、梁、塔、吊索的弹性模量、截面尺寸等；
③ 构件实际几何数据；
④ 桥塔、锚碇的标高和位置；
⑤ 荷载数据误差；
⑥ 加劲梁、索夹及吊索锚头自重误差，桥面铺装容重误差等；

⑦ 上列数据修正的目的主要是获得更合理的数据，如果没有，则仍将采用理论设计数据。

12. 上部结构施工前参数识别

（1）独塔状态的桥塔位置及标高的确定。

根据桥塔几何测量结果和标高日照变化曲线确定独塔状态各控制点在设计温度下的位置与标高。

（2）锚固点位置及标高的确定。

根据锚固点的几何测量结果和温度测量结果确定锚面中心在设计温度下的位置与标高。

（3）成桥状态桥塔位置及标高的确定。

根据独塔在设计温度下的位置与标高、塔结构混凝土收缩、徐变资料及塔底沉降资料预测桥塔成桥后的标高。

（4）成桥状态锚面中心位置及标高的确定。

根据主梁的安装线形和锚固点的几何测量及温度测量结果确定成桥状态锚固点的位置与标高。

（5）架设线形预抬高量的确定。

在准备工作中已经作了参数分析，即恒载、主缆弹性模量等误差对成桥线形的影响情况。在此应该考虑当前原始数据的实际精度、主缆的非弹性变形和桥塔成桥状态的标高预测情况，与各单位商议，确定线形的预抬高量。

13. 索鞍预偏量计算

根据前述理论数据，桥塔、锚固点的位置和标高施工误差数据（在猫道架设前这些数据应该详细测设，并作标记点）、主缆丝股面积与弹模误差数据、桥塔预高量（恒载弹性压缩、收缩徐变量）、丝股预抬高量（考虑恒载误差、主缆丝股的非弹性变形）计算各索鞍预偏量。

14. 主缆中心位置线形计算

在上部结构施工前施工监控收集的数据和实设预偏量的基础上，计算各种温度、各种跨度变化情况下的各跨主缆中心位置的架设线形（跨中位置和标高）。

15. 丝股架设线形计算

计算主缆各根丝股架设线形相对于主缆中心的位置差和标高差，计算各种温度、跨度变化情况下的位置差和标高差修正系数，利用主缆中心位置的架设线形、各丝股相对于主缆中心的位置差和标高差、温度和跨度修正系数可以计算出任意丝股的架设线形。

监控单位还向施工单位提供操作简单、数据准备齐全的丝股现场架设软件或者 Excel 计算表格，利用它可方便地计算出丝股架设线形、索长调整量，从而在丝股现场架设中使用。

16. 主缆锚固张力计算

计算架索阶段主缆各根丝股在各温度变化下的锚固点张力。提供丝股现场架设软件或者 Excel 计算表格。

17. 计算最不利条件下所需索鞍最大水平支承反力

在丝股架设期间，散索套、主索鞍都需要在精确预偏之后加临时固定，限制其纵向滑动。在施工控制与仿真分析系统中可以计算出最大温度变化下和最大风载下散索套、主索鞍的临时支承反力，以便施工单位设计临时支承构件。

18. 主缆紧缆后的参数识别与架设精度分析

在主缆丝股架设完成并紧缆后，监控单位利用丝股表面温度和主缆断面温度场测试数据进行参数识别，确定主缆测设实际平均温度；利用该平均温度和实测跨度、线形数据进行反馈计算，确定主缆架设的实际无应力长度；分析主缆的架设精度，并与国内外其他桥的主缆架设情况比较。考虑主缆架设误差、主梁重量误差和二期恒载误差，以最终的主梁线形为目标，调整主梁的架设预拱度。

19. 索夹安装位置计算

索夹位置受桥塔偏位、温度变化的影响非常显著。在上部结构施工前施工监控收集数据的基础上，计算索夹在各温度及桥塔偏位下的安装位置。

20. 吊索下料长度计算

在确定实际空缆线形后，需要重新计算吊索长度。悬索桥的主梁线形主要由空缆线形、吊索长度及主梁上的恒载决定；一旦丝股架设完成，空缆线形就已确定；吊索架设完成后，主梁的线形就已经确定。可见，悬索桥线形控制的关键在于控制主缆的架设线形，在完成的空缆线形上决定吊索长度。在吊索长度决定后，就只能微幅调整成桥线形。

以理论主梁线形为目标状态，利用主缆实际的架设线形和较准确的主梁一期恒载和二期恒载，考虑主缆的架设误差，在施工监控与仿真分析系统中可以计算出吊索的下料长度，监控单位计算出调整后的吊索长度，经设计人员计算确认后，交由厂家生产并通过严格的监理达到吊索的制造精度后，方可施工安装。

21. 猫道改挂的计算

施工监控与仿真分析系统将对猫道的改挂工作进行模拟监控计算，以得出桥塔偏位、主缆线形,并与实测结果比较。

22. 索鞍顶推方案的修正

在前述理论分析中已经确定了初步的索鞍顶推方案,在顶推安装前应该考虑各项误差重新计算,以确定是否需要调整索鞍顶推阶段号及顶推量。

23. 吊索张拉及体系转换过程计算

在考虑各项施工误差的基础上,按照吊索张拉过程和索鞍顶推方案,重新计算各阶段的主缆线形、主梁线形、桥塔偏位、主缆丝股张力变化等,在以后各工况与实测值比较,识别主缆的真实弹性模量并反馈到仿真计算系统中,不断修正预测最终的成桥状态,提出施工控制建议。

24. 二期恒载与成桥线形的计算

根据桥面铺装机械和设备情况及拟订的施工流程,按实际铺装容重和铺装过程,计算铺装阶段桥塔、主梁的结构内力与变形,提出施工控制建议;按吊索张拉完成的实际索力状态,确定成桥时的实际内力状态,提出是否需要调整吊索力的控制建议。

7.3.2 计算模型

1. 模型简介

为详细分析主梁在各工况下的受力情况,以及得到精确的结构内力与应力,建立了如图7.3-1所示的空间杆系模型。主缆、吊索采用索单元进行模拟,桥塔、加劲梁采用空间梁单元进行离散。计算分析时不仅考虑了空间几何非线性的影响,还考虑了施工过程的影响。

图 7.3-1 施工监控有限元模型

在模型中采用的标准单元类型见表7.3-1。

表 7.3-1 标准单元类型

序号	结构构件	单元类型	备注
1	主缆	只拉垂索单元	考虑主缆垂度的影响
2	吊索	只拉直杆单元	—

续表

序号	结构构件	单元类型	备注
3	桥塔、钢桁梁	空间梁单元	计入剪切变形对结构内力及位移的影响
4	桥塔与主梁连接及顶推装置	刚臂单元	无质量刚性单元
5	锚跨	锚跨单元（图7.3-2）	锚跨各股凝聚为一个单元

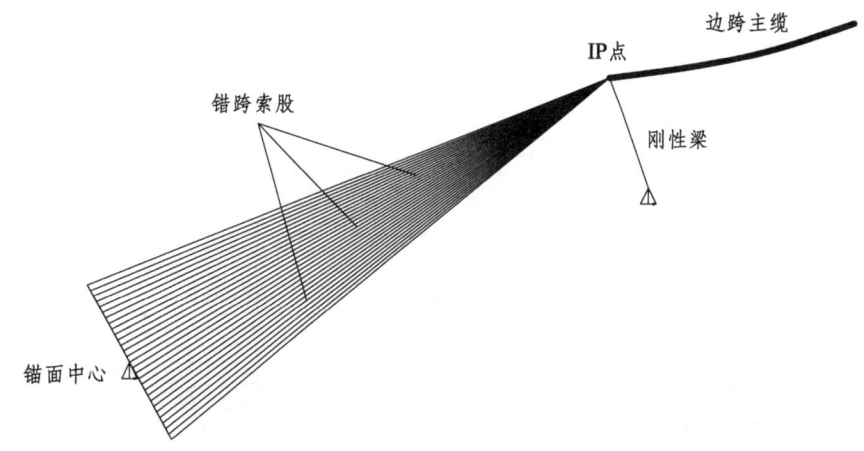

图 7.3-2　锚跨单元示意图

结合实际工程情况，模型中条件为：

（1）塔柱：在承台处固结。

（2）加劲梁：主梁为四跨连续结构，采用梁单元模拟塔梁支座，通过不完全连接释放塔梁纵向约束。

（3）主缆：锚固点处固结。

2. 施工阶段划分

参考实际施工情况，本模型计算阶段共分为9个：① 桥塔完成（索鞍吊装）；② 主梁钢结构完成；③ 主梁桥面板安装完成；④ 主缆架设（安装散索套）；⑤ 索夹安装；⑥ 吊索张拉；⑦ 二期恒载；⑧ 防护涂装；⑨ 成桥。

7.3.3　结构恒载状态内力

理论恒载状态就是不考虑施工误差、构件加工重量误差、构件材料特性误差等各种误差时结构在恒载作用下的理论状态。

1. 吊索力

吊索是传递钢梁及桥面荷载的构件，是联系主缆与钢梁的重要纽带。结构分析时也是一样，只要吊索力已知，则钢梁和主缆的内力及线形便迎刃而解。仅从结构内力平衡而言，有无穷多组吊索力使得主缆、钢梁和桥塔组成的体系平衡；但若考虑结构恒载线形目标状态、各构件的理想恒载状态及钢梁安装的方便性，则吊索力应是一组较均匀的力。以目标状态计算模型进行计算分析，经过反复迭代、调整得到恒载状态下的吊索力见附表1，图7.3-3为成桥状态下的吊索内力图。从计算结果来看，成桥最大吊索力为3 484.7 kN，最小吊索力为3 362 kN，吊索受力较均匀。

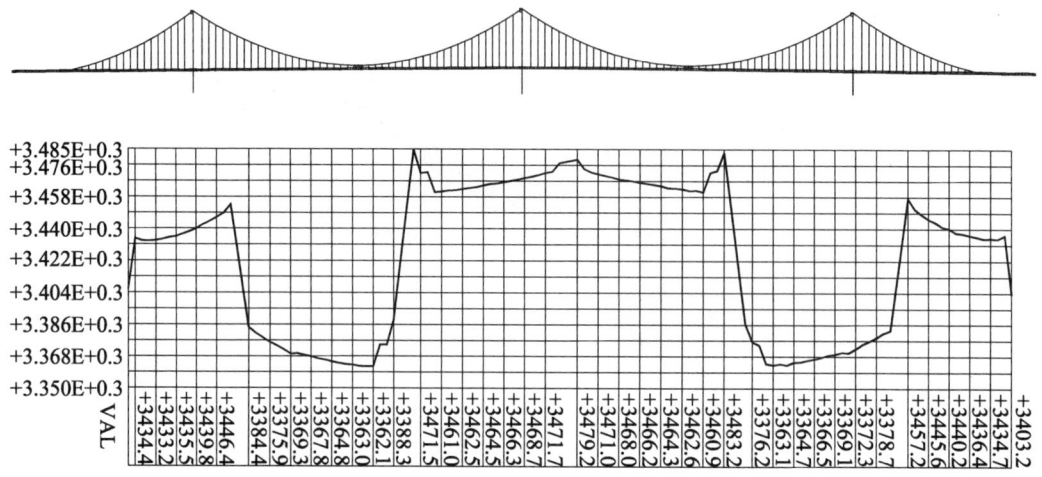

图 7.3-3　成桥吊索索力（单位：kN）

2. 钢梁内力

成桥恒载状态下，钢箱梁的内力如图7.3-4~图7.3-7所示，钢箱梁的应力如图7.3-8所示。可知：成桥状态加劲梁最大轴力值为293 903.735 kN，最小轴力值为61 120 kN；加劲梁最大 y 向剪力值为45 835.939 kN，最小 y 向剪力值为-45 846.693 kN；加劲梁最大 z 向剪力值为38 172.376 kN，最小 z 向剪力值为-70 373.742 kN。

由图7.3-8可知成桥状态最大应力发生于桥塔附近处的加劲梁中，最大压应力为105.823 MPa，最大拉应力为59.302 MPa，除桥塔附近加劲梁外的一般梁段，压应力均小于60 MPa，拉应力均小于20 MPa。可见，钢箱梁成桥状态下的应力值还是比较小的，满足规范要求。

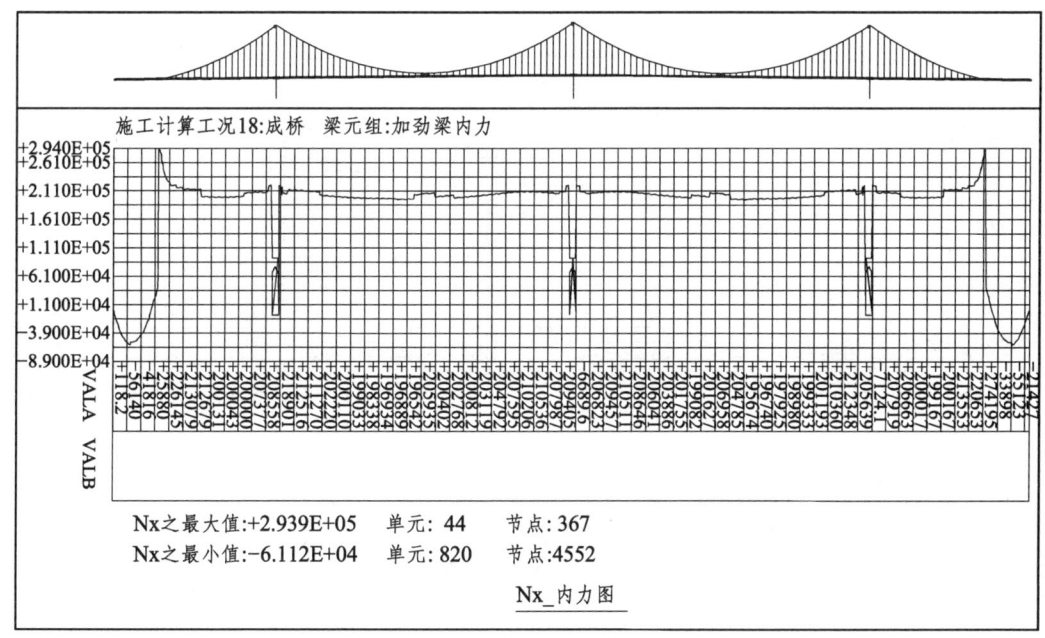

图 7.3-4　加劲梁轴力（单位：kN）

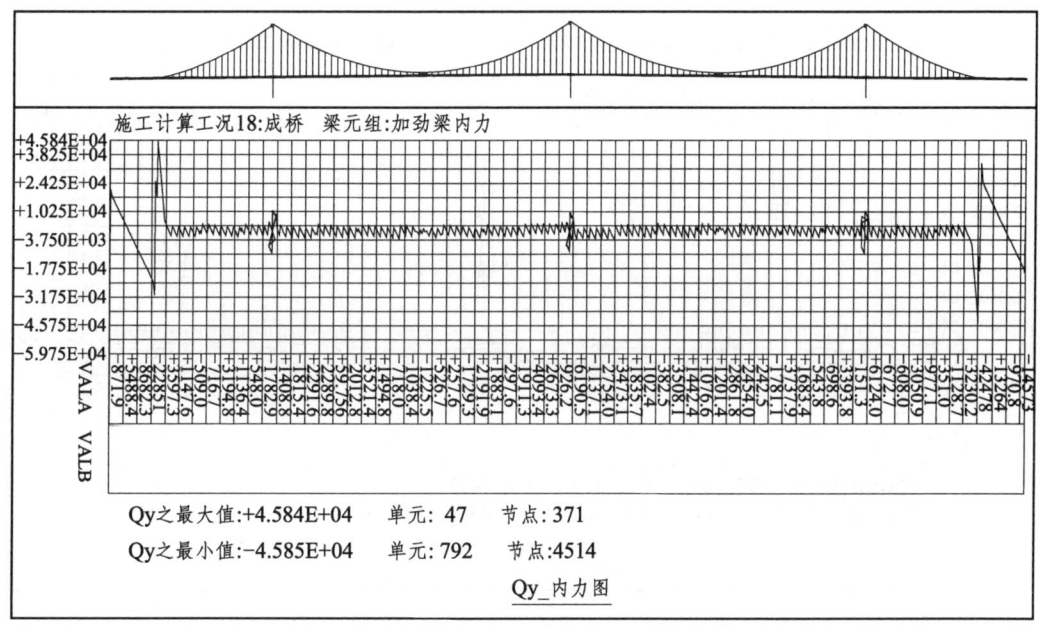

图 7.3-5　加劲梁 y 向剪力（单位：kN）

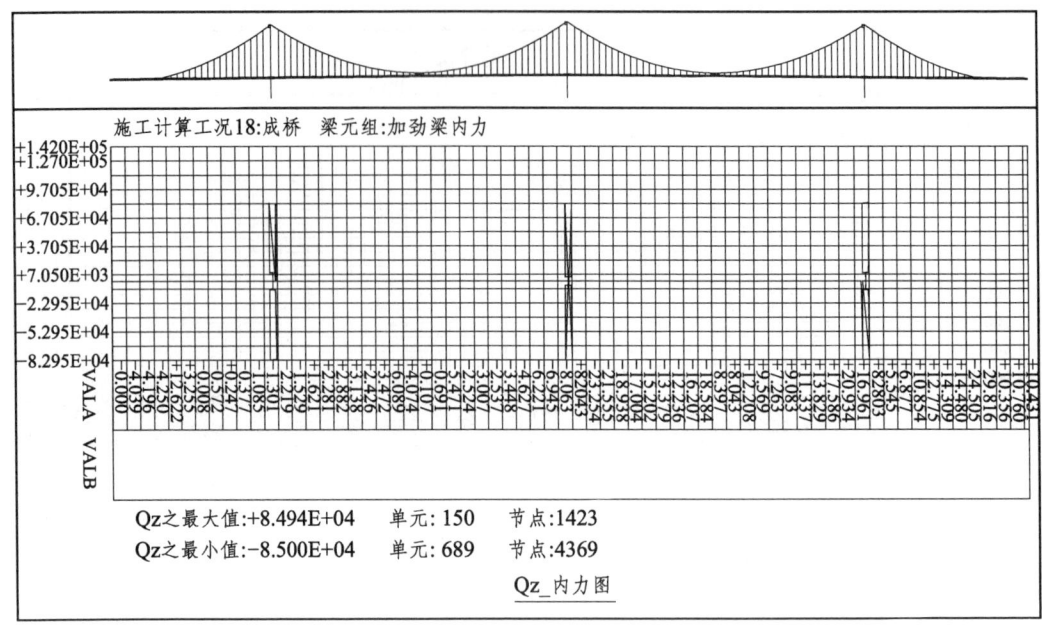

图 7.3-6 加劲梁 z 向剪力（单位：kN）

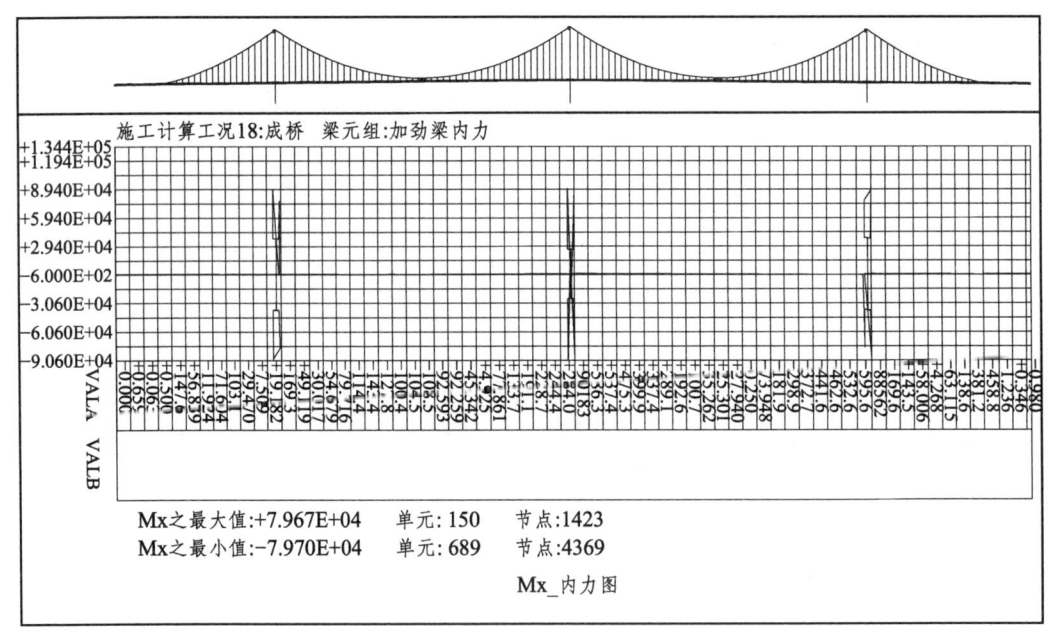

图 7.3-7 加劲梁扭矩（单位：kN·m）

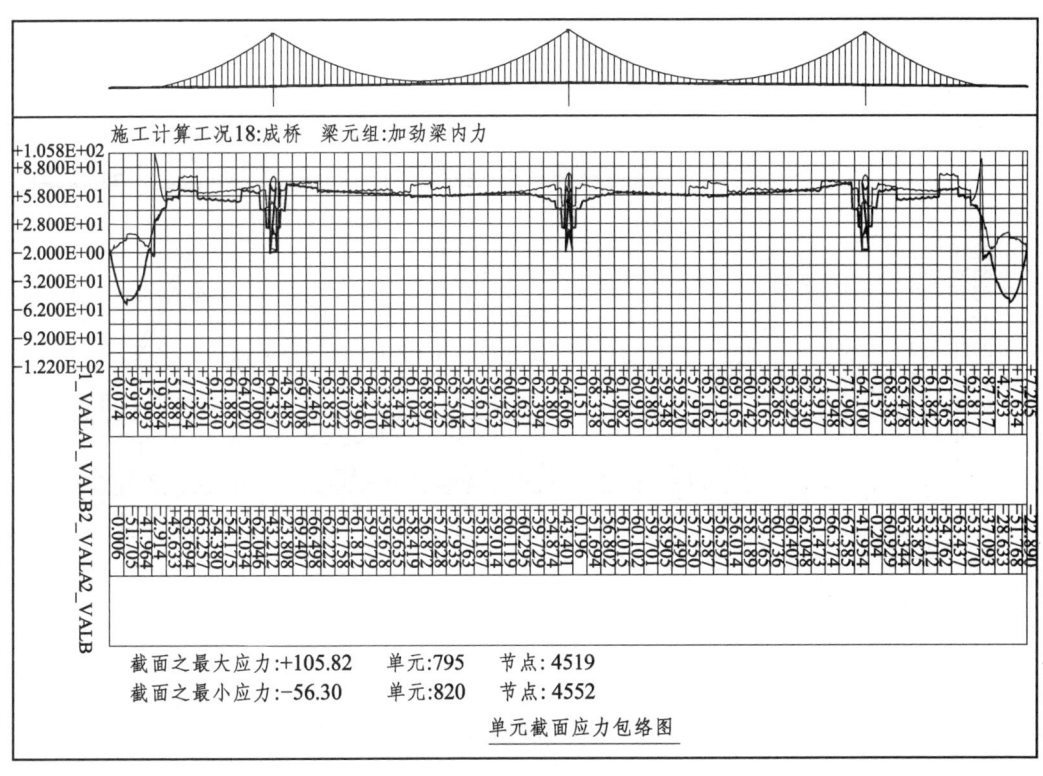

图 7.3-8　成桥加劲梁应力（单位：MPa）

3. 主缆内力

在成桥恒载状态下，主缆内力如图 7.3-9 所示。成桥恒载状态下主缆最大缆力为 162 231.8 kN，主缆最小缆力为 133 525.4 kN。缆力最大值发生在桥塔处。

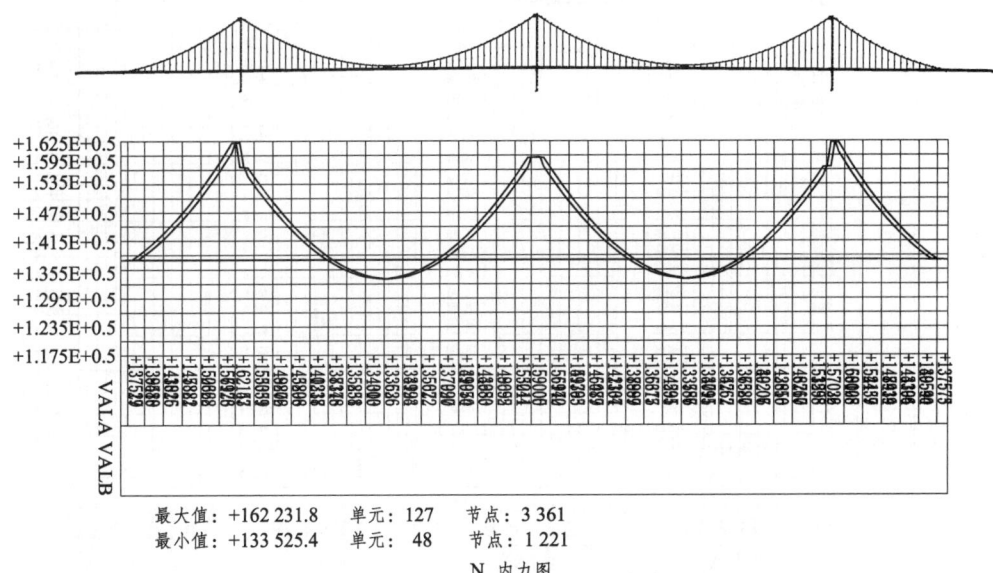

图 7.3-9　成桥状态下主缆内力（单位：kN）

在成桥恒载状态下，主缆应力如图 7.3-10 所示。成桥恒载状态下主缆最大应力为 692.3 MPa，主缆最小应力为 569.8 MPa。应力最大值发生在桥塔处。

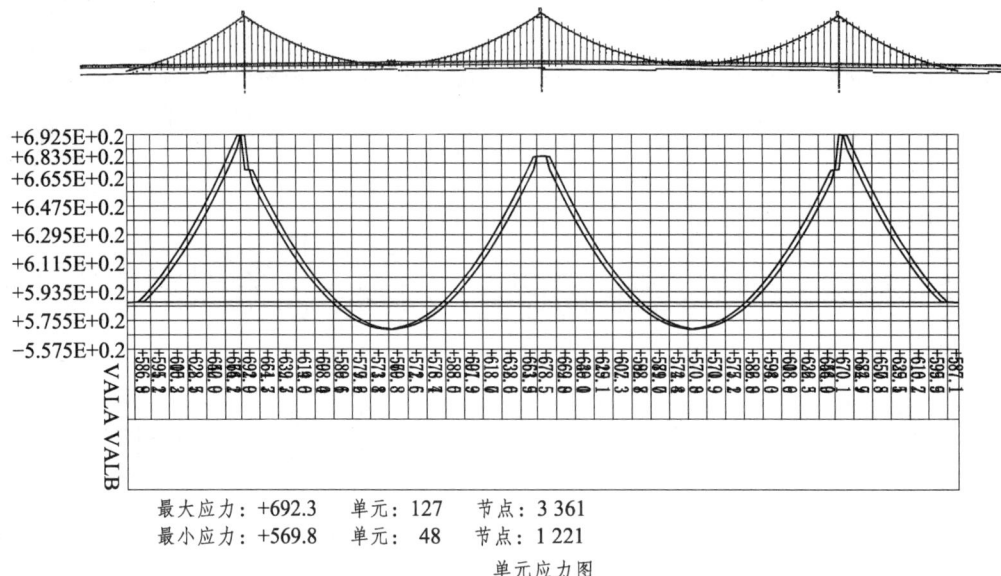

图 7.3-10　成桥状态下主缆应力（单位：MPa）

4. 塔桥内力

成桥状态时，桥塔内力如图 7.3-11 ~ 图 7.3-13 所示，桥塔应力如图 7.3-14 ~ 图 7.3-16 所示。其中：

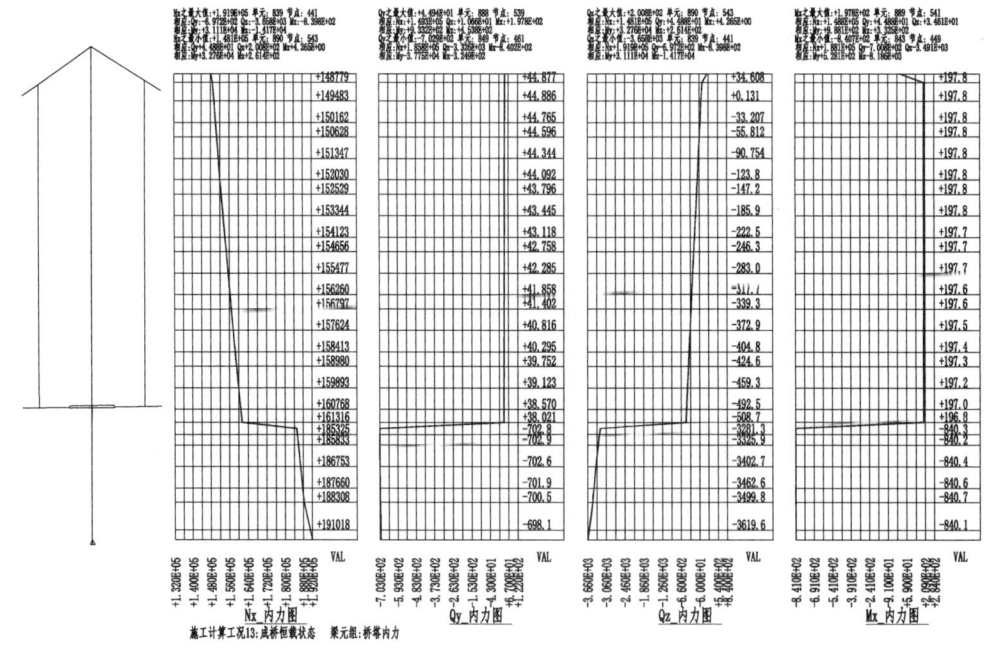

图 7.3-11　南侧边塔内力（单位：kN）

左边塔桥塔最大内力为 191 916.368 kN；其最大应力为 96.028 MPa，最小应力为 25.636 MPa。中塔桥塔最大内力为 189 046.591 kN；其最大应力为 98.045 MPa，最小应力为 24.185 MPa。右边塔桥塔最大内力为 191 916.366 kN；其最大应力为 103.293 MPa，最小应力为 22.498 MPa。

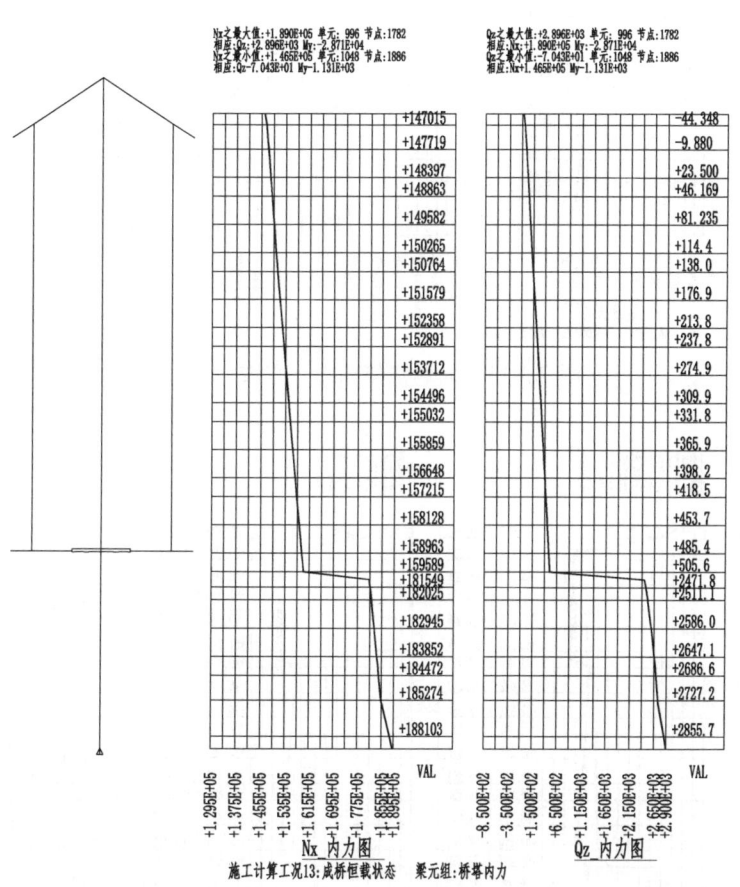

图 7.3-12　中塔内力（单位：kN）

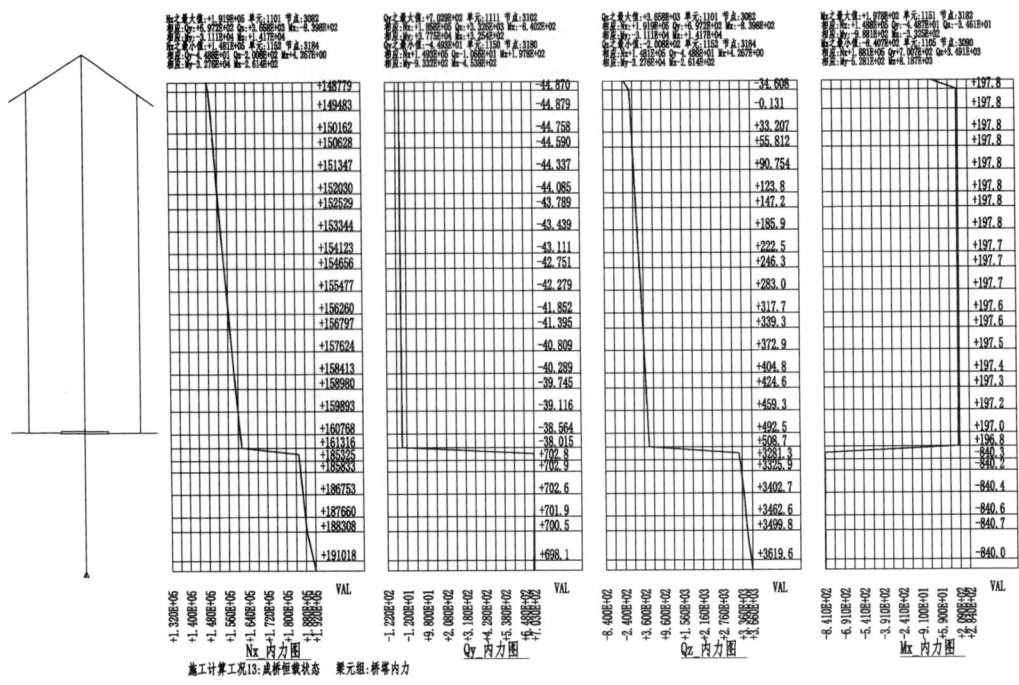

图 7.3-13 北侧边塔内力（单位：kN）

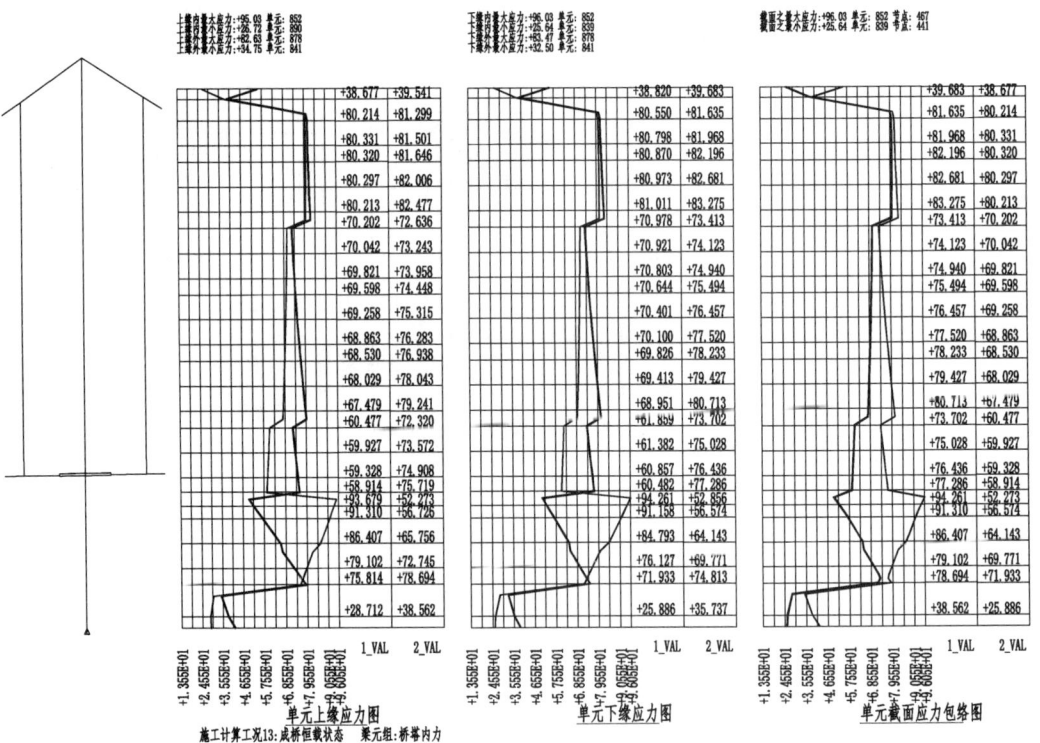

图 7.3-14 南侧边塔应力（单位：MPa）

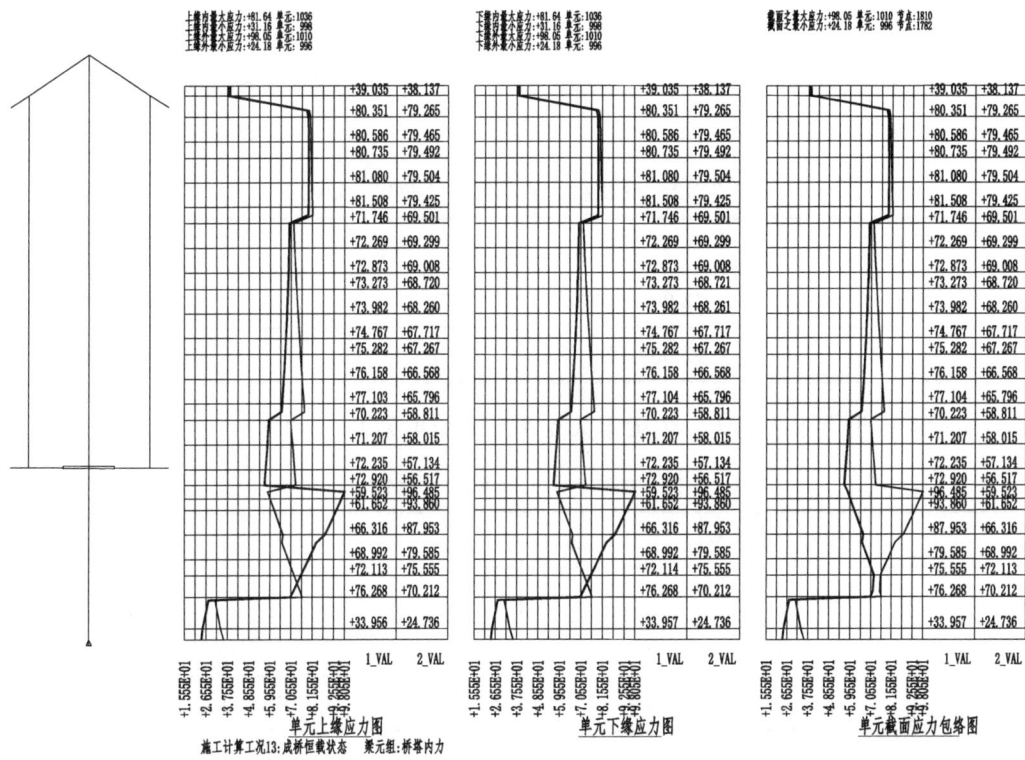

图 7.3-15 中塔应力（单位：MPa）

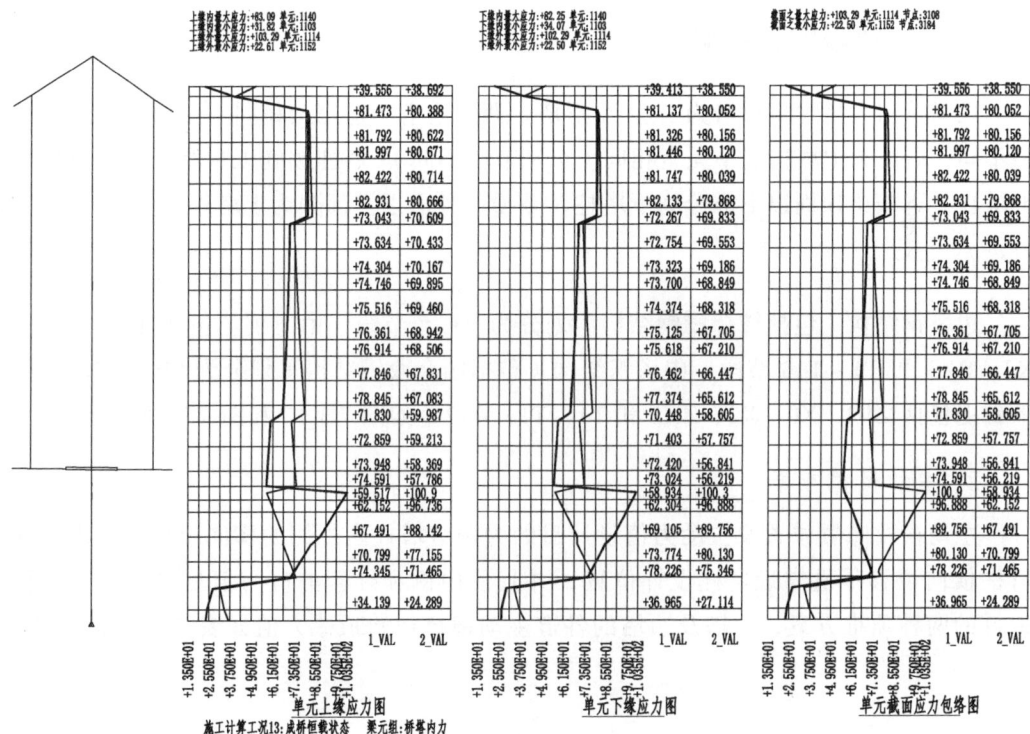

图 7.3-16 北侧边塔应力（单位：MPa）

5. 支座反力

依据结构设计图,在每个桥塔下均设置了 2 个竖向支座,成桥阶段竖向支座反力如表 7.3-2 所示。

表 7.3-2 成桥状态支座反力(单位:kN)

支座编号	南侧边塔	中塔	北侧边塔
支座 1	22 009.124	20 245.585	22 009.124
支座 2	22 009.124	20 245.585	22 009.124

主梁梁端设有永久支座,主梁永久支座反力结果见表 7.3-3。

表 7.3-3 主梁永久支座反力(单位:kN)

永久支座编号	支座反力
1	23 667.39
2	32 855.58
3	32 855.58
4	23 667.39

7.3.4 桥塔施工方案分析

凤凰黄河大桥主桥桥塔为三座 A 形塔,两个边塔构造完全相同,因桥面和地面标高不同,边塔和中塔构造不完全相同(个别节段不同)。塔柱按施工顺序分为下塔柱与上塔柱,下横梁顶面以下部分为下塔柱,下横梁顶面以上部分为上塔柱。

1. 节段划分

边塔钢结构(包括结合段钢结构)划分为 19 个节段,由下到上包括 BJH、X1~X2、BX3 和 T1~T13 节段;中塔钢结构(包括结合段钢结构)划分为 20 个节段,由下到上包括 ZJH、X0~X2、ZX3 和 T1~T13 节段,如图 7.3-17 和图 7.3-18 所示。

2. 主动横撑方案

主动横撑布置位置及主动力值设计目的为调节塔柱内外侧的横向位移和应力,使塔柱横向位移尽量靠近塔柱设计位置,并且使内侧和外侧的应力值尽量相近。根据拟订的两种顶推方案,中塔及边塔的各道主动横撑初始顶撑力值如表 7.3-4~表 7.3-7 所示。

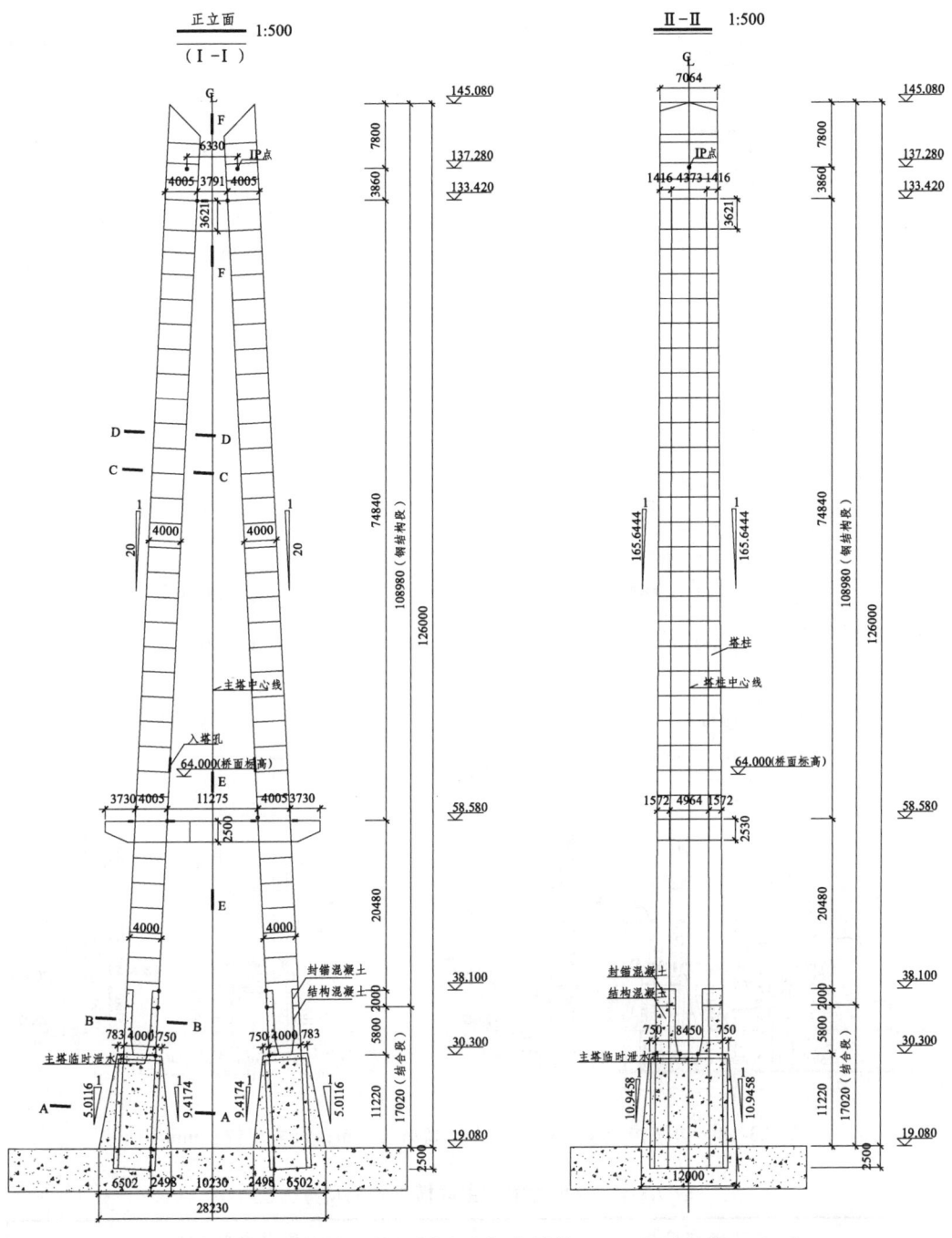

图 7.3-17 主塔构造及节段划分（标高单位：m；尺寸单位：mm）

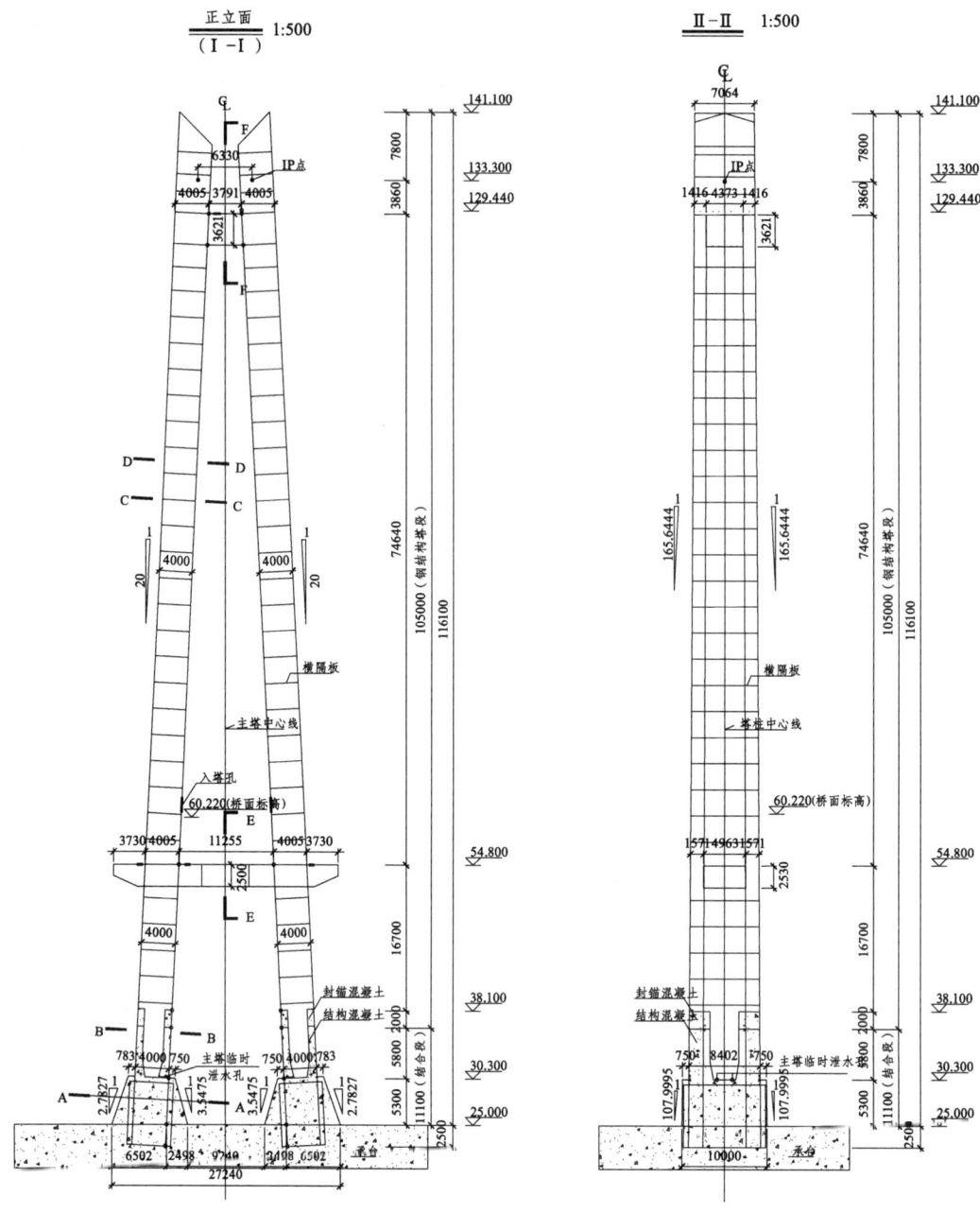

图 7.3-18 边塔构造及节段划分（标高单位：m；尺寸单位：mm）

表 7.3-4 中塔方案一主动横撑初始顶撑力值

主动横撑编号	顶撑力值/kN
ZDHC1	110.0
ZDHC2	90.0

表 7.3-5　中塔方案二主动横撑初始顶撑力值

主动横撑编号	顶撑力值/kN
ZDHC1	100.0
ZDHC2	70.0
ZDHC3	70.0

表 7.3-6　边塔方案一主动横撑初始顶撑力值

主动横撑编号	顶撑力值/kN
ZDHC1	100.0
ZDHC2	85.0

表 7.3-7　边塔方案二主动横撑初始顶撑力值

主动横撑编号	顶撑力值/kN
ZDHC1	100.0
ZDHC2	80.0
ZDHC3	70.0

3. 计算模型

桥塔模型计算采用有限元软件 Midas/Civil 2015 版,桥塔截面特性计算采用有限元软件 ANSYS 19.0。模型的建立基本上依据实际结构构件进行杆系离散,桥塔塔柱、横梁采用梁单元模拟,横撑杆采用桁架单元模拟。边界约束条件为在桥塔塔底固结,主动横撑、横梁与塔柱之间采用弹性连接中的刚性连接。本次计算主要关心塔柱一般截面的应力情况与横撑内力。两种方案的桥塔模型结构图如图 7.3-19 和图 7.3-20 所示。

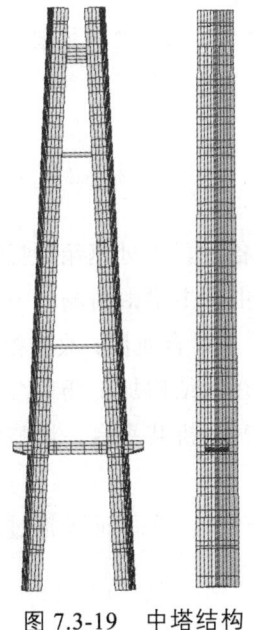
图 7.3-19　中塔结构

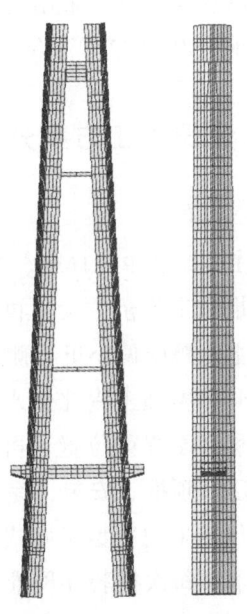
图 7.3-20　边塔结构

4. 主要技术标准

（1）桥塔材质均为 Q420qE 及 Q345qE，其主要力学性能如表 7.3-8 所示。
（2）桥梁结构安全等级为一级，结构重要性系数为 1.1。
（3）桥梁设计使用年限为 100 年。
（4）地表类别：A 类；基本风速（100 年重现期）：28.6 m/s（规范值）。

表 7.3-8　主要力学性能

构件	材料	弹性模量/MPa	泊松比	容重/(kN/m^3)
桥塔	C60	36 000	0.2	26
	Q420qE	206 000	0.3	76.98
	Q345qE	206 000	0.3	76.98
主动横撑	Q235qE	206 000	0.3	76.98

5. 分析结果

（1）在施工过程中，中塔塔柱最大压应力为 7.5 MPa；最大拉应力为 1.4 MPa，出现在 T13 节段安装时；最大横向位移为 -4.675 mm。

（2）中塔顶撑方案一采用两道横撑，ZDHC1 单根钢管最大轴力值为 470.9 kN，稳定性满足要求；ZDHC2 单根钢管最大轴力值为 223.7 kN，稳定性满足要求。

（3）在施工过程中，边塔塔柱最大压应力为 7.9 MPa；最大拉应力为 1.1 MPa，出现在拆除横撑时；最大横向位移为 -4.010 mm。

（4）边塔顶撑方案一采用两道横撑，ZDHC1 单根钢管最大轴力值为 488.7 kN，稳定性满足要求；ZDHC2 单根钢管最大轴力值为 230.0 kN，稳定性满足要求。

7.3.5　主梁施工方案分析

1. 施工方案

分别于 PF20#和 PF21#墩、PF27#和 PF28#墩之间各设置 1 处钢箱梁提梁站及拼装平台，先顶推施工主桥主梁，再顶推施工引桥主梁。主桥主梁由两侧向中间顶推，合龙口设置于主跨跨中偏小里程侧约 3.5 m 位置处。主桥主梁合龙后，改造提梁站，分别背向索塔方向顶推施工南北侧水中引桥主梁。钢箱梁在钢结构加工场地总拼成节段，通过运梁车移运至提梁位置，再利用提梁设备将其提升至拼装平台，调整定位后与钢导梁连接，逐节顶推、安装，完成全桥合龙。

钢箱梁顶推采用新型步履式顶推装置，顶推距离较长。为保证顶推过程中工程质量和线形要求，每次拼装并顶推 2 个梁段。

2. 顶推施工计算原理

钢箱梁顶推全过程结构安全验算是钢箱梁顶推施工监控的重点内容之一，其具体内容包括：钢箱梁及导梁整体验算、钢箱梁及导梁局部应力验算等。

1）钢箱梁及导梁整体验算

依据相关设计图纸和施工方案，采用平面杆系有限元理论进行钢箱梁顶推全过程的钢箱梁及导梁整体应力验算。

计算模型选择的单元种类包括平面梁单元、单向受压杆单元。计算模型参与结构包括钢箱梁、导梁和等效支承体系。其中：钢箱梁、导梁和顶推拼装平台等用平面梁单元模拟；等效支承体系包括顶推拼装平台垫块、临时墩支承、主塔横梁等处的等效支承，用单向受压杆单元模拟。

按"一次落架法+强迫位移法"模拟顶推施工过程，采用"支承位置及相对高程不变，梁随顶推不断前进"的方法建模。

计算工况包括：钢箱梁拼装、钢箱梁顶推（每顶推 0.5 m 计算一次）、导梁最大悬臂、导梁上墩、导梁分段拆除、可能的支点沉降或标高调整等。

通过钢箱梁顶推全过程整体应力复算，获取的结果包括：各计算工况下钢箱梁及导梁各截面的弯矩、整体应力及挠度、各顶推支点反力等，并统计钢箱梁及导梁最大应力、顶推支点最大反力等。通过结果分析，验算在顶推全过程中钢箱梁及导梁的安全性。

在顶推过程中，通过相关施工监测结果，反馈分析或更新计算模型，确保后续钢箱梁拼装及顶推顺利进行。

2）钢箱梁及导梁局部应力验算

通过钢箱梁顶推全过程整体应力复算，获取钢箱顶推过程中的最不利工况，比如钢箱梁最大应力、顶推支点最大反力等。将钢箱梁整体应力验算的计算结果作为边界条件，进行钢箱梁及导梁局部应力验算。

3. 顶推阶段划分

由于南跨与北跨结构形式一致，本计算只考虑主桥由南向北边跨顶推计算。

为方便计算（减少了拼装工况，平均按照安装 3 段梁顶推施工 3 段梁控制），主梁顶推施工共划分 23 个大的阶段，每个阶段钢箱梁的位置状态和顶推安排如表 7.3-9 所示。在各个顶推阶段内，每顶推 0.5 m 计算一次临时墩支反力和钢梁受力情况。

表 7.3-9 顶推阶段划分　　　　　　　　　　　　　　　　　　单位：m

工况	安装钢梁长度	顶推梁长度	钢梁总安装长度	顶推前钢梁前端位置（以跨中为0点）	顶推后钢梁前端位置（以跨中为0点）
1	55	27	55	−643	−616
2	27	27	82	−616	−589

续表

工况	安装钢梁长度	顶推梁长度	钢梁总安装长度	顶推前钢梁前端位置（以跨中为0点）	顶推后钢梁前端位置（以跨中为0点）
3	27	27	109	-589	-562
4	27	27	136	-562	-535
5	27	27	163	-535	-508
6	27	27	190	-508	-481
7	28	28	218	-481	-453
8	29	29	247	-453	-424
9	27	27	274	-424	-397
10	27	27	301	-397	-370
11	27	27	328	-370	-343
12	27	27	355	-343	-316
13	27	27	382	-316	-289
14	27	27	409	-289	-262
15	38	38	447	-262	-224
16	27	27	474	-224	-197
17	27	27	501	-197	-170
18	27	27	528	-170	-143
19	27	27	555	-143	-116
20	27	27	582	-116	-89
21	30.5	30.5	612.5	-89	-58.5
22	27	27	639.5	-58.5	-31.5
23	25.5	31.5	665	-31.5	0

4. 钢梁顶推计算结果

本计算结果包括两种钢梁顶推调整支点方案：

（1）钢梁在顶推过程中支撑点始终保持和钢梁有效接触，随着顶推钢梁线形变化，支撑点标高跟随调整。此方案利于钢梁及导梁受力，但施工过程中需要实时进行临时支撑点高程调整，相对复杂（支点调整方案）。

（2）钢梁在顶推过程中，始终保持支撑点高程不变，以优化初始支撑点高程和导梁线形为主要操作手段，保证顶推过程中钢梁及导梁受力满足要求。此方案便于施工，但在钢梁线形相差较大时实现较困难（自适应方案）。

说明：本计算为两种方案的对比计算结果，其中计算时已经优化了导梁安装线形，初始支撑点高程按照设计线形高程确定，未进行优化处理。

1）各支撑点反力结果

在顶推过程中，顶推千斤顶处最大支反力如图 7.3-21 所示。支反力为横向两个支撑点合力。由图可以看出，自适应支点反力大于支点调整时反力，最大反力基本相差为 10 000 kN。单点最大反力相差 5 000 kN。

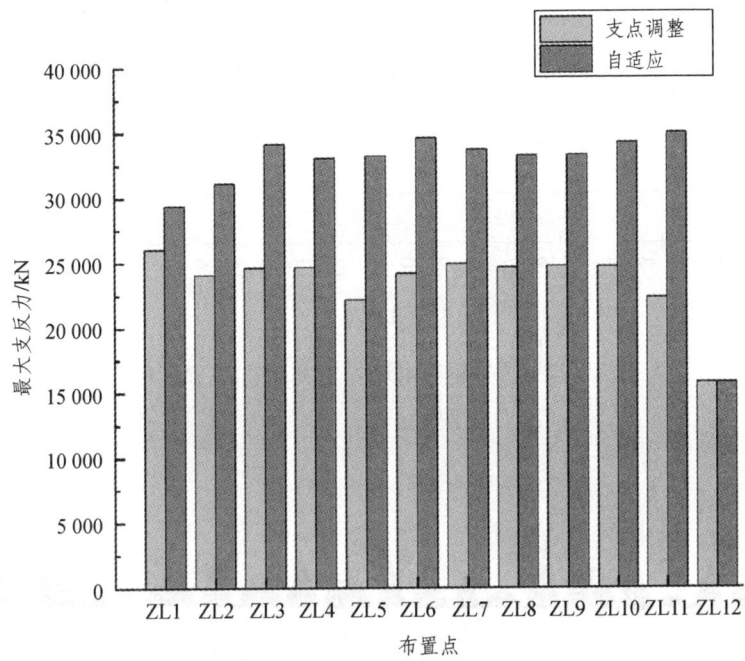

图 7.3-21　顶推千斤顶处最大反力（单位：kN）

2）钢梁最大应力

钢梁顶推支点调整过程中的最大拉应力为 43.0 MPa，在第 21 工况中，出现在支撑点截面处，上顶面受拉，下底面受压，如图 7.3-22 和图 7.3-23 所示。钢梁顶推自适应中的最大拉应力为 88.7 MPa，在第 23 工况中，出现在支撑点截面处，上顶面受拉，下底面受压，如图 7.3-22 和图 7.3-24 所示。

3）前导梁最大应力

由于计算时已将导梁线形优化，施工过程中支点调整计算结果和自适应计算结果相差不大，导梁应力在可控范围内，钢梁顶推过程中导梁的最大拉应力为 128 MPa，出现在导梁根部截面处，上顶面受压，下底面受拉，如图 7.3-25 所示。

4）导梁前端位移

钢梁顶推过程中导梁的前端位移，梁上墩前端最大位移为 -0.24 m，导梁上墩后最大位移为 0.05 m。

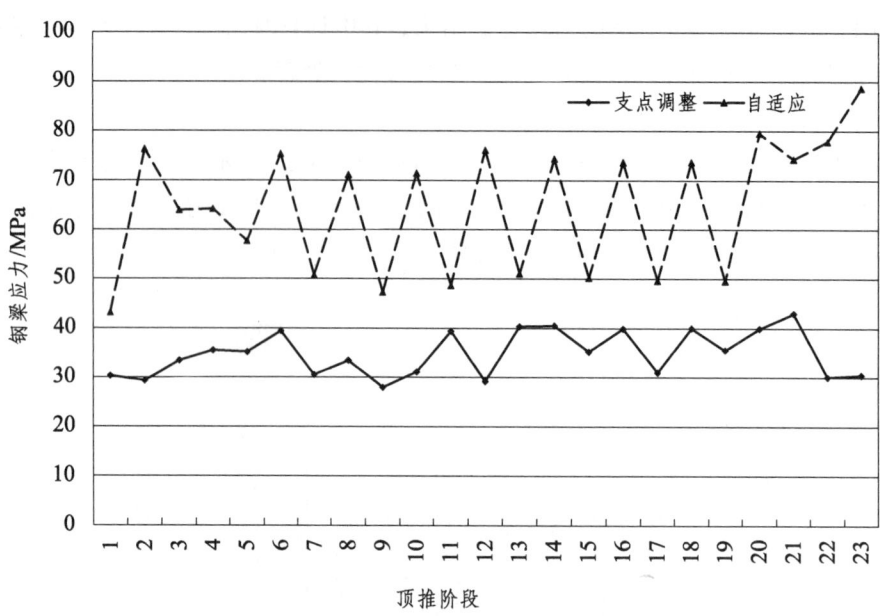

图 7.3-22 顶推钢箱梁最大应力（单位：MPa）

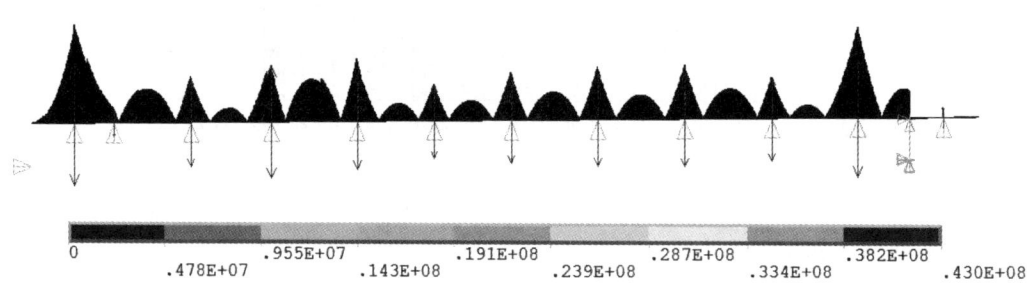

图 7.3-23 钢梁顶推支点调整过程中最大应力阶段整体应力分布（单位：Pa）

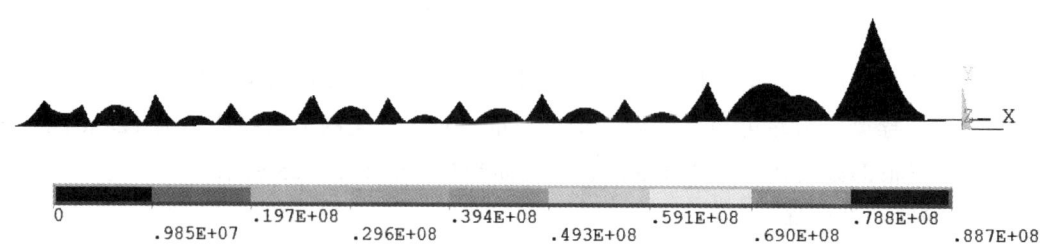

图 7.3-24 钢梁顶推自适应过程中最大应力阶段整体应力分布（单位：Pa）

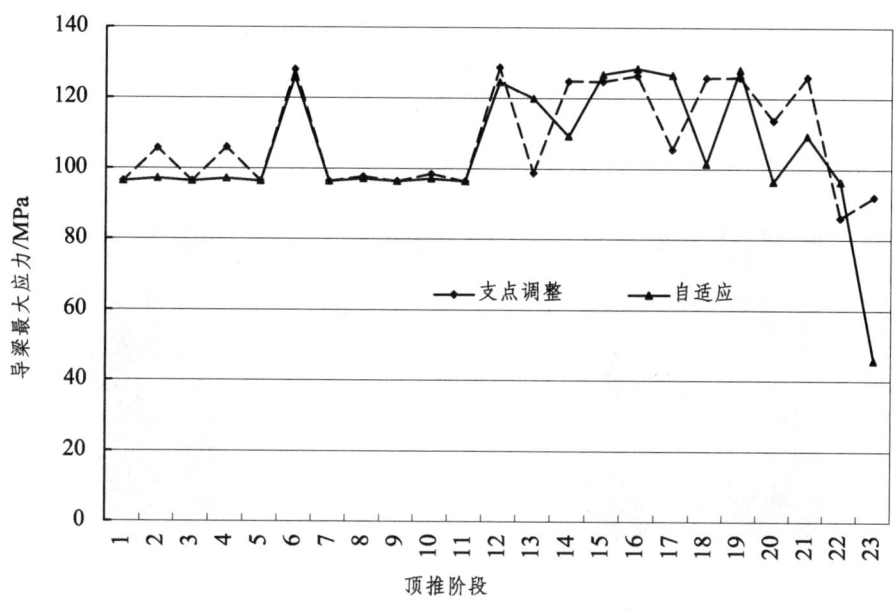

图 7.3-25 顶顶推导梁最大应力

5）钢梁局部受力

由于钢梁在顶推千斤顶上存在局部受力，针对本桥顶推计算支反力结果，通过有限元局部分析，钢梁局部受力与支撑长度关系如表 7.3-10 所示。其中：底部刚性约束是指钢梁底部与千斤顶接触部位刚性支撑，即实际顶推中无柔性支垫措施；支反力均匀分布是指反力通过柔性支撑在钢梁底部受力均匀分布，是施工过程中局部受力的一种理想状态。

表 7.3-10 支反力为 12 000 kN 时钢梁局部应力分析

支撑长度/m	底部刚性约束应力/MPa		支反力均匀分布应力/MPa	
	底板等效应力	腹板等效应力	底板等效应力	腹板等效应力
2	305.6	464.14	149.78	260.71
2.5	285.62	435.19	143.14	228.16
3	264.96	404.7	146.77	195.84

从局部受力情况（图 7.3-26、图 7.3-27）可以看出，不管是底部刚性约束支撑还是完全柔性支垫，钢梁自身都存在应力集中现象，但柔性支垫应力集中要小很多。

图 7.3-26 支反力均匀分布腹板应力分布

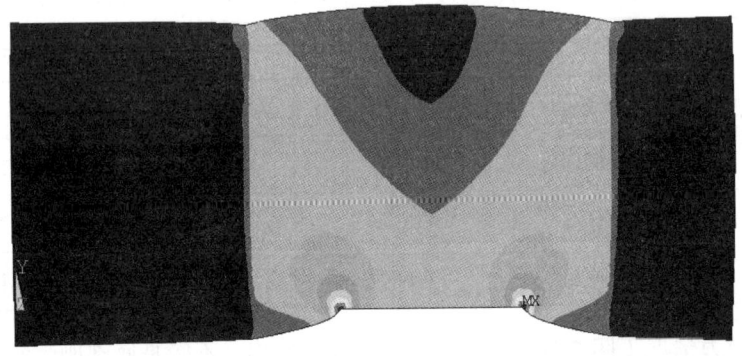

图 7.3-27 底部刚性约束腹板应力分布

7.3.6 体系转换施工方案分析

1. 吊索张拉及体系转换方案

对吊索的安装与张拉过程的拟订,遵循以下原则:

(1)张拉方案宜依序连续作业,尽量减少设备的搬移。

(2)吊索在整个施工过程中(包括张拉过程及锚固后的张力变化)的强度安全系数大于2.5;本桥用标准索控制,最大张力控制在不超过5 300 kN。

(3)张拉安装和张拉吊索的过程中,吊索的倾斜角度在吊索锚固钢套管允许的转角范围内。

(4)吊索张拉过程中钢梁应力、桥面板应力、桥塔结构中的内力不超过规范允许值。

(5)桥塔鞍座的顶推宜尽早进行。

(6)体系转换过程宜尽量减少设备及张拉杆的需求量。

在吊索张拉的施工过程中,吊索是倾斜的,如果吊索倾角太大,会在吊索下端安装在箱梁上的钢导管处产生折角,在吊索张拉过程中应避免这种情况的发生。

在下列各方案中:"**设计位置**"是以吊索下侧锚固系统的锚环到锚头下端的距离来进行标记的,此值为定值,测量时用游标卡尺进行测量,同时在吊索制作时将锚环下第一圈锚头的螺纹涂以颜色进行标记;"**设计张力**"是指吊索最后一次张拉的张力;"**安装**"是指不必张拉而直接将吊索安装至设计位置;"**张拉安装**"是指吊索通过张拉的方式将吊索张拉至设计张力或者安装至设计位置;"**张拉**"是指将吊索张拉到某一张力值,但该吊索还未到位,需要临时锚固,后续工况还可能继续张拉,因此不一定拆除千斤顶。

本张拉方案的主要思路是先将塔顶鞍座进行部分顶推,以使吊索的倾斜角度在吊索锚固钢套管允许的转角范围内,之后从桥塔向两侧对称吊索张拉,形成全桥的稳定受力状态,且将塔顶鞍座顶推到位,直至全部吊索张拉完备。

方案的优点是:在整个张拉过程中,吊索几乎都处于受力状态;体系转换过程中吊索的倾角及变化较小;用于主缆横向张拉的临时吊索对数较少;千斤顶利用率高。

方案的缺点是:作业面多,需要大量的施工设备和临时锚固杆和接长杆,接长杆长度较长。

吊索张拉顺序可分为两个阶段:阶段一边塔侧的S1~S16号吊索均能一次性张拉到位,最大安装张力为1 008 kN,配置较小吨位的千斤顶即可满足要求;阶段一跨中M1~M13、M44~M32号吊索均可一次性张拉到位,最大安装张力为3 214.4 kN,建议千斤顶吨位按照4 000 kN进行配置。阶段一边跨单侧至少布置2套千斤顶,中跨单侧至少布置4套千斤顶。

阶段二若采用两个3 000 kN吨位的千斤顶串联对一根吊索进行张拉,则单侧跨中至少需布置32套千斤顶;阶段二吊索张拉索力最大按5 200 kN控制,建议最大千斤顶吨位按 6 000 kN 进行配置。

经试算，施工顺序简介如下：

1）主梁、主缆架设完成，准备体系转换

完成主梁架设及桥面板安装等工作，主缆架设完成并紧缆、安装索夹，具备体系转换条件。

2）体系转换第 1 阶段

三塔结构在初始阶段塔缆刚度比较小，施工需对称进行。作业时要求各作业面基本同步进行，以张拉锚固的长度作为控制参数，张拉力作参考。本阶段作业过程是：从边塔及中塔开始，对称向远离桥塔方向安装张拉吊索，各跨共完成 84 对吊索的安装张拉，其中边跨 32 对吊索一次安装到位，中跨前 52 对吊索一次张拉到位。

吊索张拉前进行第一次鞍座顶推（施工阶段 5），顶推量 63 cm；在第 38 施工阶段进行第二次鞍座顶推，顶推量为 25 cm；在第 96 施工阶段进行第三次顶推，顶推量为 25 cm；在体系转换完成之后，按一定顺序进行桥面铺装，再将主索鞍顶推至设计位置。

第一阶段需要 6 个作业面，各吊点吊索最大索力不超过设计允许值。

3）体系转换第 2 阶段

剩余的未张拉吊索位于两主跨跨中，分别安装及张拉吊索，直到全部完成。本阶段共需要安装张拉 42 对吊索，前 36 对吊索需要临时锚固，后 6 对吊索能一次安装张拉到位，其他位置吊索最多需要张拉 13 次。

本阶段施工吊索力比较大，以 5 300 kN 作为控制值。

4）第 3 阶段

吊索张拉完成后，拆除临时支墩，进行桥面铺装，将鞍座顶推到位，完成结构施工。

2. 体系方案特点

本次体系转换施工方案具有以下特点：

（1）张拉步骤在千斤顶安装后，一次张拉安装到位或者分几次张拉到位，部分吊索分级张拉次数较多。

（2）由于以"设计位置"控制吊索的安装，所以"戴帽"工作无论白天还是晚上均可进行，但锚坏在锚杯上的设计位置需要在制造时进行精确标记，否则如果误差过大将增加后期微调的工作量。

（3）在理论上，如果吊索制作长度及标记位置准确，则"戴帽"完成后可不必再进行调整，但由于存在着吊索长度误差、标记位置误差、主缆线形误差、恒载自重误差、材料特性取值误差等因素，"戴帽"完成后可能有少量吊索索力存在偏差，可通过对吊索进行索力检测（长吊索用索力仪、短吊索用千斤顶配合锚索计），对索力差别较大的吊索要进行微调，确保主梁受力逼近设计目标状态。

（4）为了保证桥塔受力的安全性，在吊索安装过程中设置了 3 次鞍座顶推，以释放桥塔弯矩。

（5）为防止吊索张拉过程主缆碰到锚箱，在散索套处施加临时约束，约束其竖向位移。

7.4 A形桥塔施工监控

7.4.1 主动横撑与线形控制

为了调节塔柱内外侧的横向位移和应力，使塔柱横向位移尽量靠近塔柱设计位置，并且使内侧和外侧的应力值尽量相近，桥塔施工时需要进行桥塔横向主动顶撑。经有限单元模型分析，最终采用两道横撑方案，桥塔横向主动顶撑力见表7.4-1和表7.4-2。塔柱横向预偏量见表7.4-3。

表7.4-1 边塔横撑主动顶撑力

序号	标高/m	顶推时间	拆除时间	总主动顶撑力/kN	横撑根数
第一道	72.711	T5节段施工完成	上横梁施工完成	200	2
第二道	108.667	T14节段施工完成	上横梁施工完成	170	2

表7.4-2 中塔横撑主动顶撑力

序号	标高/m	顶推时间	拆除时间	总主动顶撑力/kN	横撑根数
第一道	76.484	T5节段施工完成	上横梁施工完成	200	2
第二道	112.439	T14节段施工完成	上横梁施工完成	170	2

表7.4-3 塔柱横向预偏量

下游侧		上游侧	
节段号	预偏量/mm	节段号	预偏量/mm
BX1~BX7	0.0	BX1~BX7	0.0
BX8	0.0	BX8	0.0
BX9	0.1	BX9	0.1
BX10	0.2	BX10	0.2
T1	-0.2	T1	-0.2
T2	0.0	T2	0.0
T3	0.4	T3	0.4
T4	1.1	T4	1.1
T5	2.0	T5	2.0
T6	-1.8	T6	-1.8

续表

下游侧		上游侧	
节段号	预偏量/mm	节段号	预偏量/mm
T7	-2.0	T7	-2.0
T8	-2.1	T8	-2.1
T9	-0.9	T9	-2.8
T10	-0.1	T10	-2.7
T11	-1.2	T11	-1.2
T12	-0.4	T12	-0.4
T13	4.5	T13	-0.7
T14	2.6	T14	2.6
T15	1.1	T15	-3.0
T16	-0.9	T16	-10.2
T17	-1.0	T17	-10.9
T18	-1.2	T18	-11.8

注：塔柱横向预偏量是指施工过程中塔柱节段顶点相对于其设计位置的预偏，以指向桥塔中心线为正方向。

7.4.2 桥塔塔顶预抬高量

桥塔的裸塔与成桥状态塔顶由于荷载变化存在竖向压缩量，为消除竖向压缩量对主缆线形的影响，需要设置桥塔塔顶预抬高量。边中塔拼装线形如表 7.4-4 和表 7.4-5 所示。

表 7.4-4 边桥塔拼装线形

阶段编号	节段长度/mm	阶段编号	节段长度/mm
BX1	2 171	T6	4 000
BX2	2 020	T7	4 000
BX3	2 770	T8	4 000
BX4	2 630	T9	4 000
BX5	3 766	T10	4 000
BX6	3 717	T11	4 000
BX7	4 000	T12	4 000
BX8	4 000	T13	4 000
BX9	4 000	T14	5 000
BX10	4 000	T15	4 000

续表

阶段编号	节段长度/mm	阶段编号	节段长度/mm
T1	4 300	T16	5 000
T2	4 000	T17	3 200
T3	4 200	T18	4 300+ΔL
T4	4 000	T19	11 474
T5	4 000	—	—

注：桥塔局部坐标系位于桥塔横断面中轴线内侧，左右肢桥塔局部坐标系关于桥塔中轴线对称，ΔL 为桥塔预高量值（30 mm）。

表 7.4-5　中桥塔拼装线形

阶段编号	节段长度/mm	阶段编号	节段长度/mm
ZX1	3 470	T4	4 000
ZX2	3 400	T5	4 000
ZX3	3 248	T6	4 000
ZX4	2 780	T7	4 000
ZX5	2 620	T8	4 000
ZX6	2 726	T9	4 000
ZX7	2 742	T10	4 000
ZX8	3 000	T11	4 000
ZX9	3 000	T12	4 000
ZX10	4 000	T13	4 000
ZX11	4 000	T14	5 000
ZX12	4 000	T15	4 000
ZX13	4 000	T16	5 000
T1	4 300	T17	3 200
T2	4 000	T18	4 300+ΔL
T3	4 200	T19	11 474

注：桥塔局部坐标系位于桥塔横断面中轴线内侧，左右肢桥塔局部坐标系关于桥塔中轴线对称，ΔL 为桥塔预高量值（30 mm）。

7.4.3　桥塔应力测试

主桥 3 座钢塔分别为 PF23、PF24、PF25，每座分左右幅。各测试断面分别布置 12 个传感器，命名规则如下：GTZ-X、GTY-X，GTZ 代表钢塔左幅，GTY 代表钢塔右幅，

X 代表位置编号。桥塔应力测试断面测点布置如图 7.4-1 所示。

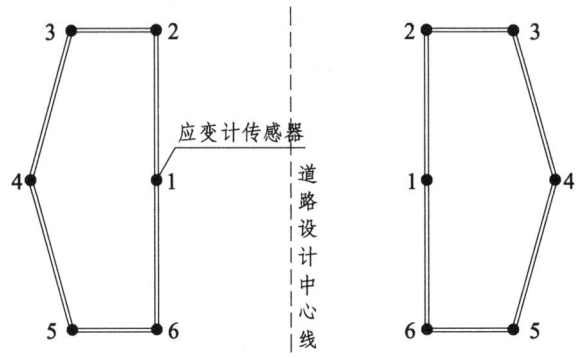

图 7.4-1 桥塔断面测点布置

桥塔应力测试断面测点在施工阶段的部分应力测试结果如附表 2～附表 4 所示。

7.5 空间主缆架设施工监控

7.5.1 主缆索股无应力长度

悬索桥在架设各个阶段中消除误差是比较困难的,主缆一旦架设完毕,就无法再调整其长度,而且吊索的长度也无法像斜拉桥施工中对斜拉索的重复张拉那样进行调整,所以必须将主要的误差消除在构件架设之前。建立符合实际情况的结构线形与内力的计算方法,获取精确的计算参数,在施工架设前准确无误地计算出构件的无应力尺寸,并通过高精度的机械制造,将主要的误差消除于计算和工厂预制之中,这是悬索桥消除误差的主要方法,后续的架设就主要是将各构件安装起来,不能作为消除误差的主要途径。本节根据设计资料的恒载数据、主缆钢丝面积、弹性模量等参数对主缆丝股无应力长度进行计算。

根据主缆索股钢丝检测数据统计资料,主缆弹性模量按 2.02×10^5 MPa 来计算。钢丝直径取 6.206 mm 来计算。索股无应力下料长度为 L_0,计算温度为设计温度,制作时应作温度修正,线膨胀系数按 $1.2 \times 10^{-5}/℃$,修正量为 $1.2 \times 10^{-5} \times L_0 \times \Delta T$,其中 ΔT 为相对于设计温度的温度变化量,考虑温度变化的索股长度为 $L_0 \times (1+1.2 \times 10^{-5} \times \Delta T)$。图 7.5-1 为索股标记点位置示意图。加工单位应保证图示中各标记点精度,索股的制作精度控制按照设计要求进行。

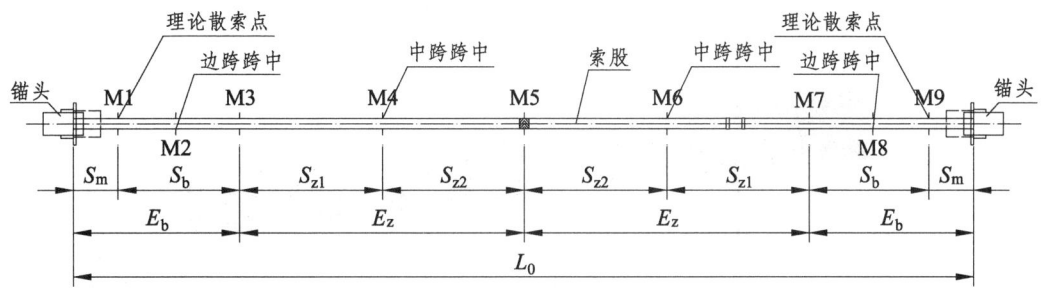

图 7.5-1 主缆索股标记点示意图

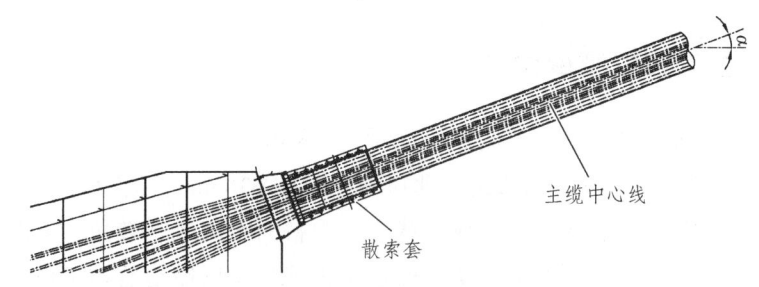

图 7.5-2 竖向角度

附表 5 为主缆索股无应力索长下料长度。

7.5.2 散索套临时约束位置及受力

索股架设时，散索套安装 IP 点位置如表 7.5-1 所示，表中各点的里程桩号为：K+"位置 X"，Y 为高程坐标，Z 为偏离桥中心距离。

表 7.5-1 索股架设时散索套 IP 点安装位置

位置		X/m	Y/m	Z/m	竖向角度（偏离水平线）α/(°)	横向角度（偏离桥轴线）β/(°)
西侧	上游	3765.358	58.827	6.982	13.776	0.678
	下游	3765.358	58.827	6.982	13.776	0.678
东侧	上游	4944.748	58.827	6.982	13.776	0.678
	下游	4944.748	58.827	6.982	13.776	0.678

注：竖向角度和横向角度如图 7.5-2 和图 7.5-3 所示。

单个散索套在主缆架设过程中承受的竖向力标准值为 204 kN，横向力标准值为 101 kN（向桥中心），考虑到施工过程中温度和其他临时荷载的影响，建议散索套临时约束设计承受竖向力为 408 kN，承受横向力为 202 kN。

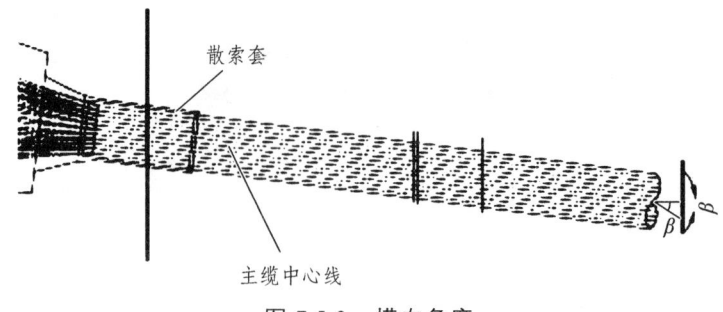

图 7.5-3 横向角度

7.5.3 主索鞍安装偏位

根据所收集到的前提资料，监控单位对主索鞍预偏量进行了计算。索鞍预偏量如下：南岸侧主索鞍 630 mm，向边跨；北岸侧主索鞍 630 mm，向边跨。

预偏量表示空缆状态索鞍偏离成桥状态时索鞍的距离或者转角；索鞍预偏后施工单位应对索鞍位置进行多次测量，实设的索鞍预偏量应反馈给监控单位，以便监控单位修正基准索股的架设线形。主索鞍应做成桥状态标记点和预偏后的状态标记点，以便后续阶段对主索鞍的顶推量进行监测。

7.5.4 基准索股架设控制

基准索股的架设是悬索桥施工过程中非常重要的一个阶段，直接关系到主缆成桥线形及受力、后期吊索下料长度确定、成桥加劲梁的线形及受力等。基准索股的架设控制精度：中跨+40 mm、-20 mm；边跨允许误差为中跨的 2 倍；上下游基准索股的相对高差不能超过 10 mm。调索的环境条件为：温度稳定、风速较小、索股没有明显振动、塔偏量趋于稳定。

1. 基准索股线形控制

根据前提资料，基准索股架设线形见表 7.5-2，表中的符号说明如下：

D：跨度变化量，跨度增加为正，跨度减小为负，单位为 m；

T：索股调整跨的平均温度，单位为°C；

X：测点的位置，为测点到桥塔实际中心线的距离（南岸侧边跨和中跨 1 为跨中位置到南岸侧桥塔中心线的距离，中跨 2 为到中塔桥塔中心线的距离，北岸侧边跨为到北岸侧桥塔中心线的距离），单位为 m；

Y：丝股中心的标高，单位为 m。

索股整形入鞍时，主索鞍的 IP 标记位置应与索股的标记位置对齐，且误差控制在±2 mm 以内。

表 7.5-2 基准索股架设线形

分跨	跨度变化范围 /m	温度变化范围 /°C	测点到桥塔中心线的距离 /m	丝股中心标高 /m
南岸侧边跨	$-0.0500 \leq D < +0.0000$	$+10.0 \leq T < +20.0$	$X=81.41069-0.003432T+2.00427D+0.31926D^2$	$Y=86.53389-0.007757T+3.30359D+0.69881D^2$
	$+0.0000 \leq D < +0.0500$	$+10.0 \leq T < +20.0$	$X=81.41186-0.003510T+2.00425D+0.33972D^2$	$Y=86.53641-0.007924T+3.30355D+0.74360D^2$
中跨 1	$-0.0500 \leq D < +0.0000$	$+10.0 \leq T < +20.0$	$X=213.60010+0.000049T+0.48896D-0.00011D^2$	$Y=68.32227-0.007213T+1.24942D+0.01270D^2$
	$+0.0000 \leq D < +0.0500$	$+10.0 \leq T < +20.0$	$X=213.60010+0.000049T+0.48896D-0.00011D^2$	$Y=68.32237-0.007220T+1.24942D+0.01274D^2$
中跨 2	$-0.0500 \leq D < +0.0000$	$+10.0 \leq T < +20.0$	$X=214.39990-0.000049T+0.51104D+0.00011D^2$	$Y=68.32227-0.007213T+1.24942D+0.01270D^2$
	$+0.0000 \leq D < +0.0500$	$+10.0 \leq T < +20.0$	$X=214.39990-0.000049T+0.51104D+0.00011D^2$	$Y=68.32237-0.007220T+1.24942D+0.01274D^2$
北岸侧边跨	$-0.0500 \leq D \leq +0.0000$	$+10.0 \leq T \leq +20.0$	$X=81.35145-0.003365T+1.97563D+0.30321D^2$	$Y=86.43883-0.007624T+3.24586D+0.66467D^2$
	$+0.0000 \leq D \leq +0.0500$	$+10.0 \leq T \leq +20.0$	$X=81.35256-0.003439T+1.97561D+0.32200D^2$	$Y=86.44122-0.007784T+3.24583D+0.70588D^2$

2. 温度测试设备

悬索桥是一种对温度很敏感的桥梁结构,温度测量精度直接影响基准索股的架设精度和架设效率。因此基准索股架设需在夜间温度稳定的特殊环境下进行,要求全桥顺桥向温差小于 2 ℃、同跨径内温差小于 1 ℃,并且其间必须对索股的温度进行精确测量。基准索股温度监测的目的是为索股线形调整、监控计算提供参数。

为保证温度测量精度,监控单位大量投入精度为 0.1 ℃ 的智能温度传感器,并开发无线采集系统进行自动监测,保证温度监测的实时性和同步性,避免了人工温度采集的时间差导致的温度测量误差,节省了大量的人力物力。温度测试设备如图 7.5-4 所示。

基准索股温度测试断面上游布置情况为:南岸边跨近散索套处、跨中处,南中跨近南岸边桥塔处、南中跨 1/4、南中跨 1/2、南中跨 3/4、近中桥塔处两侧,北中跨 1/4、北中跨 1/2、北中跨 3/4 处,北岸边桥塔两侧,北岸边跨跨中、北岸边跨跨近散索套处;下游布置情况为:南岸边跨跨中、南中跨跨中、北中跨跨中、北岸边跨跨中。每个测试断面布置 1 个智能型温度传感器,全桥共 18 个测试断面,共 18 个智能温度传感器。

用于本次基准索股架设温度测试用的 20 套温度采集设备(含备用)在 2021 年 3 月 15 日即全部到场,并在 4 月 5 日之前完成了温度采集基站的组装、温度校正与温度试采样等相关工作。基准索股牵引入鞍到位后即将温度采集基站安装到指定位置，为稳妥起见，所有温度采集基站均做了双层防水处理，各基站在猫道相应位置就位后，再次进行温度试采样，确保温度传感器信号良好，室内可以实时监测基准索股各断面的温度变化。温度采集设备温度校正如图 7.5-5 所示，温度采集软件界面如图 7.5-6 所示。

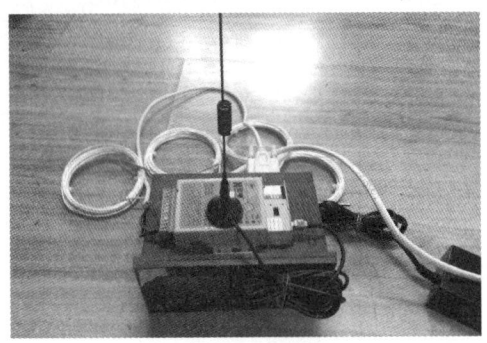

图 7.5-4　温度测试设备

图 7.5-5　温度采集设备温度校正

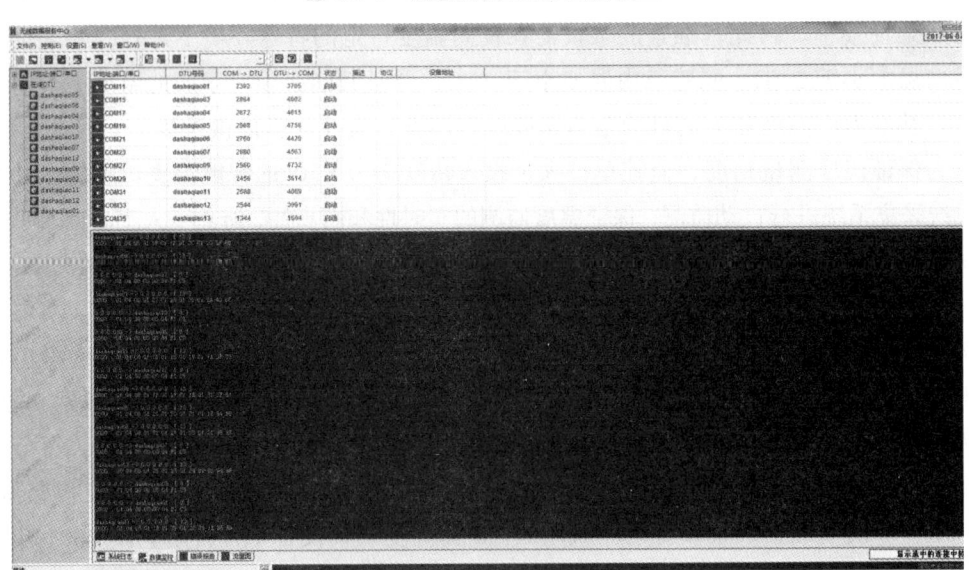

图 7.5-6　温度采集软件界面

3. 跨中标高变化与索长变化量关系

经过计算，索股跨中标高变化与索长变化量的关系如下：

中跨：$\Delta s = \Delta h / 1.32$；边跨：$\Delta s = \Delta h / 4.43$。

在标高偏离理论标高±20 cm 的范围内，上述关系均具有较高的精度。因此可用于索股标高的调整，应用如下：

（1）从中跨调出索长 1 cm，则中跨的控制点标高增加约 1.32 cm，调入 1 cm 索长到中跨，则中跨的控制点标高减小约 1.32 cm；如果中跨实测标高与理论标高之差为 $\Delta h =$ 实测标高-理论标高，则调索量为 $\Delta s = \Delta h / 4.43$，$\Delta h$ 为正时调入，Δh 为负时调出。

（2）从边跨调出索长 1 cm，则边跨的控制点标高增加约 4.43 cm，调入 1 cm 索长到边跨，则边跨的控制点标高减小约 4.43 cm；如果边跨实测标高与理论标高之差为 $\Delta h =$ 实测标高-理论标高，则调索量为 $\Delta s = \Delta h / 4.43$，$\Delta h$ 为正时调入，Δh 为负时调出。

7.5.5 一般索股架设控制

1. 一般索股线形控制

基准索股：1#索股。

参考索股：采用相对高差架设法架设时，为方便测量，相对高差的参照索股不一定是基准索股，可以选择已经架好的其他索股作为参照。

测试断面：一般索股相对高差的测试断面偏离理论跨中位置不能超过 0.5 m。索股理论跨中位置的桩号坐标如下：

南岸侧边跨：K3+842.938；主跨 1：K4+140.655；主跨 2：K4+569.451；北边跨 K4+867.168。

相对高差为一般索股相对于基准索股的理论相对高差，架设时控制误差为±5 mm。一般索股相对于参考索股的高差控制如下：

$$\Delta H_{k,i} = \Delta H_k - \Delta H_i - K_T \Delta T_{k,i} - \Delta h_i$$

式中：k 为被调索股所在的层号，从 1 开始；i 为参考索股所在的层号，从 0 开始；$\Delta H_{k,i}$ 表示 k 层索股相对于 i 层索股的计算相对高差（mm）。ΔH_k 为 k 层索股相对于基准索股的理论相对高差（mm）。ΔH_i 为 i 层索股相对于基准索股的理论相对高差（mm）。K_T 为温差修正系数（mm/°C），见表 7.5-4 和表 7.5-5。$\Delta T_{k,i}$ 为被调索股与参照索股平均温度之差（$\Delta T_{k,i} = \overline{T_k} - \overline{T_i}$）（°C）。$\Delta h_i$ 为参考索股的架设误差（mm），计算如下：

$$\Delta h_i = \Delta S_{i,0} - \Delta H_i + K_T \Delta T_{i,0}$$

其中：$\Delta S_{i,0}$ 为实测参考索股与基准索股的高差（mm）；ΔH_i 为参考索股相对于基准索股的理论相对高差（mm）；$\Delta T_{i,0}$ 为实测参考索股与基准索股的平均温度之差（°C）；Δh_0 为 0。如 $\Delta S_{i,0}$ 无法实测，则 Δh_i 可取参考索股被调完成时的误差。

若参考索股为基准索股，则 $i=0$，高差控制公式变为：

$$\Delta H_{k,0} = \Delta H_k - K_T \Delta T_{k,0}$$

若被调索股与参考索股同层，则 $i=k$，高差控制如下：

$$\Delta H_{k,i} = -K_T \Delta T_{k,i} - \Delta h_i$$

建议边缘索股的参考索股选择基准索股，非边缘索股的参照索股选择边缘已架设的一般索股。一般索股与基准索股及下层索的理论相对高差如表 7.5-3、表 7.5-4 所示。

表 7.5-3　一般索股与基准索股及下层索的理论相对高差（上游）

层号 i	i 层各索股	第 i 层索股与基准索相对高差/mm			
		南岸边跨	中跨 1	中跨 2	北岸边跨
16	61	667	661	608	667
15	59、60	626	623	570	626
14	56~58	584	585	532	584
13	52~55	542	547	494	542
12	47~51	500	509	456	500
11	43~46	459	471	418	459
10	38~42	417	433	380	417
9	34~37	375	395	342	375
8	29~33	334	357	304	334
7	25~28	292	319	266	292
6	20~24	250	281	228	250
5	16~19	209	243	190	209
4	11~15	167	205	152	167
3	7~10	125	167	114	125
2	4~6	83	129	76	83
1	2、3	42	64	38	42
0	1	0	0	0	0
温差修正系数/(mm/°C)		8	7	7	8

表 7.5-4　一般索股与基准索股及下层索的理论相对高差（下游）

层号 i	i 层各索股	第 i 层索股与基准索相对高差/mm			
		南岸边跨	中跨 1	中跨 2	北岸边跨
16	61	679	632	632	667
15	59、60	637	594	594	626
14	56~58	595	556	556	584
13	52~55	554	518	518	542
12	47~51	512	480	480	500
11	43~46	470	442	442	459
10	38~42	428	404	404	417
9	34~37	387	366	366	375
8	29~33	345	328	328	334
7	25~28	303	290	290	292
6	20~24	262	252	252	250
5	16~19	220	214	214	209
4	11~15	178	176	176	167
3	7~10	137	138	138	125
2	4~6	95	100	100	83
1	2、3	53	62	62	42
0	1	0	0	0	0
温差修正系数/(mm/°C)		8	7	7	8

2. 跨中标高变化与索长度变化量关系

经过计算，索股跨中标高变化与索长变化量的关系如下：

中跨：$\Delta s = \Delta h / 1.32$；边跨：$\Delta s = \Delta h / 4.43$。

在标高偏离理论标高±20 cm 的范围内，上述关系均具有较高的精度。因此可用于索股标高的调整，应用如下：

（1）从中跨调出索长 1 cm，则中跨的控制点标高增加约 1.32 cm，调入 1 cm 索长到中跨，则中跨的控制点标高减少约 1.32 cm；如果中跨实测标高与理论标高之差为 Δh = 实测标高-理论标高，则调索量为 $\Delta s = \Delta h / 1.32$，$\Delta h$ 为正时调入，Δh 为负时调出。

（2）从边跨调出索长 1 cm，则边跨的控制点标高增加约 4.43 cm，调入 1 cm 索长到边跨，则边跨的控制点标高减少约 4.43 cm；如果边跨实测标高与理论标高之差为 Δh = 实测标高-理论标高，则调索量为 $\Delta s = \Delta h / 4.43$，$\Delta h$ 为正时调入，Δh 为负时调出。

一般索股调整定位如图 7.5-7 和图 7.5-8 所示。

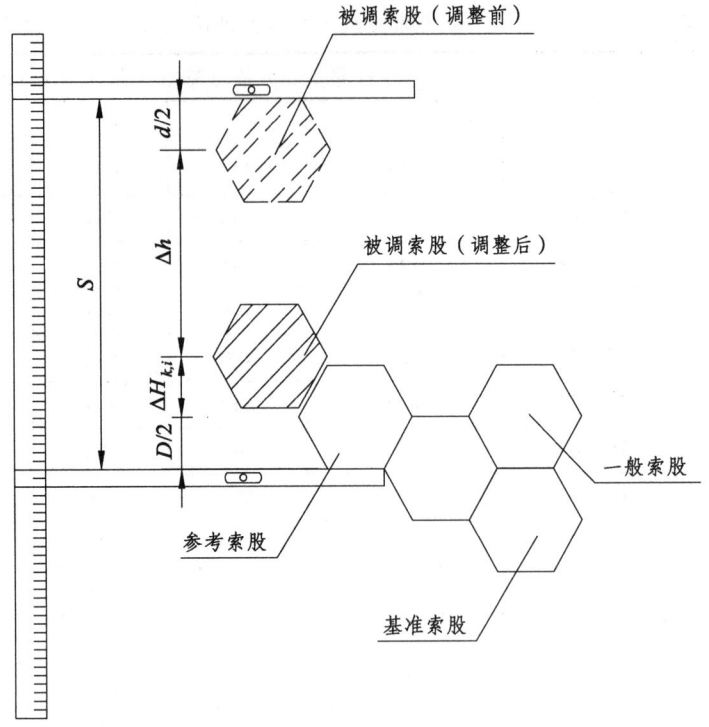

图 7.5-7 一般索股调整定位 $\Delta h = S - (d+D)/2 - \Delta H_{k,i}$

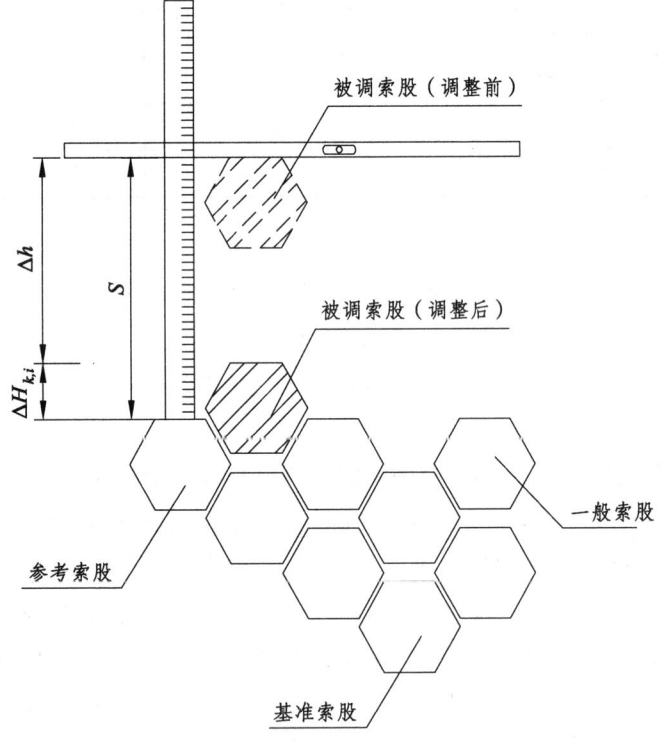

图 7.5-8 一般索股调整定位 $\Delta h = S - \Delta H_{k,i}$

3. 一般索股架设

在索股架设过程中,对一般索股或者参考索股进行抽测,目的是掌握一般索股架设误差,在索股架设过程中抽取了 25#、32#和 33#索进行测量,测量数据如表 7.5-5 所示。

表 7.5-5　索股架设线形分析

索号	位置	理论相对高差/mm	平均温度差/°C	温度修正后高差/mm	实测相对高差/mm	误差/mm	参考索股
下游25#索	北中跨	0	0.01	−2	1	3	27#
	北边跨	0	−0.02	1	−1	−2	26#
	南中跨	0	0.02	2	5	3	27#
	南边跨	0	0.03	−1	2	3	26#
下游32#索	北中跨	0	−0.02	−4	0	4	33#
	北边跨	42	0.1	42	40	−2	26#
	南中跨	38	−0.01	40	41	1	28#
	南边跨	0	−0.02	1	2	1	33#
下游33#索	北中跨	38	0.01	36	40	4	27#
	北边跨	0	0.04	2	1	−1	32#
	南中跨	38	0.04	40	40	0	28#
	南边跨	83	0.05	86	85	−1	24#
上游25#索	北中跨	0	0.01	−3	−1	2	26#
	北边跨	42	0.04	46	43	−3	20#
	南中跨	38	0.03	40	41	1	20#
	南边跨	0	−0.03	0	3	3	26#
上游32#索	北中跨	38	0.04	36	37	1	25#
	北边跨	42	0.05	43	43	0	25#
	南中跨	38	−0.05	40	39	−1	28#
	南边跨	42	0.03	45	42	−3	27#
上游33#索	北中跨	0	0.02	−1	1	2	32#
	北边跨	42	0.06	43	41	−2	25#
	南中跨	38	0.3	37	35	−2	28#
	南边跨	42	−0.03	45	43	−2	27#

注:① 1#索股为基准索股,25#、32#和 33#索股为一般索股。
　　② 测量调整时间为 2021 年 4 月 20 日 21 点 30 分—4 月 21 日 3 点 40 分。

从一般索股测试数据开看,架设情况较好,误差控制较为合理。

7.5.6 锚跨张力

由于本桥在主缆架设阶段提前将散索套放置于成桥位置，可以使成桥以后的锚跨张拉更均匀，所以在施工过程中为对锚跨张力进行调整，在二期荷载铺装完成以后对锚跨张力进行了一次通测。锚跨张力测量数据如附表 6 所示，整体上比较均匀。

7.5.7 主缆线形测量

在二期铺装完成以后，对当前主缆线形进行测量分析，结果如附表 7 所示。主缆线形分析考虑了温度的影响，考虑到有一部分二期恒载尚未施加，当前状态下主缆标高精度误差控制在 $L/10\,000$ 以内，上下游高差控制在 1 cm 之内，主缆线形较好，附表 7 中修正状态主缆标高为二期恒载还剩 30 kN/m 未施加的状态。

7.6 索夹吊索安装控制

7.6.1 锚拉板及叉形耳板安装横向倾角

锚拉板及叉形耳板横向安装角度应按设计温度计算。图 7.6-1 为锚拉板及叉形耳板的横向角度示意图，表 7.6-1 为其计算结果。加工单位应考虑并预留焊接收缩量，其值大小由加工单位根据加工方案和焊接工艺试验确定；板件下料及焊缝宽度微调由制造和环焊单位确定，但最小焊缝宽度应满足相应规范和标准的要求。

7.6.2 索夹放样控制

由于现场锚拉板以及刚性耳板的安装与设计位置存在一定误差，需要根据锚拉板以及刚性耳板的实际安装位置对索夹进行放样，索夹中心安装位置及修正参数见附表 8～附表 13。表中给出了在空缆状态下索夹安装标记点到桥塔格栅中心（预偏量设置的基点，下同）的水平距离 X（对于南边跨索夹编号 1～18 为距南边索塔格栅中心的距离，对于索夹编号 19～41 为距南边索塔格栅中心的距离，对于索夹编号 42～64 为距中索塔格栅中心的距离，对于索夹编号 65～87 为距中索塔格栅中心的距离，对于索夹编号 88～110 为距北边索塔格栅中心的距离，对于索夹编号 111～128 为距北边索塔格栅中心的距离，放样时应注意换算到全桥统一投影面）和切线角 A 的计算参数 X_0、A_0、K_{tX}、K_{tA}、K_{dX}、K_{dA}，安装标记点如图 7.6-2 与图 7.6-3 所示。索夹编号与设计图中相同。施工单位应根据这些参数，结合索夹安装放样方法，计算放样参数。索夹安装位置的误差控制应按设计要求和《公路桥涵施工技术规范》执行。

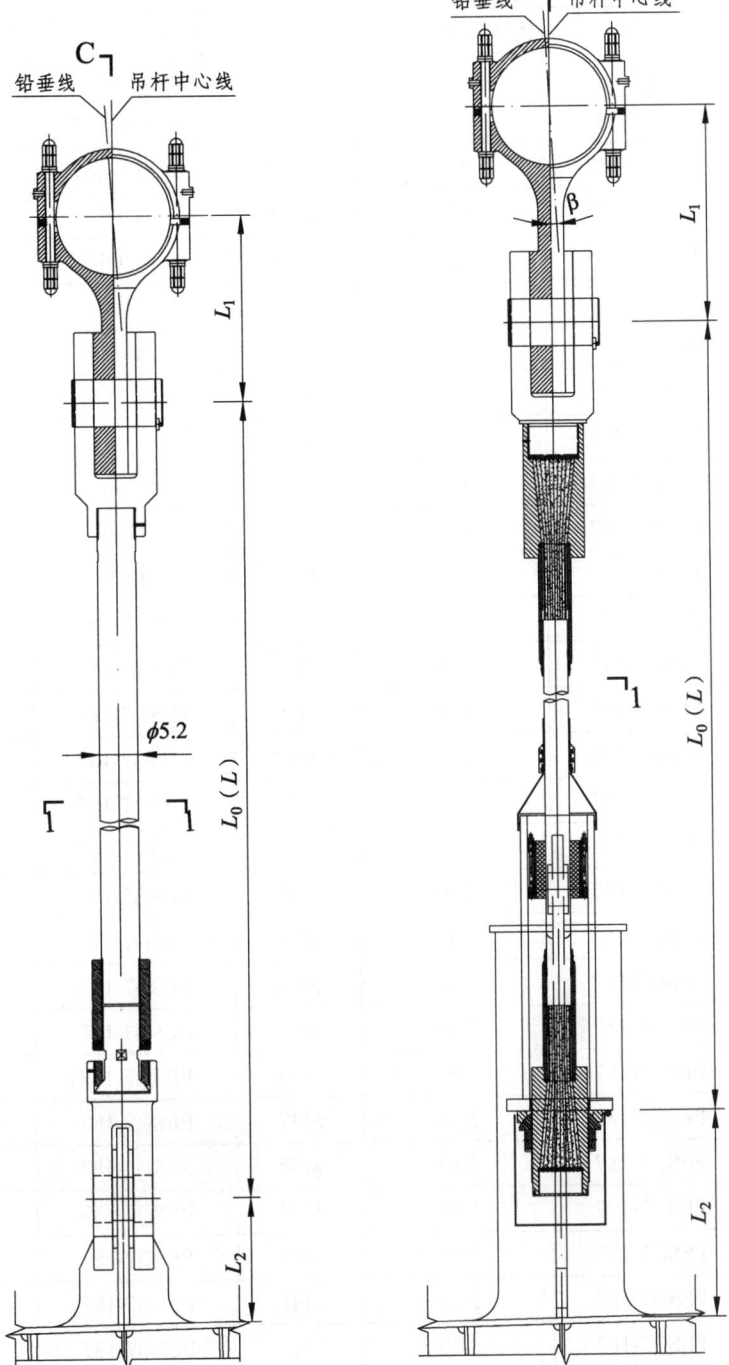

图 7.6-1 锚拉板及叉形耳板横向安装角度示意图（单位：mm）

表 7.6-1　锚拉板及叉形耳板横向安装角度

吊杆编号	吊杆规格	横向偏角 β/(°)	吊杆编号	吊杆规格	横向偏角 β/(°)
S16	M200	4.07	M17	PES()7-187	3.26
S15	PES()7-187	3.66	M18	PES()7-187	3.28
S14	PES()7-187	3.47	M19	PES()7-187	3.31
S13	PES()7-187	3.36	M20	M200	3.34
S12	PES()7-187	3.29	M21	M200	3.37
S11	PES()7-187	3.25	M22	M200	3.39
S10	PES()7-187	3.21	ZY1	临时吊索	3.42
S9	PES()7-187	3.19	ZY2	临时吊索	3.42
S8	PES()7-187	3.16	ZY3	临时吊索	3.42
S7	PES()7-187	3.15	M23	M200	3.40
S6	PES()7-187	3.13	M24	M200	3.38
S5	PES()7-187	3.12	M25	M200	3.35
S4	PES()7-187	3.11	M26	PES()7-187	3.32
S3	PES()7-187	3.10	M27	PES()7-187	3.29
S2	PES()7-187	3.09	M28	PES()7-187	3.27
S1	PES()7-187	3.08	M29	PES()7-187	3.25
M1	PES()7-187	3.08	M30	PES()7-187	3.23
M2	PES()7-187	3.08	M31	PES()7-187	3.22
M3	PES()7-187	3.09	M32	PES()7-187	3.20
M4	PES()7-187	3.10	M33	PES()7-187	3.19
M5	PES()7-187	3.11	M34	PES()7-187	3.17
M6	PES()7-187	3.11	M35	PES()7-187	3.16
M7	PES()7-187	3.12	M36	PES()7-187	3.15
M8	PES()7-187	3.13	M37	PES()7-187	3.14
M9	PES()7-187	3.14	M38	PES()7-187	3.13
M10	PES()7-187	3.15	M39	PES()7-187	3.12
M11	PES()7-187	3.16	M40	PES()7-187	3.11
M12	PES()7-187	3.17	M41	PES()7-187	3.10
M13	PES()7-187	3.19	M42	PES()7-187	3.09
M14	PES()7-187	3.20	M43	PES()7-187	3.08
M15	PES()7-187	3.22	M44	PES()7-187	3.07
M16	PES()7-187	3.24			

附注：上下游锚拉板及叉形耳板的横向角度关于主梁中心线对称。

当采用相对纵向位置进行放样时，应注意测量仪器安放点与桥塔中心的相对关系，且应在适当的位置采用绝对坐标进行放样成果检验，以避免出现超限误差或错误。索夹安装标记点的精确测量工作应在夜间 23:00—次日 05:00 进行，且应注意温度的测量工作。

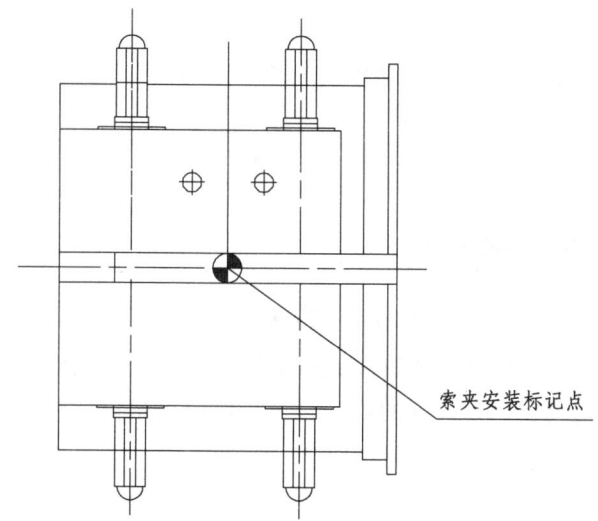

图 7.6-2 无吊索索夹安装位置示意图

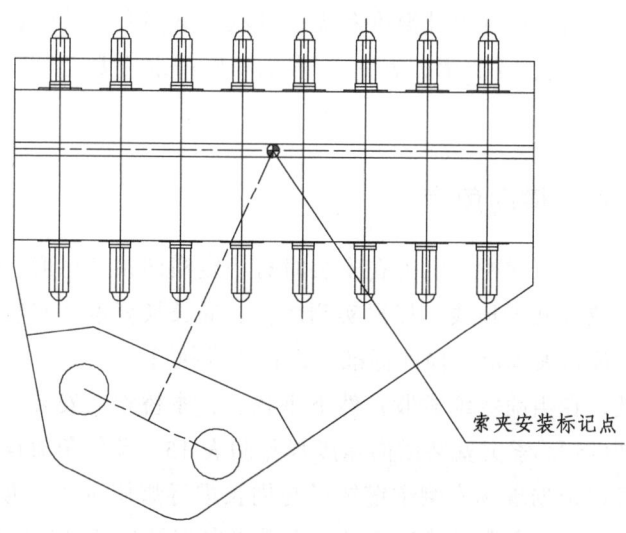

图 7.6-3 有吊索索夹安装位置示意图

当采用相对位置放样时，施工单位可首先测量出桥塔偏位和温度，然后计算出温度变化量、平均温度和参数 X、A，根据 X、A 和实测缆径便可以计算其他各放样点坐标，从而进行放样；当采用绝对位置进行放样时，除了上述计算外，还应根据桥塔偏位计算出参考桥塔的格栅中心（预偏量设置的基点）的绝对坐标，然后根据 X 和切线角 A 可以计算出索夹安装标记点的绝对位置。索夹安装辅助参考点的位置可以根据空

缆状态切线角 A 和索夹的设计长度 L、实测缆径等参数进行计算。

在空缆状态时,索夹安装标记点位置到参考桥塔格栅中心(预偏量设置的基点)的距离 X(m)和切线角 A(°)计算公式如下:

$$X = X_0 + \Delta T K_{tX}$$
$$A = A_0 + \Delta T K_{tA}$$

式中:ΔT 为跨内平均温度与设计基准温度的差(℃);

K_{tX} 为温度影响 X 的系数(m/℃);

K_{tA} 为温度影响 A 的系数[(°)/℃]。

7.6.3 吊索下料长度控制

吊索长度示意图见图 7.6-4,本吊索长度未考虑由于张拉方式(如索水平)导致的垂度效应,实际制作时应根据具体情况进行温度修正和垂度效应修正;吊索制作应根据设计说明和相关规范进行,长度的容许误差控制应满足设计要求,同吊点的两根吊索长度互差的误差应小于长度容许误差的 0.5 倍,同位置的左右幅吊索长度互差的误差应小于长度容许误差的 0.5 倍。吊索制作的控制张拉力误差应小于 5‰。重力加速度 $g = 9.806 \text{ m/s}^2$。每根吊索均应提供质保书,且应采用铭牌严格区分左右幅,注明吊索的出厂参数,其中必须包括换算到设计温度和无垂度状态下的实测长度和设计长度。吊索下料长度及伸长量如附表 14 所示,表中 L_0 表示一侧吊索的无应力长度,L_0' 表示有应力总长。

7.6.4 索夹安装横向角度

由于本桥为空间缆悬索桥,索夹在安装时有一定横向预偏角度。横向预偏角安装时,应先确定索夹位置处天顶线,根据实测缆径、周长换算索夹安装位置。索夹安装位置的误差控制应按相关规范、检评标准和设计要求执行。

根据设计图纸,在当前空缆索股自然下垂状态,本桥索夹安装时,应设置相应的横向预偏角(图 7.6-5),索夹安装横向角度详见附表 15。预偏角放样与索夹放样同步进行,索夹偏角可以根据现场实测主缆缆径与周长进行弧长换算。为确保角度的精确性,换算成弧长时应确保主缆形状为圆形,主缆竖向直径与横向直径差值小于 4 cm。

弧长换算公式如下:

$$S = \frac{1}{360°} AL \text{ 或者 } S' = \frac{1}{360°}(180° - A)L$$

式中:S 及 S' 为换算预偏弧长(m);

A 为预偏角度(°);

L 为实测放样索夹处主缆周长(m)。

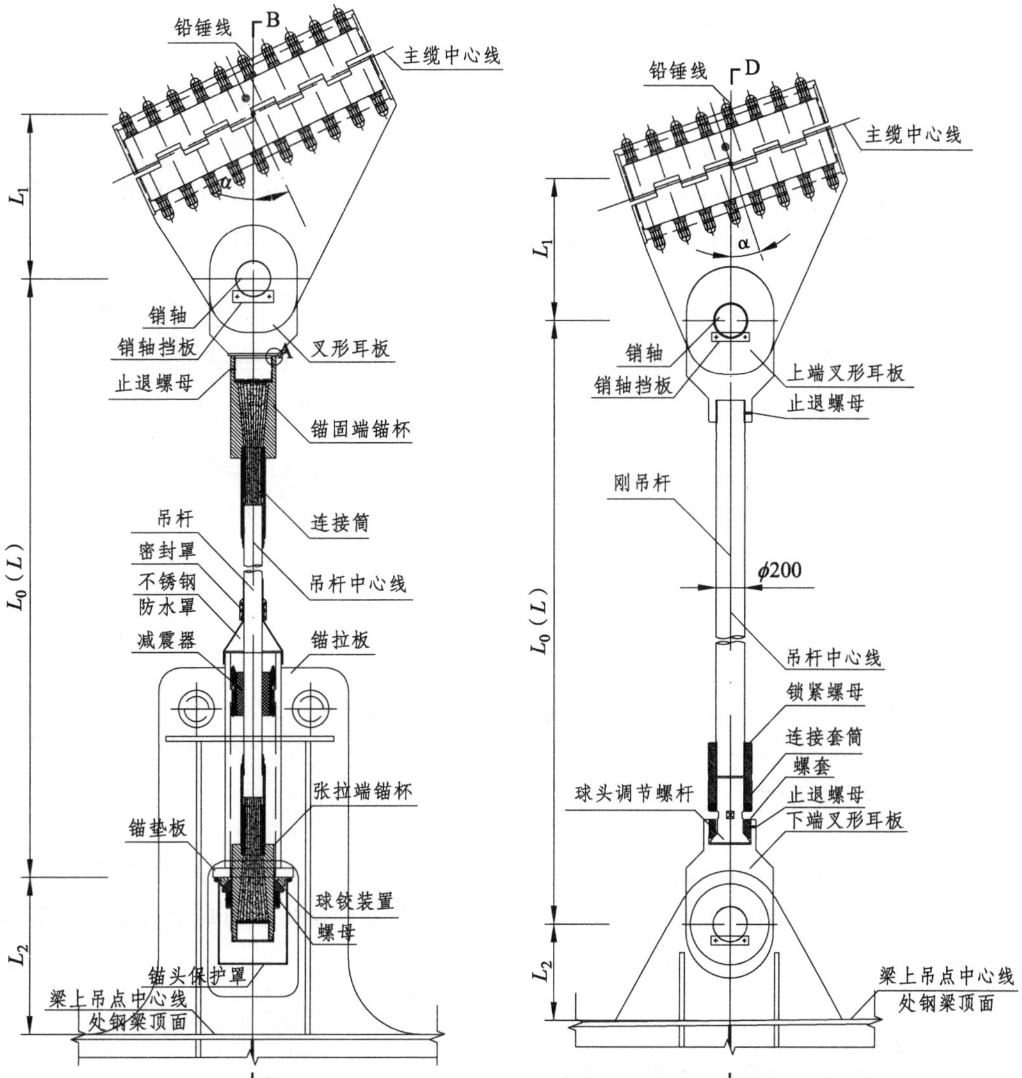

图 7.6-4　吊索长度示意图

索夹安装标记点的精确测量工作应在夜间 23:00—次日 05:00 进行。

图 7.6-5　索夹安装角度位置示意图

7.6.5 索夹螺杆张拉控制

桥为空间缆,在体系转换过程中,主缆线形变化较大,为了较好地释放主缆索股弯曲次应力,在初装索夹时,部分索夹只需以一个较小的螺杆张拉力用于固定索夹,索夹螺杆初装张拉力为 30 kN。索夹螺杆的张拉顺序示意图见图 7.6-6,即索夹螺杆张力为由外到内,如果有多个千斤顶,则顺序相邻的螺杆合并为同时张拉。

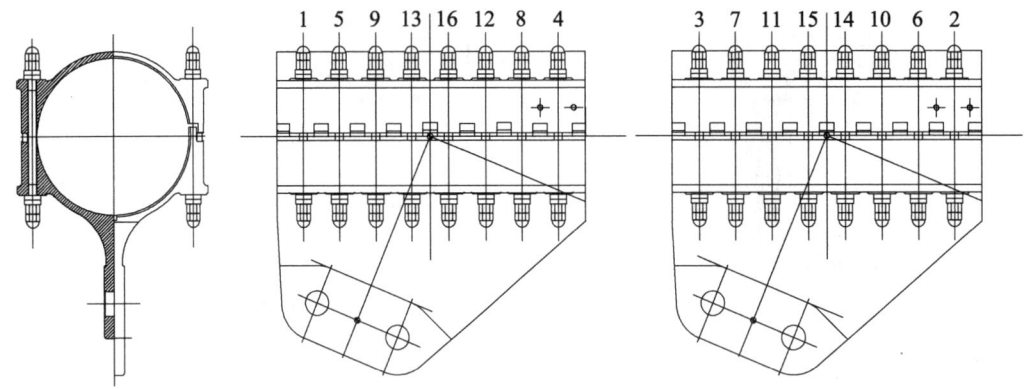

图 7.6-6 索夹螺杆的张拉顺序示意图

7.6.6 吊索索力

在二期铺装完成以后,施工监控人员与项目部现场施工人员一起,对桥梁柔性吊索进行了索力通测,测试结果如附表 16 所示。二期荷载铺装完成以后大多数吊索索力误差在 5% 以内。

7.7 主梁成桥应力与线形

7.7.1 钢梁应力测试

各测试断面分别布置 4 个传感器,传感器的命名规则如下:第一部分代表传感器所在位置,即 BXL(NXL)——北箱梁(南箱梁);第二部分代表测试断面,即 01——自南向北第 1 个测试断面(北岸,南岸反之);第三部分代表传感器位置编号。

主桥钢箱梁应变测点布置如图 7.7-1 所示。

主桥钢箱梁应力测试断面测点在施工阶段的应力测试结果如附表 17 所示,测量数据过多,此处仅展示部分结果。

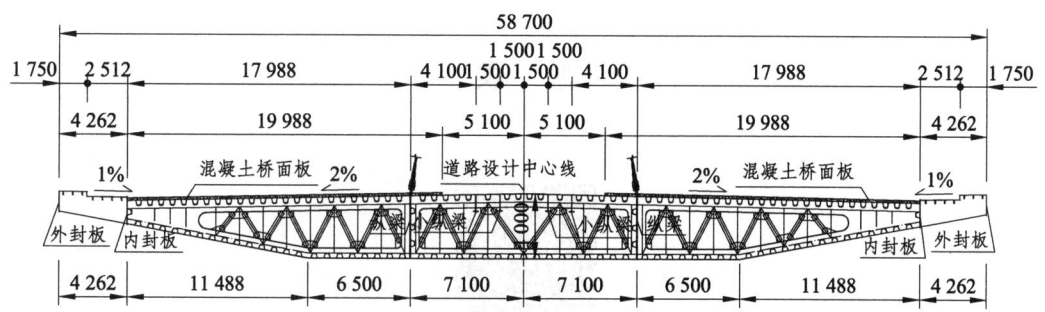

图 7.7-1 主桥钢箱梁应变测点断面布置（单位：mm）

7.7.2 桥面线形测量

在二期铺装完成以后，对当前桥梁的桥面线形进行测量分析，结果如附表 18 所示。线形分析经过温度修正，考虑到有一部分二期恒载尚未施加，当前状态下主梁标高精度误差控制在 $L/10\ 000$ 以内，主梁线形较好，附表 18 修正状态主梁标高为二期恒载还剩 30 kN/m 未施加的状态。

7.8 本章小结

通过施工过程中的修正与控制，本次监控工作达到如下目标：

（1）基准索架设精度中跨小于 10 mm，边跨小于 40 mm，满足规范要求。

（2）成桥后实测桥面与主缆线形误差小于 $L/10\ 000$，满足规范要求，加劲梁线形平顺，线形控制较好。

（3）吊索力与理论值误差基本控制在 5%以内，满足设计和有关规范要求。

（4）在对桥塔测量数据进行温度修正以后，各桥塔偏位与理论值误差均小于 $h/3000$，且不超过 30 mm，满足规范要求。

（5）成桥锚跨张拉均匀且单根索股索力最大偏差不超过平均值的 5%，满足施工控制要求。

（6）成桥后桥塔和加劲梁应力分布合理，达到设计要求。

（7）在施工过程中，各结构应力均安全可控。

附 表

本书附表

参考文献

[1] 房贞政,张超,陈永健.三塔自锚式悬索桥动力特性及影响参数分析[J].地震工程与工程振动,2010,30(4):97-102.

[2] 康俊涛,胡杰,董培东,等.三塔自锚式悬索桥动力特性参数影响分析[J].武汉理工大学学报(交通科学与工程版),2017,41(4):543-548.

[3] 罗喜恒,肖汝诚,项海帆.悬索桥锚跨索股分析研究[J].公路交通科技,2004(12):45-49.

[4] 蔡迎春,万超,郑元勋.中国自锚式悬索桥发展综述[J].中外公路,2013,33(4):143-147.

[5] 邵福彪.自锚式悬索桥施工控制方法研究[D].杭州:浙江大学,2006.

[6] 陈大汉.大跨度自锚式悬索桥施工阶段的受力分析[D].重庆:重庆交通大学,2016.

[7] 万超,李若铭,蔡迎春,等.中央扣对大跨径自锚式悬索桥动力特性的影响[J].公路工程,2014,39(4):103-107.

[8] 汪济堂,吴波,韦壮科,等.自锚式悬索桥空间索面主缆架设[J].桥梁建设,2008(5):49-52;70.

[9] 罗东生.空间缆索悬索桥受力特性及缆索成桥线形分析[D].大连:大连理工大学,2009.

[10] 汤洪雁,张振学,井润胜.天津富民桥空间缆索系统关键技术[J].桥梁建设,2008(5):8-11.

[11] 唐贺强,徐恭义,刘汉顺.五峰山长江大桥主桥总体设计[J].桥梁建设,2020,50(6):1-7.

[12] 王碧波,易伦雄.镇胜公路北盘江大桥主跨636m钢桁梁悬索桥设计[J].桥梁建设,2009(2):44-46;57.

[13] 聂建国,周萌,姬同庚,等.基于多尺度模型的自锚式钢箱梁悬索桥主缆锚固区受力性能研究[J].土木工程学报,2014,47(6):57-69.

[14] 徐召.桃花峪黄河大桥主桥设计关键技术研究[J].公路交通科技(应用技术版),2014,10(4):227-230.

[15] 彭运动.坝陵河大桥设计关键技术介绍[J].公路,2009(5):39-42.

[16] 叶觉明.大跨度三塔悬索桥主缆系统施工技术创新及改进[J].桥梁建设,2015,45(1):6-12.

[17] 王忠彬，杨进，周平. 鹦鹉洲长江大桥钢-混结合梁悬索桥方案研究[J]. 桥梁建设，2010（4）：52-56.

[18] 王路，沈锐利，白伦华，等. 悬索桥主缆与索鞍间滑移行为及力学特征试验[J]. 中国公路学报，2018，31（9）：75-83；103.

[19] 唐贺强. 减小三塔悬索桥中塔顶主缆不平衡力的设计思路[J]. 桥梁建设，2015，45（5）：83-87.

[20] 高宗余. 温州瓯江北口大桥主桥设计关键技术[J]. 桥梁建设，2017，47（1）：1-5.

[21] 罗扣，舒思利，万田保，等. 温州瓯江北口大桥中塔结构形式比选[J]. 桥梁建设，2018，48（1）：88-93.

[22] 张鸿，张永涛，王敏，等. 全过程自适应桥梁智能建造体系研究与应用[J]. 公路，2021，66（4）：124-136.

[23] 沈锐利，侯康，王路. 三塔悬索桥结构竖向刚度及主缆抗滑需求[J]. 东南大学学报（自然科学版），2019，49（3）：474-480.

[24] 沈锐利，侯康，张新. 三塔四跨悬索桥合理结构布置形式研究[J]. 中外公路，2019，39（3）：101-106.

[25] 唐贺强，张强，杨光武. 马鞍山长江公路大桥三塔悬索桥结构体系选择[J]. 桥梁建设，2011（1）：5-9.

[26] 万田保，王忠彬，韩大章，等. 泰州长江公路大桥三塔悬索桥中塔结构形式的选取[J]. 世界桥梁，2008（1）：1-4.

[27] 张德明. 银川滨河黄河大桥工程主桥结构体系研究[J]. 城市道桥与防洪，2018（1）：25-28.

[28] 单宏伟，韩大章，吕立人. 润扬长江公路大桥悬索桥中央扣设计[J]. 公路，2004（8）：58-61.

[29] 常付平. 舟山市小干二桥工程主桥设计[J]. 桥梁建设，2016，46（6）：83-87.

[30] 张强，徐宏光. 马鞍山长江公路大桥设计与创新[J]. 桥梁建设，2010（6）：1-5.

[31] 崔冰，孟凡超，冯良平，等. 南京长江第三大桥钢塔柱设计与加工[J]. 中国铁道科学，2005，26（3）：42-47.

[32] 肖汝诚. 桥梁结构体系[M]. 北京：人民交通出版社，2013.

[33] 陈永健. 多塔自锚式悬索桥受力性能研究[D]. 福州：福州大学，2011.

[34] 张元凯，肖汝诚，金成棣. 自锚式悬索桥的概念设计[J]. 公路，2002（11）：46-49.

[35] 宫世梁. 三塔混凝土自锚式悬索桥静动力分析[D]. 大连：大连理工大学，2014.

[36] 朱本瑾. 多塔悬索桥的结构体系研究[D]. 上海：同济大学土木工程学院，2007.

[37] 陈桂林. 螺洲大桥总体设计与关键技术研究[J]. 福州建设科技，2014（4）：99-102.

[38] 孙海涛，张德明，邵长宇．银川滨河黄河大桥主桥设计[J]．桥梁建设，2017，47（5）：95-100．

[39] 上海市政工程设计研究总院（集团）有限公司．G220至济青高速公路王舍人互通立交连接线工程施工图[Z]．上海，2018．

[40] 邹敏勇，郑修典，王忠彬，等．泰州长江公路大桥三塔悬索桥中塔方案设计[J]．世界桥梁，2008（1）：5-7．

[41] 李翠霞．武汉鹦鹉洲长江大桥桥塔设计[J]．桥梁建设，2014，44（5）：94-98．

[42] 张成东，张柯，李恒．大直径高强钢丝主缆设计和应用[J]．交通科技，2017（2）：70-73．

[43] 刘丰洲，骆兴荣．主缆中央扣对三塔斜拉-悬索协作体系桥力学性能的影响[J]．中外公路，2016，36（5）：143-146．

[44] 侯光阳，苏茂材．美国塔科马海峡新桥的设计创新[J]．世界桥梁，2013，41（3）：1-6．

[45] 白桦，李德锋，李宇，等．人行悬索桥抗风性能改善措施研究[J]．公路，2012（12）：1-6．

[46] 曹永睿，韩立中，姜锡东，等．钢桁梁悬索桥柔性中央扣梁端锚固方式比较研究[J]．公路交通科技，2013，30（9）：80-86．

[47] 朱斌，许春荣，孔庆凯．崇启大桥设计关键参数影响研究[J]．公路，2015，60（5）：94-97．

[48] 朱斌，彭大鹏，魏乐永，等．大跨径钢连续梁桥设计需重点考虑的问题[J]．公路，2015，60（7）：161-168．

[49] 邵长宇．大跨度钢-混凝土连续组合箱梁桥关键技术研究[D]．上海：同济大学，2006．

[50] 李润成．分幅箱梁桥偏载效应分析[J]．兰州工业学院学报，2017，24（3）：39-42．

[51] 中交公路规划设计院有限公司．公路桥涵通用规范：JTG D60—2015[S]．北京：人民交通出版社，2015．

[52] 中交公路规划设计院有限公司．公路钢结构桥梁设计规范：JTGD64—2015[S]．北京：人民交通出版社，2015．

[53] 中交公路规划设计院有限公司．公路钢筋混凝土及预应力混凝土桥涵设计规范：JTG 3362—2018[S]．北京：人民交通出版社，2018．

[54] 姜友生．桥梁总体设计[M]．北京：人民交通出版社，2012．

[55] 范立础．桥梁工程[M]．北京：人民交通出版社，2017．

[56] 宋福春，李孟臣，张国强．曲线桥抗倾覆稳定性分析[J]．公路，2018（4）：65-69．

[57] 范鑫. 自锚式悬索桥施工监控关键技术研究[D]. 昆明：昆明理工大学，2014.

[58] 王卫洁. 自锚式悬索桥施工监控技术研究[J]. 大众科技，2005（1）：11-12.

[59] 王君明. 自锚式悬索桥锚固部位的模型试验研究[D]. 成都：西南交通大学，2008.

[60] 李国强. 大跨径悬索桥钢箱梁吊装施工监控研究[D]. 重庆：重庆交通大学，2018.

[61] 栗金营. 钢桁加劲梁悬索桥施工监控研究[D]. 郑州：郑州大学，2012.

[62] 汤蕙嘉. 大跨径悬索桥施工控制关键技术研究[D]. 重庆：重庆交通大学，2021.

[63] 严琨，沈锐利. 大跨度悬索桥施工过程中主缆二次应力实测研究[J]. 土木工程学报，2018，51（4）：62-68.

[64] 何为. 大跨径悬索桥施工监控中若干问题的研究[D]. 杭州：浙江大学，2006.

[65] 许汉铮，黄平明. 大跨径悬索桥主缆锚跨张力控制[J]. 长安大学学报（自然科学版），2002（5），32-34.

[66] 沈锐利，薛光雄. 悬索桥主缆丝股锚固力的计算方法探讨[J]. 桥梁建设，2003（6），25-29.

[67] 黄平明，慕玉坤. 悬索桥锚跨张力控制系统[J]. 长安大学学报（自然科学版），2007（4），42-45.

[68] 许曦，周胜利，戴秋云. 大跨径悬索桥主缆线形测量[J]. 施工技术，2002（9）：21-23.

[69] 李锦城. 悬索桥模型试验主缆线形测量研究[J]. 铁道建筑，2008（5）：34-37.

[70] 姜军，孙胜江. 悬索桥索夹安装位置及吊索下料长度计算[J]. 公路，2007（8）：63-66.

[71] 王晓明，贺耀北，陈多. 空间索形悬索桥吊装施工过程分析方法[J]. 同济大学学报（自然科学版），2016，44（7）：1017-1023.

[72] 何旭辉. 南京长江大桥结构健康监测及其关键技术研究[D]. 长沙：中南大学，2005.

[73] 薄阳. 悬索桥线形及吊索索力计算方法研究[D]. 石家庄：石家庄铁道大学，2016.

[74] 齐东春，郭健，沈锐利. 悬索桥短吊索索力测试的探讨[J]. 中国工程科学，2010，12（7）：78-83.

[75] 李刚. 自锚式悬索桥施工控制分析及运营监测的研究[D]. 天津：河北工业大学，2012.

[76] 王永东. 广州猎德大桥独塔自锚式悬索桥施工技术[J]. 广东公路交通，2013（5）：1-7.

[77] 张光桥，王国刚，翟雪莲. 青岛海湾大桥关键施工技术[J]. 山东交通科技，2014（1）：55-57.

[78] 李瑜，程丽娟，刘榕. 澧水特大桥总体构思及方案比选[J]. 公路工程，2011，36（5）：100-103.

[79] 顾国海. 自锚式悬索桥锚固区局部应力分析[D]. 南京：南京林业大学，2011.

[80] 冯传宝. 五峰山长江大桥上部结构施工控制技术[J]. 桥梁建设，2020，50（1）：99-104.

[81] 吴斌，王亚飞. 自锚式悬索桥桥塔钢-混结合段局部受力分析[J]. 桥梁建设，2013，43（3）：